"粤派教育"丛书　熊焰　高慎英　于慧　主编

◎ 广州市卓越促进三、四期中小学校长培训项目

校长行动力
——学校改进与教育实践创新

黄泽纯　吴朝晖 编

版权所有　翻印必究

图书在版编目（CIP）数据

校长行动力：学校改进与教育实践创新/黄泽纯，吴朝晖主编．—广州：中山大学出版社，2021.6

（"粤派教育"丛书/熊焰，高慎英，于慧主编）

ISBN 978-7-306-07132-3

Ⅰ.①校…　Ⅱ.①黄…②吴…　Ⅲ.①中小学—校长—学校管理　Ⅳ.①G637.1

中国版本图书馆 CIP 数据核字（2021）第 028299 号

Xiaozhang Xingdong Li：Xuexiao Gaijin Yu Jiaoyu Shijian Chuangxin

出 版 人：王天琪
策划编辑：张　蕊
责任编辑：王　璞
封面设计：林绵华
责任校对：周　玢
责任技编：何雅涛
出版发行：中山大学出版社
电　　话：编辑部 020-84111996，84113349，84111997，84110779
　　　　　发行部 020-84111998，84111981，84111160
地　　址：广州市新港西路 135 号
邮　　编：510275　　传　真：020-84036565
网　　址：http://www.zsup.com.cn　　E-mail：zdcbs@mail.sysu.edu.cn
印 刷 者：广东虎彩云印刷有限公司
规　　格：787mm×1092mm　1/16　21.5 印张　395 千字
版次印次：2021 年 6 月第 1 版　2021 年 6 月第 1 次印刷
定　　价：45.00 元

如发现本书因印装质量影响阅读，请与出版社发行部联系调换

目　录

以龙狮文化引领学校文化建设的策略研究 …………………… 陈　钢　1
基于地域特色的校园文化构建
　　——洛浦中心小学"美润教育"的实践与思考 ………… 陈少君　9
小组合作学习在小学生学校德育教育中的探究与实践 ……… 樊银娇　22
学困生产生的成因及其转化的对策 …………………………… 高卫波　31
浅谈绩效工资改革背景下提高农村小学教师工作积极性的策略
　　………………………………………………………………… 韩伯龙　37
探索培育和践行社会主义核心价值观示范校的实践研究
　　——以顺平小学为例 ……………………………………… 何建华　42
依托本土资源，开发校本课程
　　——沙湾镇京兆小学的探索 ……………………………… 何艳珍　49
营造主动发展的教师文化，促进学校管理 …………………… 黄秋鹏　63
提升校长课程领导力的策略探究
　　——以番禺区洛溪新城小学校本课程开发为例 ………… 黎素玲　71
研发承志教育课程，助力学校内涵发展 ……………………… 黎素清　92
浅谈农村小学教师专业素养现状及提升策略
　　——以雅居乐小学为个案 ………………………………… 伦松根　97
"研学旅行"活动助力德育课程实施
　　——以广州市番禺区市桥富都小学为例 ………………… 唐　滔　103
"希贤教育"的探寻与实践 …………………………………… 王耀华　110
崇德育人　启智成材
　　——"和静"思想下德育模式的探讨 …………………… 张淑芬　141
德育校本课程融入学校特色文化的实践与思考 ……………… 邹　俊　148
核心素养背景下立本教育校本课程开发与实施 ……………… 邓正光　156
农村薄弱学校分层走班教学的实践和反思
　　——象骏中学教学改革行动研究 ………………………… 潘桂洪　168

教学工作诊断与改进规划目标细化表的研制
　　——以广州市番禺区职业技术学校为例 …………… 古建泉　186
番禺区石碁第二中学"家园"文化建设实践与思考 ………… 胡兆炽　199
"螺旋式观议课"：破解备课组低效教研的方法 …………… 黄春燕　209
基于阳光评价的学校发展策略研究
　　——以广州市从化区神岗中学为例 ………………… 黄鉴流　221
"无为而治"在学校管理中的应用 …………………………… 李荣森　234
以校本研修促进教师专业发展的行动研究 ………………… 林灿明　239
"迁移理论"在初中德育工作中的运用 ……………………… 林焕潮　247
普通高中新课程理念下的"品质课堂"的建构 ……………… 张祥福　254
构建基于微课的课堂教学模式，培养学生的语文读写能力 … 谭　雯　268
基于"核心素养"理念下的初中课堂教学改革的教师困惑与对策
　　………………………………………………………… 冼雪玲　290
"立德树人"在中学德育中的实践研究 ……………………… 赵启章　298
外来工子弟学校教师职业发展的心理压力及管理对策 …… 朱碧容　308
"优质轻负"教育理念推行措施研究
　　——以广州市育才实验系列学校为例 ……………… 邹连文　324
附　录 ……………………………………………………………………　336

以龙狮文化引领学校文化建设的策略研究

广州市番禺区钟村中心小学　陈钢

摘　要：钟村舞龙舞狮运动历史悠久，文化底蕴深厚，在国内外有着深远的影响。我校植根龙狮文化沃土，积极承担传承区域文化的责任和义务。本文以行动研究的方法，探索以"龙狮文化"为核心内容的学校文化建设的策略与途径，促进龙狮文化与校园文化的有机融合，推动龙狮运动的传承与发展，形成学校品牌特色，提升学校影响力，实现学校的可持续发展。

关键词：龙狮文化；校园文化；策略研究

钟村舞龙舞狮运动历史悠久，文化底蕴深厚，在国内外有着深远的影响。我校根植于本土龙狮文化之中，致力于打造以龙狮文化为核心内容的学校文化，通过促进两种文化相互融合、渗透，形成以校园为空间、以师生参与为主体、以舞龙舞狮文化活动为内容的校园文化，将龙狮文化融入校园文化当中去，让学生从小学就开始浸润龙狮的精神，吸取龙狮文化的精髓，让龙狮文化散发出新的活力与风采。《国家中长期教育改革和发展规划纲要（2010—2020年）》要求把提高质量作为教育改革发展的核心任务，树立以提高质量为核心的教育发展观，注重教育内涵发展，鼓励学校办出特色、办出水平。2015年我校被评为"广州市义务教育特色学校"，我们从岭南文化的视角，从务实、包容、开放、敢为人先的特点去审视龙狮文化，对龙狮文化进行挖掘和整理，构建了具有区域特色的龙狮文化体系，有效地引领了学校品牌的形成与发展。

一、科学论证，专家引领

学校根据学校特色的舞龙舞狮特色项目，大胆提出构建龙狮文化的总体设想，并先后多次邀请有关专家进行专题论证。我们通过学校发展的SWOT分析［SWOT分析法，S（strengths）、W（weaknesses）是内部因素，O (opportunities)、T（threats）是外部因素］来确定学校自身的竞争优势、竞争劣势、机会和威胁，从而将学校的战略与内部资源、外部环境有机地结合起来。在有关专家的指导与办学实践经验的影响下，初步构建了"以真立品，弘扬龙狮文化，培养时代真人"的龙狮文化核心理念，以及"一训三风"理念体系。按照目标、内容等，由点到面，全面实施方案，深入展开研究，及时总结实施成果，形成成熟的管理模式，并以此转化为新型学校文化。认真梳理实施中存在的问题，根据项目实施和发展状况，提出改进措施。

二、重视投入，提供保障

首先，我校重视龙狮运动在学校的开展，加大经费投入力度，购置龙狮运动器具，并根据小学生身体素质、身高、力量等特点，定制适合小学生的龙狮道具和器械，为龙狮运动的开展提供物质保障。

其次，为了提高龙狮运动教师的理论实践水平、提高龙狮运动教学质量，我们专门聘请了该领域的资深专家和经验丰富、技艺高超的民间艺人来上课，为龙狮运动的开展提供专业保障。此外，经常邀请专家对学校教师进行专业培训，并对教师的学习和进修给予精神、物质上的支持，充分调动他们教学的积极性，使他们自觉地把精力投入工作中。

最后，学校积极研发龙狮运动校本课程和校本教材，让孩子们通过系统的课程学习了解龙狮运动的发展历史、特点作用、表演技巧和竞赛规则等；强化龙狮运动社团、龙狮宝贝啦啦队的指导与训练，早操练龙狮操，大课间练鼓操，将龙狮文化与学科课程紧密结合起来，音乐课学鼓点，美术课画舞龙舞狮、龙狮服饰和设计吉祥物，体育课练龙狮运动基本动作等。通过这些活动，为龙狮运动的全面落实提供保障。

三、物化熏陶，文化育人

我校绿树成荫，环境优雅，既是荡漾书香的文化长廊，也是写意休闲的小憩之地，孩子们沉浸其中，或醉心阅读，或忘情戏耍，乐在其中。在"'龙狮文化 真人教育'校园文化建设规划"下，学校不断完善显性文化建设，规划分三期完成。2014学年开展了第一期校门口、大堂和教学楼小花园的改造，学校门面已变得开阔大气；大门主墙以"龙腾狮跃，敢为人先"主图作为我校的特色标志，三堵墙张挂着"一训三风"，整齐美丽。花园喷池充满生机，营造一种浓厚的育人氛围，陶冶师生积极向上。2015 学年第二期打造"一动一静""两园一廊"，建设"真人教育"橱窗、"龙狮馆"等物象，使校园充满"真人教育"、龙狮文化气息。2016 学年第三期的班级文化、教学楼楼梯文化、走廊文化建设，通过发动师生、家长参与对楼宇、楼层、校道等命名的投票，设计班级个性形象等，打造属于孩子们的更好的学习环境。

四、课程保障，校本传承

根据龙狮文化的内容实质，我们通过一系列的课题研究，如"以'经典诵读'深化学校'真人教育'特色文化的行动研究"（番禺区"十三五"第二批课题立项）、"基于龙狮文化的综合实践活动校本课程开发的行动研究"（广州市"十三五"第二批规划课题）、"基于'STEM'（科学、技术、工程、数学）小真人综合实践校本课程的开发"等，开发了多个特色课程，如"一文一武"校本课程，并安排了相应的课时以落实开展，取得了良好的教学效果。

"文"有"学做小真人"国学经典校本课程。通过对我校"龙狮文化真人教育"的文化核心的剖析，我们提出培养"四敢四善"的"真人"形象，分别是"敢于担当""敢讲真话""敢于实践""敢为人先"和"善于锻炼""善于学习""善于合作""善于展现"，围绕这八个要求来编制教材。该书一共分为八章，每章围绕其中一"敢"或一"善"开展。另外，教材主要由国学经典、小故事和系列小活动（或问题）三个部分组成。国学经典和小故事先让学生通过阅读对本节所阐释的"真人"品质有一定理解，再通过活动或问题的深化，让他们有更多的感触。其中，低年级的教材主要通过活动进行深化，而高年级的教材通过问题思考来深化。

"武"有"龙腾狮跃 真人教育"和"舞动龙狮"综合实践校本课程。以综合实践活动为载体编写校本课程，挖掘龙狮文化的内涵，课程以"弘扬龙狮文化，培养时代真人"为理念，以培养"四敢四善"的"真人"为目标。课程架构分为四大板块，分别为文化篇、技能篇、活动篇、传人篇。文化篇介绍龙、狮的传说及其由来，舞龙舞狮的风俗，舞龙、舞狮的艺术美、技巧美，等等；技能篇介绍民间各种舞龙舞狮的技巧、我校传承和发展情况等；活动篇介绍我校开展龙狮活动的情况，如小狮队、小龙队、鼓乐队、龙狮宝贝啦啦队、龙狮宣传队，美术的画龙画狮，音乐学习龙狮舞的鼓点韵律等；传人篇则通过人物传记对如团结和协作、拼搏和争先、坚韧和顽强、务实和创新等龙狮品质进行学习与传承。

"舞动龙狮"校本课程，是根据小学生的年龄特点，以龙狮运动的基础性知识为内容编写的校本教材，将有关龙狮的文本性知识和龙狮活动、龙狮操等体育项目有机结合起来，让全校学生通过舞龙舞狮锻炼身体、强健体魄，提高学生的精气神和团结协作能力。

"舞动龙狮"校本课程目录如下。

第一章　龙狮运动概述
第一节　中国龙狮文化
第二节　龙狮运动的发展史
第三节　龙狮运动的特点、作用
第二章　龙狮运动的竞赛规则
第一节　参赛人员及其规定
第二节　竞赛通则
第三节　场地、器材
第四节　龙狮动作的分类和难度
第五节　龙狮规定、自选套路的有关规定
第三章　龙狮专项技术
第一节　基本技术（基本功、基本手法、基本步型和步法）
第二节　基本动作
第三节　基本套路

此外，学校还结合龙狮精神开发了"阳光心灵"心理健康校本课程。这些课程以"弘扬龙狮文化，培养时代真人"为理念，以"培养四敢四善的真人"为目标，学生在这里能够体验文武双修、德艺双馨的教育，促进群生共长。

我们将龙狮文化与学科课程紧密结合起来，其中综合实践"龙狮印记"在广东省"互联网＋优课"教研活动做展示，"龙狮印记知晓情况的调查"课例在番禺区第二届基于新技术个性化学习教学大赛获一等奖。

课程评价有老师3年的评语存折，并通过设计龙章（品德与社会化评价用章）、狮章（学业发展水平评价用章）、虎章（身心发展水平评价用章）对学生进行评价，我们不仅关注学生的学业成绩，还关注孩子能力的发展、品德的形成、心理的健康、人格的完善等。通过采取多元化的评价方法，促进了学生的发展与提高，进一步推动了我校龙狮文化活动的深入开展与落实。

五、课堂落实，训练提升

在学校里推广龙狮运动最为行之有效的方法是以课程的形式开展这项运动。龙狮教学以课程目标、课程内容、课程实施手段和方法、课程考核评价体系为指导，使龙狮运动在小学的开展更加合理化、科学化和系统化，从而达到提高教学质量和效率的目的。当龙狮运动作为学校教育的课程进行开展时，就会受到学生家长们的重视，有利于学生们学习和接受它。同时，把龙狮运动作为学校课程来开展，也有利于提高人们对龙狮运动的认识和肯定，在继承和传播我国民族传统文化方面具有积极意义。

此外，为了把舞龙舞狮的技巧融合到日常的体育锻炼中去，我们设计了龙狮操和铃鼓操。龙狮操和铃鼓操糅合了舞龙舞狮的动作，节奏明快，不仅有很高的体育锻炼价值，还有很高的艺术观赏价值。我们通过在全校将其推广学习，在让学生得到身体锻炼的同时，也使学生们深刻地感受到传统文化的魅力。龙狮操和铃鼓操受到全校师生们的喜爱，成为学校一道亮丽的风景线。

六、特色推动，活动践行

我们通过精彩纷呈的龙狮活动激发学生的潜能，促进学生的发展，创建学校特色品牌。同时，我们还积极为孩子们创设表演的舞台，学校的大型活动和重要场合都少不了学生龙狮队的助阵表演；通过大型活动的影响力，积极推动了龙狮文化的建设。

此外，我们积极组织学生参加龙狮竞技比赛活动，通过比赛的影响力吸引更多的师生及社会人士加入舞龙舞狮的运动锻炼中去，逐步将龙狮文化深深地印在每个学子的脑海里，让他们时刻牢记自己是龙的传人，使国粹"舞龙舞狮运动"得到推广与普及。

2010年1月，学校"小虎队"应邀参加在北京人民大会堂举行的"百花迎春　中国文学艺术界2010春节大联欢"。同年，还参加了广东省2010年春节晚会表演和2010亚洲运动会开幕式系列活动巡演。龙狮社团扎实的训练、出色的演出，打响了我校龙狮文化特色品牌。与此同时，在广东省传统龙狮、麒麟锦标赛中，我校更是佳绩频传：2009 年荣获一等奖，2010 年荣获二等奖，2013 年荣获三等奖，在 2014、2015、2016、2017 年广东省传统龙狮、麒麟锦标赛中，均获一等奖！红彤彤的证书、锦旗，精美的奖杯，记载着我们不断前进的历程！此外，我们开拓创新，以鼓作为特色项目，开设鼓乐社团、龙狮宝贝啦啦队，还根据舞狮的动作，设计龙狮铃鼓操。鼓乐社团一曲《鼓气励志》更获区比赛一等奖，《鼓舞龙狮》获区比赛二等奖！诵读队的《醒·狮》获广州市第九届经典美文诵读特等奖，《龙腾狮跃》综艺节目登上广东春晚，等等。2018 年 4 月，"醒狮织绣艺术实践工作坊"荣获番禺区中小学学生艺术实践工作坊评比一等奖；2018 年 9 月，该工作坊代表番禺区参加粤港澳大湾区中小学校岭南优秀传统文化教育成果展；同年 11 月，其代表广州市参加广东省第六届中小学生艺术展演，获省一等奖。

七、全员参与，形象推广

1. 开展生本形象设计

为结合时代发展要求和学生发展现状，吸收龙狮文化的精髓，我们确立了"四敢四善"的真人形象。四敢：敢于担当、敢讲真话、敢于实践、敢为人先；四善：善于锻炼、善于学习、善于合作、善于展现。同时，设计了三款评价学生的勋章：龙章、狮章、虎章，并开展评比和表彰，促进了学生能力的自我提升。

2. 突出师本形象引领

围绕学校某一领域或某一方面有专长、有影响或能成为关注点的教师，挖掘他们独特的精神品质及其教育教学风格的研究模式。这里的关键人物可以是教研组长，可以是骨干教师，可以是某个项目的主持人，也可以是处于某一活动中心的人物，如番禺区名校长陈钢，广州市名教师梁伟燕和陈燕贞副校长，广东省南粤优秀教师利小铃老师，番禺区名教师的区美娟老师和名班主任陈玉钿老师，等等。第一步，找出他们在龙狮文化熏陶下所形成的独特品质以及教学的风格；第二步，聘任他们为龙狮文化的形象大使，并开展系列宣传教育活动，让他们成为龙狮文化独特风景线的带头人。

八、结论

在以龙狮文化为核心内容的学校文化建设的策略研究过程中，特色文化不断积淀，"真人教育"特色理念不断深化和完善，构建起了科学的龙狮文化核心理念及办学理念体系，塑造了龙狮文化特色品牌，拓宽了以校园文化建设传承龙狮文化的渠道，学校也因此不断发展，办出了成效，在实施过程中得到上级以及社会的普遍认同。调查显示，师生对于龙狮文化的认知率超过90%，龙狮文化基本在学校落地生根。学校被评为"广州市义务教育特色学校"，成为广州市中小学综合实践活动学科学校特色发展研究试点学校，成为广州STEM课程实施试点学校，成为钟村街少年龙狮传承基地。

学生、家长、社会对我校的认同度不断提高，我校在2016学年广州市阳光评价的测试结果与2015学年相比，各项指标均有显著提升，学生学业水平（阅读+数学）均高于广州市和番禺区的平均水平，特别是我校学生的学校文化认同和身心发展较2015学年有大幅度的攀升，均高于广州市和番禺区平均水平。2017学年广州市中小学生综合素质测评，我校总体水平高于广州市和番禺区的平均水平。

在学校文化构建和特色发展的探寻中，我校植根区域文化特色，通过以龙狮文化为核心内容的学校文化建设，促进龙狮文化与校园文化的融合，构建具有区域特色的龙狮文化体系，并通过深挖龙狮文化的精神内涵，培养学生包容、务实、团结、坚毅、敢为人先的岭南精神，有效引领学校特色品牌的发展。

参考文献：

[1] 马庆，段全伟. 舞龙运动文化符号学剖析研究［J］. 北京体育大学学报，2016（3）.

[2] 刘文海. 舞龙运动促进大学生民族传统文化认同的价值研究［J］. 当代体育科技，2016（19）.

[3] 乐程，陈九如. 中华优秀传统文化融入高校校园文化建设的思考［J］. 高校辅导员学刊，2015（6）.

[4] 罗杨. 阳光体育背景下中小学校舞龙运动普及与发展研究［J］. 体育世界（下旬刊），2013（2）.

[5] 龙刚，邓建伟，夏慧. 浅论弘扬民族优秀文化中高校发展龙狮运动的策略［J］. 黄冈师范学院学报，2012（6）.

[6] 徐利平. 文化立校：探寻传承与创生的平衡点［J］. 江苏教育研究，2010（24）.

[7] 彭钢. 学校文化建设：一种生存与发展战略［J］. 江苏教育，2007（1）.

[8] 张宝贵. 学校文化建设的结构性障碍与对策分析［J］. 天津教育，

2006（4）.
[9] 桂雅丽. 学校文化刍议［J］. 语文教学与研究，2009（23）.
[10] 余信华. 学校文化建设思考［J］. 教育，2011（15）.
[11] 范益荣. 舞龙运动在小学体育教育实施中的可行性研究［J］. 小学时代教育研究，2010（9）.
[12] 龙益知. 高校龙狮运动的推广策略研究［D］. 长沙：中南大学，2010.
[13] 葛国政. 我国高校龙狮运动的现状及发展对策研究［D］. 南京：南京师范大学，2008.
[14] 段全伟. 中国龙狮运动的历史文化探源及其国际传播［J］. 广州体育学院学报，2006，26（5）.
[15] 常明礼，卫志强. 中小学推广舞龙运动的可行性研究［J］. 搏击：武术科学，2007，4（6）.
[16] 李广. 岭南醒狮的社会特性和功能价值研究［J］. 天中学刊，2011，26（2）.
[17] 易芳. 男子竞技舞龙运动员的选材研究［D］. 长沙：湖南师范大学，2007.
[18] 胡欣. 武汉体育学院龙狮课程开设现状调查与研究［D］. 武汉：武汉体育学院，2009.
[19] 刘卫华. 中国舞龙运动发展现状及其对民间体育发展的启示［D］. 长沙：湖南师范大学，2009.

基于地域特色的校园文化构建

——洛浦中心小学"美润教育"的实践与思考

番禺区洛浦中心小学　陈少君

摘要：文化育人，是学校育人的最高境界。学校根植区域文化，挖掘学校地域特征——岭南水乡特色，以及"在水一方、风景秀美"的校园特色，以"人"的发展为本，以岭南水乡"美"的文化泽润孩子的心灵，提出"美润教育"这一品牌，以追求学校优质教育为目标，以岭南校园文化建设为契机，结合本土特征和本校基础，建设具有岭南文化特色的洛浦中心小学学校文化，实施文化育人。本文从精神文化、制度文化、行为文化、环境文化四方面来阐述学校"美润教育"文化建设的实践与思考。

关键词：美润教育；精神文化；制度文化；行为文化；环境文化

学校文化是学校在长期的教育实践过程中积淀和创造出来的，并为其成员所认同和遵循的价值观念体系、行为规范准则和物化环境风貌的一种整合和结晶，是该学校所特有的综合个性，它一般包括物质文化、制度文化、行为文化和精神文化四个层面。正所谓"一流学校靠文化，二流学校靠管理"。一所有深厚文化底蕴的学校，一定能很好地塑造师生真善美的理想人格，从而有力推动学校持续健康地发展。

基于上述认识，我们学校希望能够打造属于自己的"文化"，有自己的精神追求。这种文化既是历史的传承，也是未来的引领。因此，我们提出"美润心灵，品学至美"的办学理念，打造"美润教育"的办学特色。通过精神文化、制度文化、行为文化、环境文化等建设工作，带领广大师生致力于校园文化的构建和实践，润泽师生心田。

一、"美润教育"的基本内涵

"美润教育"是培养学生感受美、追求美、实践美和创造美的教育，它充分挖掘岭南水乡文化教育资源中"美"的因素，与学校的育人活动有机结合，以美润育，渗透于教育、教学、环境营造等各个环节，它以审美心理学理论、审美教育学理论、美学理论、知行合一理论、建构主义理论、文化陶冶理论等多种理论为支撑，通过挖掘出岭南水乡五种独特的美以培育师生。这五种美即以水乡的温婉之美润泽师生柔软的心灵，以水乡的雅致之美润泽师生高雅的气质，以水乡的灵动之美润泽师生灵动的个性，以水乡的包容之美润泽师生豁达的胸怀，以水乡的底蕴之美润泽师生丰厚的学识。希望学生们在水乡文化的熏陶下，成长为具有水乡气质和审美素养的新时代少年。围绕这一育人目标，学校融岭南水乡于环境，以水乡之美润泽学生的审美素养；引岭南水乡文化入课程，以水乡之美润泽师生美的心灵、美的气质、美的个性、美的视野以及美的学识；化岭南水乡文化为德育素材，以水乡之美润泽学生美的品行……以此构建一个完整而美好的育人体系。

美——体现在审美能力、美的行为品格养成，让美丽人生从洛浦起航是我校教育理想的境界。润——体现在教育的爱、柔性艺术、陶冶特质，如水一样的滋润才能达到最好的教育效果。"润"是以情动人——"柔"的艺术；"润"是潜移默化——"细"的艺术；"润"是静待花开——"慢"的艺术。这种教育方式如和风细雨，自然无痕，有润物无声之妙，同时暗合了"教化不言，行无言之教"。美润是过程，也是目标。简而言之，对"美润教育"诠释的是："教育是一种美：传递闪亮的知识，润育纯净的心灵，呵护快乐的成长，诠释幸福的意义，构建有责任的良知，汇聚成大爱大美大智的人生。"

"点化和润泽生命才是教育之核心，教育之根本。"一位教育学家如是说。"美润教育"是基于对生命成长本质的理解，以关爱与尊重为精神内核，通过教育的阳光雨露的浸润、滋养，让孩子们在充满爱、美和诗意的环境中无拘无束地成长。"美润教育"是感染的，是熏陶的，是浸润的，并坚持以智慧启发智慧，以生命润泽生命，在成就学生中成就自我。"美润教育"是一种充分为学生服务的高品质教育，是与素质教育一脉相承的教育理念，是对教育卓越品质的追求，是关注差异、关注过程、关注细节、关注个体生命成长需要，尊重生命的一种原则与态度。"美润教育"所强调的，是通过提供优质的教育服务，追求更美好的教育发展过程和结果。一是让每一个学生都主动发展。通过挖掘教育过程中美的因素，使教育内容、方法各要素构成一种美感的动力系统，以美的独特魅力和感染力，引导学生感受美、理解美、鉴赏美、表现美，并按照美的规律去创造美，实现学生的主动发展。二是让每一个学生都愉悦发展。教育是一个"润情"的过程，让学生感受到基于人性的丰富与充实基础上所带来的深度愉悦，只有精神得到满足和升华，学生才能处于和谐的发展状态，进而实现培育具有"美的心灵""美的学业""美的体魄""美的品质"的"四美"新人的目标。三是让每一个学生都多元发展。承认并尊重个体差异，鼓励个性的充分展现，以最终实现教育对象的多元发展，创造美润教育境界。"美润教育"是一种行动，是生发正能量的行动，它作用于我校的每一个孩子；"美润教育"是一种教育理念和教育信仰，它影响着我校的每一个成员；"美润教育"是一种教育思想，是教育大目标中的微教育，它弥漫在我校的每个角落。

二、"美润教育"的实践探索

学校文化重在建设，它包括精神文化、制度文化、行为文化、环境文化的建设。四者各居其位、缺一不可，又相互交融、相互促进。可以说，物质文化是基础，精神文化是灵魂，制度文化是支撑，行为文化是表征。这四个方面建设的全面、协调发展，将为学校树立起完整的文化形象，从而形成有特色的"美润教育"学校文化。

（一）以尚美的精神文化丰润人

学校精神文化是学校的核心文化，也是学校文化建设的所要营造的最高目标。我们努力做到让办学目标成为师生的共同愿望，让学校精神引领师生成长，利用红领巾广播站等宣传校徽、校旗、校歌，加强校风、教风、学风的养成教育，营造一种积极进取、健康向上的校园氛围，让精神文化引领学校发展。其具体体现在学风、班风和学校人际关系上。

1. 彰显"美润文化符号"

学校教学楼两侧，雕刻着美润灵动的校训"融美于心，与美同行"；用学校名称字母变形而成的符号组合运用于学校各处装饰，运用时按环境需求改变颜色，选取局部以及重新组合运用，从而达到传递"美润"的视觉暗示和整体环境协调统一的效果；学校校旗和校徽设计简洁明快，结构完整，底色采用彩虹般的色彩渐变与具有强烈生命力的深绿色渐变进行搭配，传递出唯美、生态、活力的校园文化气息；"班训"是班级奋斗的目标。低年段的"班训"统一为"诚实、乐学、求美、和睦"，中年段为"守信、好问、悟美、合作"，高年段为"诚信、探索、创美、和谐"。看似简单、略有区别的"班训"，却针对了学生的年段特点，体现着师生共同的尚美追求。各具特色的"我行我秀""班级树""班级掌门人""好习惯小快车"……处处包含溢美内容，对师生产生着影响和感召。这些尚美的"文化符号"，无时无刻不丰润着学生。

2. "美范智润"教风建设

教风是教师在长期教育实践活动中形成的教育教学的特点、作风和风格，是教师道德品质、文化知识水平、教育理论、技能等素质的综合表现。要抓好校风建设，首先必须抓好教风建设（包括工作作风建设），教师是教育工作的主导者，教师对学生的教育不仅靠渊博的知识和科学的方法，更重要的是自己的人格魅力，即自己的信仰、品格和言谈举止。教师只有树立起为人师表、教书育人、治学严谨、认真负责、耐心细致、开拓进取的教风，才能引导和促进勤奋学习、积极向上、严谨求实、尊师重教、遵纪守法、举止文明的优良学风的形成。因此，我们提出"美范智润"教风，即教师以自身美德师德与行为成为孩子的榜样，因为行为示范是最有效的教育；以自己的智慧来润育化人，有教育方法、有教育艺术、有教育耐心。

3. "尚美博学"学风建设

学风是指学生集体在学习过程中表现出来的治学态度和方法，是学生在长期学习过程中形成的学习习惯、生活习惯、卫生习惯、行为习惯等方面的表现。学风建设的前提是要教育学生明确学习的目的，树立对国家、社会和学校的责任感。这就要求我们在进行学风建设时，注重客观环境的变化，化被动为主动。通过积极引导和严格管理，让学生在学习中培养崇尚真理、刻苦钻研、富于开拓的风气，在考试中培养诚实守信、耐心细致的风气，在日常生活中培养敬重师长、诚恳礼貌、遵纪守规、服务奉献的风气等。我校通过打造"书礼承美"的校风、"美范智润"的教风和"尚美博学"的学风，改变枯燥乏味的校园生活，开展了一系列充满乐趣又富有学生个性发展的活动。一是开展好三大主题活动，如每年3月的校艺术节活动，设有舞蹈、器乐、声乐、书法、美术、摄影、剪纸等项目，广大学生踊跃参加活动；11月的科技节，有小制作、小发明、小论文等比赛，从而培养学生的动手能力和创新精神；12月读书节活动，积极发动学生多读有用的课外书，读好书，从而掀起我校师生读书高潮。二是做好节假日文章，如"植树节"绿化校园活动、"庆六一"游园活动、"教师节"尊师爱师活动、"庆元旦"古诗文诵读等。通过节假日活动，更好地发挥了活动育人的实效。三是加强德育常规管理，如开展每周之星评比活动，让每一个孩子都有机会去摘取属于自己的那颗星，让每一位学生都能找到自信，分享成果，相互学习，激发上进心，体验快乐；开展丰富多彩的学生社团活动，可以让学生寻找到一片属于自己的天空，让学生充分发挥自己的兴趣爱好和个性特长，培养学生的实践和创新能力。在"美润教育"的引领下，学校建设"生命彩虹"社团体系，促进学生个性化发展。学校实施以"三团"(舞蹈团、合唱团、朗诵社团)、"四类"(文艺、科技、体育、美术)为主要内容的学生个性化建设工程,实现全校师生100%参与。通过社团建设和活动,让孩子在自主、自信、自立中体验成长快乐、实现生命成长、享受生命之美,是一种具有教育价值的教育活动。

4. 温润的学校人际关系建设

学校人际关系包括学校领导之间的关系、学校领导与教职工之间的关系、教师之间的关系、教师与学生之间的关系、学生与学生之间的关系。良好的学校人际关系有助于广大师生员工密切合作,形成一个团结统一的集体,更好地发挥整体效应。以"美润教育"为着力点,加强团队精神管理,从"洛浦中心,有你有我"的团队精神,到"我们一直在路上,精彩永不停止",追求团队合作最优化,让每位老师都有一份教育情怀,每一个人都能在自己的岗位上找到自己的价值,这个价值,既成就了学生也就成就了自己。

学校的精神文化是一所学校得以持久发展的关键,是学校发展的灵魂。校长要传承好学校精神文化,把握住学校发展之"魂"。

(二) 以柔美的制度文化温润人

"没有规矩,不成方圆",只有建立起完整的规章制度、规范了师生的行为,才有可能建立起良好的校风,才能保证校园各方面工作和活动的开展与落实。我校积极探索学校管理新模式,完善和创新学校内部管理规章制度。同时,实施"层级管理"的新型学校管理模式,实现学校决策科学化、民主化。通过调研、交流和实践,大力推进现代学校制度建设,完善学校章程,规范学校管理制度、学校岗位权力清单以及部门层面的制度等,整理汇编成册,构建较为完善的学校制度体系,包括学校章程、学校文化标识系统、管理制度、工作流程图四部分,做到有章可循、有法可依,充分发挥制度文化在育人和高雅行为养成中的功能。

科学制度保障学校各项工作有章可循;而科学管理既能保证师生员工个人活动的合理开展,同时又可以维护师生员工的共同利益。因此,校长在经营学校的制度文化时,应强调以人为本的思想和科学管理手段的结合,使刚性制度闪耀人文的光辉,建立以发展人的主体性、促进人的全面和谐发展、提升人的生命价值为根本目的,以科学管理手段为途径的制度文化体系。校长要充分尊重、信赖、依靠、激励组织成长,让师生员工在学校中切实感受到学校制度文化的良好氛围和浓浓的人情味,愿意并主动发挥自己的才干,从而形成强而有力的向心力和凝聚力，推动学校健康快速发展。这种制度文化就是"有血有肉"的，而不是只写在纸上、挂在墙上的制度，它已经升华为师生学习与生活的哲学，并外化为师生、员工的自觉行为和生活方式，从而促进人的发展。

以柔美的制度文化温润人，就是学校必须加强刚性的制度管理的同时，强化柔性的人文管理。在坚持中有温情，也就是古人所说的"上善若水"。学校办学理念的核心是人本的、文化的，在执行的具体过程中，应做到约束与保护、惩罚与奖励相结合，在惩处的同时辅以春风化雨的人性关怀，使执行充满温情的色彩。

（三）以和美的行为文化沁润人

行为文化是学校精神、价值观和办学理念的动态反映，是学校文化在师生身上的具体体现，包括管理机制的运行、学校办学规范、师生的行为规范、课程实施与建设、资源开发与整合、学术研讨、教育教学活动、校园生活等。在学校行为文化的建设中，校长应是引领者。学校行为文化能促使师生体现规范的行为和态度，体现现代人所具备的行为习惯与风尚，彰显学校的办学特色。

1. 提升管理文化——塑造德才兼备的慧美教师

从诸多学校的改革实践来看，校长如何带领团队建设更先进的领导文化，提升管理文化，带领学校成员主动迎接各种内外因素变化带来的挑战，是学校发展的关键因素。塑造德才兼备的慧美教师，是落实"美润教育"的重要途径。何谓"慧美教师"？就是美范智润、充满活力的教师。美范：教师有高尚的师德，扎实的教学基本功，个性化的教学风格，以个人的魅力感染学生、影响学生。智润：教师要善于学习，不断更新教育观念，适应教育发展要求，教学活动中敢于对教材知识再开发、再创造；师生关系和谐融洽，尊重学生人格，多给学生表扬、肯定和信任。充满活力：具有专业发展的意识和主动性，教师群体团结合作、拥有积极向上的氛围。为打造这样一支队伍，学校主要通过以下措施来实现：一是陶冶情操，厚积教师的慧美底蕴。"充电"——诵读经典，集中补"氧"——"假期集中读书"，比赛阅读——"师生同读一本书"，"广采博收"——提倡读"闲"书，你讲我讲大家讲——改变传统学习模式，"走出去"——了解海阔天空等活动，让老师们在生活中读书，在读书中学习，在学习中工作。二是开发资源，优化教师的慧美实践，使学科教学渗透尚美目标。由教导处牵头精心设计的涵盖语文、数学、英语、思想品德、体育、音乐、美术、计算机、科学、健康10

门学科的"尚美课堂导学评价量表",帮助老师们明白了怎样才具有审美特质,怎样才能促使师生的尚美共进,怎样才能充分体现尚美的价值追求。三是丰富体验,拓宽教师的慧美空间。通过组织教师看电影、开展趣味体育运动、开设教师选修课(拉丁舞、时装走秀、健美操、摄影、家政、插花)、关注教师闲暇生活等,让老师们富有生活情趣,注重生活雅趣,透露出尚美气息。四是悉心感受,享受教育的慧美愉悦。学校要创造条件,让教师在工作中有快乐,生活中添情趣,为教师实现个人发展愿景搭建平台。

2. 创新德育文化——实施润物无声的和美德育

德育是学校精神文化的核心,学校要打造"美润"校园文化,富有特色的"和美德育"尤为重要。通过遵循学生身心发展规律,探索本校特色的美润德育途径,力争形成育人特色,从而培养富有创新精神、品学尚美的学生。

(1)强化养成教育,培养文明有礼的学生。

一是打造校园特色"三张名片"——微笑、竖大拇指、行鞠躬礼。"立德树人",培育社会主义核心价值观是小学阶段的一项系统工程。当国家提倡弘扬社会主义核心价值观时,学校发现养成教育中的"三张名片"的打造,正是弘扬中华民族传统美德、落实核心价值观的过程。"微笑"传递着彼此的友善、信任和感恩,展现对生活的热爱,潜移默化地帮助学生形成乐观向上的心态,造就健康人生;"竖大拇指"表达着平等、尊重与赞美,在树立优秀学生榜样的过程中,打造学生一双双"善于发现美的眼睛",使每个学生的身上都能被发掘出闪光点,也使"平等"得到了充分的体现;而在老师与老师、老师与学生、学生与学生之间,一个简单的"鞠躬"动作则意味着彼此的尊重、平等和友善。

二是开展"21天养成教育"系列活动,使"三张名片"在校园内遍地开花。有研究指出,大脑构筑一条新的神经通道需要21天的时间。所以,人的行为暗示,经21天以上的重复,就会形成习惯;而90天以上的重复,则会形成稳定的习惯。由此,我校制定出"21天养成教育"系列图表,以学生自评、老师评、家长评的方式填写记录卡,班主任每周一收集记录卡,跟进每位学生的习惯养成情况,培养学生良好的行为习惯。

三是目标引领育人。围绕"品学至美"的培养目标,发挥学生主体作用,通过让学生参与设计洛浦中心小学"美润学生"形象、开展"美润之星评比"等活动,使培养目标具体化,逐步引导学生对照具体目标,认识自己、自我管理,达到从"要我这样做"到"我应该这样做"的转变,使学生将良好行为习惯内化为自觉行为。

(2) 以活动为推动，让学生体验成长的快乐。

一是通过丰富多彩的主题活动育人，在活动中实现育人目标。例如，结合中国传统节日，开展传统美德教育，传承中国传统文化；结合主题纪念日活动，进行环保教育、责任教育、爱的教育；通过少先队活动，丰富学生校园生活。

二是开展特色班级文化竞赛。在"美润"校园文化框架的指导下，学校开展设计与营造富有"美润"特色班级文化的竞赛，体现班级团队意识和外在表现形式。班级文化的元素有个性班牌、班级口号（或宣言）、个性班规、氛围营造等。通过班级文化建设，让"美"的品性深入孩子心灵，在孩子幼小的心田里播下向善、尚美的种子，引导他们修身养性，秉承美德，养浩然之气，成独特人才。

三是推动家校互助体系，校内校外德育教育双效合一，共谱教育新篇章。著名教育家陶行知说过："生活即教育，社会即课堂，人生即远足。"家庭是儿童生命的摇篮，是人生的第一课堂，家长是儿童的第一位老师，如何把学校教育和家庭教育有机结合，是我校研究的重点课题。为发挥家委会的桥梁和纽带作用，为学校的发展出谋献策，我校开展了以下活动：①"校长有约"活动；②"家长义工"参与协助学校相关活动的开展；③以社区活动为主开展"周末阳光家庭读书沙龙"。我校始终对利用家校平台引导家长开展亲子阅读的探索和实践情有独钟："营造书香校园、书香家庭，就是让家长们发挥榜样的力量。"在家长的带领下，学生在读书沙龙中快乐阅读，传递微笑；在分享中树立榜样，反思自我；在进步中学会欣赏，对他人竖起大拇指。在建立起"书香家庭"的同时，也进一步使洛浦中心小学养成教育"三张名片"根植在学生心中，让学生在无形中养成良好的行为习惯。

3. 丰富课程文化——创建喜闻乐学的美润课程

让文化生根，学校走国家课程校本化的个性发展之路，不断完善与开发校本课程，让课程成为促进儿童发展的载体。学校将水乡的美融于校本课程建设，设置丰富多彩的课程，让学生在各种学习和活动体验中去发现美、欣赏美、创造美。孩子在课程中获得各种生命的体验，课程是润泽生命的阳光雨露，这种对于生命的体验将润泽孩子的心灵、熏陶孩子的行为、滋养孩子的学识，让每一个生命得到最美的绽放。

"美润课程"的总体目标是让学生在水乡美的浸润下，成为有水乡气质和有审美素养的新时代少年。在这一总体目标之下，学校将"美润课程"分为三大系列，即润心课程、润知课程、润行课程。体现"让美润泽生命"

的课程理念，以期实现"德美、文美、体美、艺美、技美"的课程目标。

（1）润心课程。润心课程的主要目标是培养学生心之善良、心之宽广。学校以水乡的温婉之美和包容之美润泽学生的心灵，通过开设品德类的课程让学生塑造心灵之美，发现他人之美。润心课程的内容包括"美丽之心""赏识之花"和"阳光心理"等特色课程，以及"暖心公益节""心理健康周"等特色活动。润心课程的实施，让学生养成善良的品质，懂得发现和欣赏他人之美，拥有阳光健康的心理。

（2）润知课程。润知课程的主要目标是培养学生知之深厚、知之渊博。学校以水乡的底蕴之美滋养学生的知识，通过开设语数英等学科的拓展课程，让学生领略知识之美。润知课程的内容包括"经典阅读""快乐英语""缤纷数学"等特色课程以及"阅读嘉年华""国际文化节""数学活动周"等特色活动。润知课程的实施，让学生积累丰富的文化知识，在探索知识的过程中，培养学生解决问题、思考问题的能力。

（3）润行课程。润行课程的主要目标是培养学生行之高雅、行之灵敏。学校以水乡的雅致之美和灵动之美润泽学生的言行，通过开设行为习惯类、艺术类和综合实践类等课程，让学生修炼气质之美，探寻万物之美。润行课程的内容包括"养成教育""社团课程""水乡研学"等特色课程以及"三张名片""美润读书节""美润艺术节""美润科技节""美润体育节"和"红领巾在行动"等特色活动。润行课程的实施，让学生养成良好的行为习惯，拥有多元的兴趣爱好，培养学生创新实践的能力。

课程文化是现代学校文化的核心内容，是学校文化建设的根本途径。文化是课程的母体，课程是文化的表现。在现代社会中，更需要我们学校以文化传承为基础，以文化创新为要求，体现时代精神，通过构建并不断丰富课程文化，促进学校内涵发展。

4. 创建教学文化——打造自主高效的尚美课堂

尚美课堂是在"美润教育"理念指导下催生的。尚美课堂以提高课堂教学效率、提高教学质量和提高学生素质为目的，营造自主、灵动、和谐的课堂环境，是一种基于生命自主成长的课堂。学校致力于打造尚美课堂，希望我们的课堂能够充满美，让学习在美好的体验中发生。

尚润课堂模型主要由"四大要素"和"五大环节"组成，辅之以E-word教学软件、电子书包、平板电脑等，呈现出4I特征——趣味（interest）、自主（independence）、互动（interaction）、个性（individuality），打造独具美润特色的课堂。

在番禺区"研学后教"升级版的课堂教学理念引领下，尚美课堂以问题、导学、合作、展示作为课堂的四大核心元素。问题是教学的起点。在课堂教学中，创设和生成有价值的情境和问题是提升课堂教学有效性的前提。问题意识是学生进行学习的重要心理因素，一方面通过问题来进行学习，另一方面通过学习来生成问题。导学是课堂的主心骨。导学包括"研学案"的导学和教师的"导学案"，贯穿课前预习、课中学习和课后练习的全过程。合作是能力的平台。合作是在问题的基础上进行，面对有思维挑战性的问题，通过小组合作的形式，对一个人不能解决的问题进行组内合作探讨，学生在这个过程中充分发表自己的见解，在倾听他人意见中使自己成长，在肯定自我中培养自主意识。展示是生成的关键。展示是学生学习交流的平台，是基于自主学习和小组合作学习条件下产生的，是课堂教学以学定教的重要条件。

"问、研、展、评、练"是尚美课堂的基本教学环节。在实际教学过程中，"基本教学环节"不是互相孤立的，而是灵动地穿插在教学过程中的时时处处，教师根据教学的实际情况，适时进行相关环节的安排。不同的课型、不同的学科在此基础上可做灵动的变式，即做加法或减法。五个环节中都要以学生为中心，尊重生命个体，突出"弱势群体"，让他们说、谈、演、写，侧重"兵教兵""兵练兵""兵强兵"。

尚美课堂，以学生为中心，以自主学习、合作学习方式为基础，以问题驱动、学生主动、教师导动、多元互动等为教学策略，让课堂充满节奏感，充满美感。尚润课堂是学生放飞思维、展现自我的场所，最终目的就是让学生的智慧、能力、人格在润物无声中生长，学会学习和获得持续发展能力。

（四）以雅美的环境文化浸润人

校园环境文化是指校园所处的自然环境、校园规划格局以及校园建筑、雕塑、绿化和文化传播工具等方面形成的文化环境。良好的学校环境文化能陶冶人的情感，启迪人的心智，鼓舞人的斗志，促进人的全面发展。校园的环境文化必须处处洋溢浓厚的育人氛围。苏霍姆林斯基说："要使学校的墙壁也说话"，特色环境文化正是要体现这种观念。因此，校长要优化学校环境，使学校的一草一木、一墙一壁都能传情达意，为师生员工提供良好的教育教学氛围，为师生创造有利于学习、工作、生活和娱乐的优美环境。校园文化需要载体，文化氛围需要营造。学校的建筑、校园的规划，能够很好地体现出学校特定的"美润"文化氛围，它像"无声的语言"影响着学生及其审美感受，让全校师生得到美的享受和陶冶。英国诗人布莱克曾经说过："一粒沙里看出一个世界，一朵花里看出一座天堂，把无限放在你的手掌上，永恒在一刹那收藏。"我们要让孩子们在每一个角落都能感受到"美润"文化的内涵，我们要让每一个进入我校的人都能感受到"美润"文化的浓浓的气息。因此，学校的每一面墙壁都要精心布局，每一个过道都要精心设计。"美润"文化浸润着校园的每一个角落，孩子目之所及都是关于"美润"的教科书，都是关于美的精神食粮，师生都能在"美润"文化氛围中愉快地生活，快乐地成长。校园穿上一件漂亮的"美润"衣裳，孩子们便能在这件温暖的衣裳中追求光明的人生理想。

我校以"美润文化"为主题，将校园的建设与学生的教育有机结合，建设成为诗意化的美丽校园，营造富有岭南文化气息的氛围，全面构筑丰富的美润文化。

"一标"：建立统一的文化标识，校训、校徽、校色、校旗、校歌有鲜明特色，能充分表达学校的办学理念，彰显办学特色。

"三观"：重点建设三大人文景观，一场（美润起航广场）、两园（岭南美文园、水乡美景园）、三厅（美行厅、美文厅、美艺厅），它们蕴含和外显着我校的办学理念和学校特色。我们对整个校园进行了整体规划，按照区域的特点进行了板块划分，从进入校门的"美润岭南"文化到大堂的"美润"大堂文化氛围，再辐射到"美行厅""美文厅""美艺厅"，板块之间紧密相扣，达到从精神层面到实物展示层面和交流层面的升华。每个板块都围绕"美润"的理念和办学宗旨，达到让每个角落都盛满"美润"的诗意，每个角落都充满快乐的教育氛围。"美艺厅"主要是集表演、交流，美术作品展示、艺术名家介绍，艺术品欣赏等功能为一体。"美行厅"主要是古代礼仪和现代礼仪的教育阵地，里面不但可以开展活动，还是宣扬学校三个礼仪板块的主要场所。"美文厅"主要是宣扬经典国学文化，也是"经典国"和"现代阅读"的读书天地。学生在这里可以随手翻阅书架上的图书，可以开展"读书活动"。"美润大堂"是教学区域的重要入口处，这里主要展现的是学校的"美润"理念和学校的"校训、校风"等。在这里也可以看到整个学校的精神面貌和综合教育的现代氛围。美润起航广场是整个学校最空旷的地方，位于校门范围，也是进入校园的第一个地点。这里传达的是"岭南特色，广府文化，美润理念"。学生在这里进行学习、交流，可以感受到课室之外的"土根文化"，也可以感受到整个学校的发展理念和办学特色。

"五阵"：突出五大"主阵地"，即走廊文化、教室文化、办公室文化、活动区文化及个性鲜明的校园人文景观。如校园图书角、书画长廊，具有浓厚的书香气息；五线谱乐章点缀的音乐教室，涌动着音乐之声的旋律；素描、水彩、蜡染、线艺等作品装点的美术室，让美术之魂充盈校园；舞蹈形体室、健美操室，展示着力与美的完美结合……同时，建设班级牌、功能室牌、办公室牌、卫生间牌、楼层牌、班级文化——班级管理插牌等，充分展示了学校"美润教育"的办学理念，彰显办学特色。

总之，通过校园建筑、园林小品、标志、雕塑、图书、广播、网络等，营造一个良好的生态环境和教育环境，使校园弥漫优雅的人文气息、书香意蕴。校园渗透办学理念赋予的深刻寓意，校园风格追求地域文化与现代教育的结合，校园装饰追求沉稳和意义鲜明，可以给人以美感的意境，体现一种精神的追求，凝聚一种精神的力量，从而成为师生共同的精神家园。

三、"美润教育"的实践反思

好的教育，应该回归教育的原点：这就是"人"。每个生命都有其自然的成长之道。教育活动要围绕生命成长的需求而展开，服务生命的成长。生命的潜能是无限的，教育要创造条件，去点化和润泽生命，去激活、展示生命的灵动与飞扬，促进每个学生创造性地、富有个性地发展。"美润教育"是一种着眼于心灵改造和品格建塑的教育，是一种为学生终身发展奠基的教育，是素质教育下的学校内涵式发展的延伸。学校应根据地域特征和学校发展历史，挖掘传统文化，完善制度文化，积淀精神文化，为学生提供自主文化活动的时间和空间，满足学生对文化和美的强烈追求，促进学生个体生命的张扬和主体审美情感的释放，激发学生蓬勃的生命力和创造力，给学生以理想的生活、人性的追求、境界的提升、心灵的陶冶、情感的体验等，让学生不断地走向博大、敞亮和深邃。

实践证明，优秀的学校文化是一面旗帜，它引领着师生意气风发地前进；优秀的学校文化是一种氛围，它熏陶感染、润物无声；优秀的学校文化是一个引力场，它凝聚人心、形成合力；优秀的学校文化是宝贵的资源，是学生成长、教师发展的肥沃土壤。文化既是一种价值引领，也是一种生活方式。在文化实践中，我们感受到了"以美润人"的穿透力，它使学校"美润教育"的特色更鲜明，老师"以美慧润人"的境界更高远，学生"美润之星"的童年更幸福。可见，美润教育，美浸心灵、美润人生。

参考文献：

[1] 徐书业. 学校文化建设研究：基于生态的视角 [M]. 桂林：广西师范大学出版社，2008.

[2] 葛金国. 课程改革与学校文化建设 [M]. 合肥: 安徽教育出版社, 2007.
[3] 王全乐, 郑军平. 校长与学校文化建设 [M]. 保定: 河北大学出版社, 2012.

小组合作学习
在小学生学校德育教育中的探究与实践

南沙区东涌第二小学　樊银娇

摘要：在小学生德育教育中，用小组合作学习在课堂中运用的成熟模式和已有的经验，迁移运用到学生德育管理中去。这是把德育管理全面下沉，让学生进行小组内的自我管理，节省学校德育管理成本，优化学校德育管理设置，从而做到更到位、更及时、更高效地进行学校德育管理的方法。

关键词：小组合作；学校德育；新管理模式

小组合作学习在课堂教学中已经应用得很广泛了，但很少有学校应用在小学生德育教育中。我们在以往的学校德育教育管理中，发现很多学生的很多问题，学校和教师管理不了，也不能及时得到解决，因而会造成很不好的影响。而学生总是在被管理中不自觉地不遵守学校的各种规则。"小组合作学习在小学生德育教育中的探究与实践"是以小组合作学习的形式让学生形成一个固定的"学习小组"，把学校的德育教育管理从学校下降到班，再落实到小组中去，用小组的团体的力量来监督纠正学生的不良行为，让学校和班的德育教育管理更加有效。在此之前，我们发现学校班级的管理模式很低效，造成了管理的空白；而小学生很喜欢小组合作学习这种形式，在小组内其参与感、投入感和认同感会更有效地得到提高。利用小组进行学校德育教育管理，可以更节省学校和班级老师的管理成本，利用好小组长和小组，可以更加全面、到位、及时地管理每一位学生。为了更好地把小组合作学习这种方式用于小学生德育教育中，学校把学生的日常行为规范制作成每个学生的小组管理登记表，记录好学生在学校内的行为规范，并及时进行奖惩，利用小组合作的团体力量，规范学生的行为，使学生形成良好的行为习惯。同时，学生也很乐意接受小组合作，这种方式更容易形成内部竞争氛围，也更利于学生从小就在团体内活动，学会合作、协作、沟通、遵守规则，以便将来更好地适应社会生活。

一、利用"小组合作学习在小学生德育教育中的探究与实践",培养学生自我监督的行为习惯

"小组合作学习在小学生德育教育中的探究与实践"适合学生管理工作需要,结合小学生的年龄特点进行学校德育管理,将更符合孩子的身心特点。用孩子管理孩子,让学生进行自我监督,能培养学生的各种能力,同时也有利于帮助学生形成良好的行为习惯。

"小组合作学习在小学生德育教育中的探究与实践"有着小组合作学习在学科教学中应用的许多成果和经验,可以很容易应用到小学生德育管理中来。用"小组合作学习在小学生德育教育中的探究与实践"进行学校德育管理的可行性高,操作性强,可以让学校的德育管理更高效更到位,从而节省学校的管理成本,节约班主任教师的课堂和班级管理的人力成本,可谓一举多得。利用小组合作学习在课堂教学中的应用推广到学校的德育教育管理工作中去,利用我们熟知的小组合作学习的原则和方式,这就有一定的研究基础,更容易让师生们知道怎么做,把小组合作学习应用范围扩大到德育教育管理中,让学生实现日常行为的自我管理。在有一定学科实践基础之后,师生都有了一定的操作基础,再从课堂教学中延伸到德育管理中,很快就能得到一系列的成果,起到事半功倍的效果。

"小组合作学习在小学生德育教育中探究与实践"的实施时间肯定会得到最大的保证,因为其能促进学生行为习惯的形成。"小组合作学习在小学生德育教育中的探究与实践"是结合学校的德育教育管理来进行的,只要学生来到学校就会参与"小组合作学习在小学生德育教育中的探究与实践",而且是学生以自治的形式开展,这就更能保证"小组合作学习在小学生德育教育中的探究与实践"的实施时间了。而且学生花更多时间在小组合作的日常自我管理上,从课堂延伸到课外日常德育行为中,会让自我和他我的管理、监督能力都得到大大的提升,更有利于形成良好德育的日常行为习惯。

二、利用"小组合作学习在小学生德育教育中探究与实践",探索学校德育管理的有效方法

"小组合作学习"不仅应用于学校学科教学上,而且在学校德育方面也要推广。学校要把每周的班级量化评比中所有的好人好事加分、违反学校规定扣分落实到每一个小组、每一个学生。

（一）小组的构建

一个班的学生，必须合理分配，尽量使小组成员都有机会平等地参与活动，以提高小组的合作效率。为保证组内成员的互补和组间的公平竞争，在分组中要考虑学生的能力、兴趣、性别、家庭背景等几个方面的因素。班主任应协调各科任课教师本着差异互补的原则，相对均匀地将本班学生分成若干小组，每组4人，各科同组。每个小组分为ABBC三层，即每个小组一个优生，两个中等生，一个差生。一般应遵循"同组异质、异组同质"的原则来分配每组的成员，这样才能保证每个小组在大致相同的水平上展开合作学习。学生在竞争中有"旗鼓相当"的感觉，才会增加合作的动力，增强取胜的信心，从而取得良好的合作效果。具体分工如下。

组内成员是一个整体，小组是一个团队，强调集体行动，不搞个人主义，组内对于各种任务要有明确分工，并且要明确落实到人。

组长在以身作则的基础上，对组员的学习、行为、思想等进行监督和指导。包括随时与班主任及各任课教师联系，在同学和老师之间架起一座沟通的桥梁，起到上情下达、下情上报的作用。

监督员负责本小组在校内文明行为的管理和课堂纪律维护，对于小组内人员在校内违反学校规定，如上课时出现的讲小话、嬉笑、打闹、递纸条等现象及时制止。

记录员负责记录本组的得分情况，把小组内违规的学生做好记录，并在每周一把记录交给班主任，班主任在班会课中及时进行纠正教育。

小组命名及小组寄语由班主任引导学生结合本组特点自主进行。

（二）建立多元化的评价制度

1. **小组内个人评价：每个组员基础分为100分**

姓名	评价内容	第一周	第二周	第三周	第四周	总分
	校内纪律情况					
	认真完成作业					
	作业全对					
	积极发言					
	认真听课					
	测验成绩					
	合计					

（1）校内纪律情况：组员在校内每做一件好事加 1～5 分，每违反学校规定的扣 1～5 分。

（2）认真完成作业：每周不定时抽查一到两次进行作业检查，每次做到完成作业、书写认真的加 2 分。

（3）作业全对：无论什么科目，全对一次加 2 分。

（4）积极发言：对于稍有难度的问题，积极动脑、发言的同学每次加 1 分。

（5）认真听课：每周内对认真听课的同学奖励 5 分。

（6）测验成绩：对于测验单科或总分前五名的分别加 10 分、8 分、6 分、4 分、2 分。有进步的同学根据进步的幅度进行适当的加分 1～5 分。每组分别算出语文、数学、英语三科的平均分，对于前三名的小组分别加 5 分、3 分、1 分，组长分别加 3 分、2 分、1 分。

2. 小组评价：每小组基础分为 100 分

组名	评价内容	第一周	第二周	第三周	第四周	总分
	校内纪律情况					
	听课					
	合作					
	展示					
	合计					

听课：每周对认真听课的小组加 10 分。

合作：分工明确、认真倾听、快速完成教学任务的小组加 5 分。

展示：分工明确、仪态大方、讲述清楚的小组加 5 分。

评价汇总表

组名	9月	10月	11月	12月	1月	2月

续表

组名	9月	10月	11月	12月	1月	2月
本月最佳						

各组把每月所得的分数填到相应的表格内。每月得分最多的小组被评为最佳学习小组，该组组长被评为优秀组长。

学期所得分数最多的小组被评为金牌小组，该组组长被评为金牌组长。学校在期中、期末表彰大会中对每个班的金牌小组和金牌组长进行表扬及颁发奖状和证书。

小组合作学习，使每一个参与者不仅充分表现自我，而且在与他人相处中学会接受他人、欣赏他人，从而取长补短。参与者在评价他人的同时，也接受他人的评价，有利于形成正确的评价观，培养良好的心理品质。我相信，只要我们在教学中能坚持做一个有心人，在探索过程中时刻学习、总结和反思，我们的小组合作学习模式将会更加有效！

（三）学生的日常行为规范纳入小组管理

（1）做好事一个学生加2分，小组也加2分。

（2）少先队员必须佩戴红领巾，不佩戴者扣1分，小组也扣1分，举报者加1分，所在的小组相应加1分。（体育课除外）

（3）星期一、四穿校服，不穿校服者扣1分，小组扣1分。

（4）上下楼梯靠右行，互相礼让，不得在教学楼范围追逐打闹。如有违反者每人每次扣1分，扣完为止；小组扣1分。举报者加1分，所在的小组相应加1分。

（5）给同学起绰号、吵闹，带零食、玩具回校的每人每次扣1分，小组扣1分。举报者加1分，所在的小组相应加1分。

（6）随意在学校的墙上、地上乱涂乱画，随意撕扯校园内的文字、图画等设施，每人每次扣1分，小组扣1分。举报者加1分，所在的小组相应加1分。

（7）进入教学楼顶层、后面、生物园等不得随意进入的地方玩耍，每人每次扣1分，小组扣1分。举报者加1分，所在的小组相应加1分。

（8）爱护学校的财物和设施，损坏按价赔偿，有意损坏加倍赔偿，每项扣1分，小组扣1分。举报者加1分，所在的小组相应加1分。

（9）攀越栏杆（楼梯栏杆和教室），双手撑着栏杆向楼下张望，每人每次扣2分，小组扣2分。举报者加2分，所在的小组相应加2分。

（10）学生打架、到网吧上网、不按时回家、偷东西等违纪现象和发生安全事故，经学校处理，一律扣3分，小组扣3分。举报者加3分，所在的小组相应加3分。

通过"小组合作学习在小学生德育教育中的探究与实践"，探索学校德育教育更有效的方法，让学校德育管理上一个新的台阶。

三、利用"小组合作学习在小学生德育教育中的探究与实践"，形成学校德育管理的模式

在"小组合作学习在小学生德育教育中的探究与实践"的研究中，形成了一套学校德育管理的新模式：①形成一个良好的氛围，用一个月的时间做宣传动员，让教师能够从思想理念上接受"小组合作学习在小学生德育教育中的探究与实践"是有利于学生管理的，并达成共识，即从教师的认知上得到支持，同时也向全体教师铺开做好理论支撑。②由学校制定实施方案。由学校教导处制定小组合作学习在德育教育管理的实施方案，学校领导通过小组内讨论，修改并通过方案，制定学生日常行为小组内管理表，完善规范学生的行为。召开年级组长会议，把方案的实施要求、细节进行布置，让级长带班主任开始实施方案。方案在全校班级中铺开实施，然后定期召开实践反思总结会，修改实施方案，制定下一步的研究工作。③学校适时抽取个别班级的个别小组，整理小组内组员的德育管理记录表，进行对比，观察学生的日常行为有没有进步和改善，还存在哪些普遍的问题，继续完善实施方案。每两周集中组成员和级长召开实施反馈会，及时调整实施方案和实施措施。学校安排全校各年级和班级实施，在实践中检验实施的形式、措施是否有效，记录出现的问题和需要改善的地方，集中"小组合作学习在小学生德育教育中的探究与实践"学校领导小组成员和年级组长进行反馈，制定下一轮实施

措施，再深入学生和家长中调查采访实施效果和存在问题，收集学生、教师以及家长的意见和建议，针对问题，集中"小组合作学习在小学生德育教育中的探究与实践"学校领导小组成员，继续完善实施方案，调整"小组合作学习在小学生德育教育中探究与实践"的措施。④适时安排成功的案例做经验介绍，收集班级内的班主任和学生小组的反馈意见，分析整理学生日常行为记录表，分析学生的数据，制定下一步的实施方向。⑤召开每月的班主任交流会。通过"小组合作学习在小学生德育教育中的探究与实践"在班级内的实践，总结出好的经验以及存在的困难，研究解决困难的方法，调整做得不够好的地方，形成实践反思成果。在实施"小组合作学习在小学生德育教育中的探究与实践"的过程中，把实施比较成功的班级挑选出来，把在实施过程中的成功经验进行交流分享。⑥在"小组合作学习在小学生德育教育中的探究与实践"的实施过程中，时刻注意收集各种研究生成的原始资料、活动记录、反思、案例、学生日常行为登记表等，为以后形成成果做资料积累准备。⑦为了更好地实施"小组合作学习在小学生德育教育中的探究与实践"，把学校的德育管理权下放到每个年级的级长，级长带领班主任实施"小组合作学习在小学生德育教育中的探究与实践"，把权限下放，将更有利于"小组合作学习在小学生德育教育中的探究与实践"的实施。这样，学校德育管理能更接近学生、更接地气地实施，以便总结归纳出良好的实践经验，反复实践验证，形成一个行之有效的小组合作学习的学校德育管理模式。通过利用"小组合作学习在小学生德育教育中的探究与实践"，使学生养成良好的行为习惯，形成良好的班风和校风，从而构建一套学校德育管理新模式，形成一张学校德育管理全覆盖的网络。

四、利用"小组合作学习在小学生德育教育中的探究与实践"，提升学校的办学质量、办学品牌和地区影响力

"小组合作学习在小学生德育教育中的探究与实践"主要是把小组合作学习这种课堂管理模式从课堂教学学习延伸到课外校内的德育管理上，这是把成功的课堂管理模式进行延伸，让小组合作学习有效管理模式应用到德育管理中去。小组合作学习这种课堂教学模式理论已经很全面了，我们把这些理论推广应用到学校德育教育中去，从小就培养学生的合作、交流、探究、分工、团队的意识，从学习中到学校生活的日常行为规范中去，有利于学生自主自治，从小培养学生的他我和自我管理能力。在"小组合作学习在小

学生德育教育中的探究与实践"实施的过程中，通过总结经验和反思，可以形成一个学校德育管理模式，并探讨形成小组合作学习在小学生德育教育中实践的理论。通过"小组合作学习在小学生德育教育中的探究与实践"，可使学校的德育工作有一个质的提升，从而提高学校的办学质量，同时让学生的日常行为更规范，让学生在这过程中学会自我管理，让学校的德育管理做到更能随时随地、高效自主，这样既可以节省学校的管理成本，同时也能锻炼学生的能力。为了能让该模式更好地推广应用，可以把"小组合作学习在小学生德育教育中的探究与实践"的一些具体的成功有效的做法推广到周边的学校，带动附近学校参与到"小组合作学习在小学生德育教育中的探究与实践"中来，从而起到更好的应用效果。

"小组合作学习在小学生德育教育中的探究与实践"除了让学生明白、老师落实，还要让家长清楚。所以每个班分好小组后，必须在校讯通或微信群中用心地宣传，让家长知道他们孩子的小组情况和小组成员名单。班主任把每个月表现好的学习小组在校讯通或微信群中大力表扬，让家长也形成一种荣辱感，为自己孩子的表现感到骄傲。总之，"小组合作学习在小学生德育教育中的探究与实践"有利于充分照顾每一个学生，使他们学会表达，正确交流，培养他们的合作精神，这是培养学生创新意识和动手能力的重要学习形式，也是促进学生学会学习、学会交往的重要形式。"小组合作学习在小学生德育教育中的探究与实践"有利于学生智力的发挥，发挥其潜能；有利于学生发展良好的个性，形成正确的竞争观、合作观；有利于增强班级的集体凝聚力，形成和谐的课堂气氛。在大力倡导"高效课堂"的今天，"小组合作学习在小学生德育教育中的探究与实践"使这种学习形式更合理、更高效，可以彻底解放学生的学习力，提高课堂效率，同时也可双促进学校的德育发展。该模式通过长期有效的实施，无论是在课堂内外还是学校的德育管理上，都将会提升学校的办学质量，有助于树立学校的办学品牌，从而提高学校在其地区的影响力。

"小组合作学习在小学生德育教育中的探究与实践"是在课堂学科教学中的成功应用的基础上应用于学校的德育教育管理，学生和教师都能很容易接受，所以实施起来比较容易。为了更好地推行实施"小组合作学习在小学生德育教育中的探究与实践"，学校把德育管理的权限下放给年级组长，把管理做到更细化、更具体、更到位。学校教育管理需要寻求一条更有效、更适合学生的途径，"小组合作学习在小学生德育教育中的探究与实践"有很好的前景和显著的效果，同时符合教改的需要。

参考文献：

[1] 王坦. 合作学习的理念与实施[M]. 北京：中国人事出版社，2002.

[2] L. A. 巴洛赫. 合作课堂[M]. 上海：华东师范大学出版社，2005.

[3] 刘玉静. 合作学习教学策略[M]. 北京：北京师范大学出版社，2011.

学困生产生的成因及其转化的对策

广州市南沙区新垦学校　高卫波

摘要：现代学校教育中必须面对一个重要的课题——学困生产生的成因及其转化的对策。学困生的出现离不开三大因素，那就是家庭因素、学校因素和社会因素。在教育过程中我们要重视对学困生的研究，找出学困生形成的原因，并对症下药，设法想出对学困生进行教育转化的对策，运用科学的教育方法，赏识学困生的优点，培养他们的学习兴趣，给予他们准确、合适的评价，用爱走进他们的心灵，感化他们，鼓励他们，最终达到转化的目的。

关键词：学困生；表现；成因；转化；策略

学困生指智力正常、道德品质良好，但基本丧失学习目标、缺乏学习热情、学习效果低下、成绩落后、达不到国家规定的教学质量标准、较为调皮的学生。其特点主要为：①学习成绩长期而稳定地达不到规定的要求；②身心生长发育正常；③造成的原因不同，但可通过干预或辅导进行逆转。

学困生一般在学习、生活、纪律等方面都会表现出与一般学生不同的行为，例如：①在学习方面他们缺乏正确、坚定的目标和学习积极性，缺乏上进心、求知欲，厌学、作业马虎、欠交作业，因而造成学习成绩不良。②在生活方面，他们自我约束能力低、放纵自我或对人冷淡、生活无规律，不适应环境。③在纪律方面，他们自我控制能力薄弱，不遵守纪律，经常迟到、旷课，经常扰乱课堂，抵触情绪强烈。④在行为方面，他们缺乏理智，做事冲动、盲目，很少顾及后果。⑤在思想方面，他们缺乏正确的人生观，不求上进、自暴自弃，对别人的批评与教育常表现出毫不在乎的样子。

一、学困生形成的原因

经过长期的研究、调查与分析，我们认为学困生形成的原因多种多样，但归纳起来主要有以下三大原因。

（一）学校方面的因素

1. 错误的教育观念

一直以来，许多学校把成绩好坏视为评价学生的首要标准，甚至是唯一标准。这种观念忽视了学生的全面发展，学校重点培训尖子生，忽略了后进生的存在，从而导致学困生的出现，并致使后进生越来越后进。

2. 教育方法欠佳，甚至失当

现阶段，在学校教育过程中，我们提倡有效的教育方法，但并不是每位教师都能做到。有的教师对学生的教育方式方法是不对的，如方式简单粗暴、不公正，对学生的行为和心理缺少长期有效的指导。对待学习成绩差、调皮捣蛋、纪律松散的学生进行随意批评、处罚，甚至打骂；不分场合、不留情面，将学生赶出课堂，弃之不管；或将其调班，发难校长、发难家长，学生一有问题就请校长处理，叫家长回校处理，严重地伤害了学生的自尊心、自信心。这些错误的教学方法使学生缺乏良性的教育环境的影响，久而久之，该学生就会变得无心向学、自暴自弃，自然而然地成为学困生。

3. 课堂教学不公平

在日常的课堂教学过程中，有的教师不能公平对待学生。例如，对学习成绩优秀的学生十分重视，就算他们违反了纪律也视而不见；对家庭条件好的学生也特别关爱，处处维护他们。而对于家庭地位低、成绩较差、常违反纪律的学生则表现出厌恶的态度，处处刁难他们，经常批评他们，导致他们不喜欢学校、不喜欢老师、不喜欢学习，态度消极，最终成为学困生。

（二）家庭方面的因素

1. 家教方式不当

由于现代社会竞争越来越激烈，物价上涨，生活压力较大，大部分家长要维持生计，疲于奔走，身心长期处于疲惫状态。所以，许多家长都缺少时间和精力对孩子的品德行为及学习上进行有效的指导，特别是广大农村的父母，他们的经济收入比较微薄，为生活要付出更多的时间和精力，对孩子教育的时间也就相对更少。

有的家长"望子成龙""望女成凤"心切，对孩子的期望过高，严格要求过度，造成子女身心疲惫，严重影响学生心理和生理的正常发展。例如，有的学生平时成绩只有60分左右，如果突然要求他要达到90分以上，这样的要求明显过高了。有的家长采取"棍棒下出孝子"的教育方式，这种粗暴打骂的方式使学生的心理受到了严重伤害。

2. 家庭矛盾的影响

每个家庭的父母每天都要工作、生活，承受不小的压力，他们在工作上往往会出现不如意的事情，进而影响自身的心情。他们回家后对子女的教育方式上也可能容易被工作中的负面情绪影响，于是容易和孩子吵架，更有自身素质低下的家长对孩子大打出手，这对子女的影响极大，容易使子女的性格变得暴躁、孤僻。

另外，离婚的父母对子女也会产生较大的影响。破碎的家庭使子女得不到父母双方的爱，得不到家庭的温暖，导致子女形成冷漠、孤僻、忧郁的性格。

（三）社会方面的因素

1. 社会不良风气的影响

现阶段，社会越来越复杂，教育的形势也越来越严峻，社会上的享乐主义、打架斗殴、向"钱"看等不良风气影响了中小学生的人生观。社会上某些集团重奖升学率高的教师或优秀生，导致绝大多数学生都以学习成绩作为评定一个学生的能力和成就大小的标准。

2. 社会上不良健康思想的影响

有时，社会上某些媒体会传播一些不健康的思想，例如，影视、书刊、游戏机室、网络等媒体。那些不健康的思想会严重影响学生的思想、毒害他们的心灵，使他们对学校生活和学习产生厌倦，从而把精力转移到其他方面，无心接受学校教育，特别是对文化知识的学习。

二、学困生的转化

我认为可以从以下四方面去进行转化。

（一）尊重学困生的人格尊严，给他们以正确、合适的评价

人与人之间的交往必须建立在平等、尊重他人尊严的基础上，对学生的教育也一样。在当代学校的教育过程中，有的教师的教育思想跟不上时代的转变，甚至无视学生的尊严，采用"专制型"的教育方式。其实学生也有思想，会分辨是非，如果教师坚持这样只会收到反效果。

出现问题时，我们应冷静分析，处处为学生着想，对学生循循善诱，如果是教师自己做错的应主动向学生认错，使师生关系变得更和谐。另外，给学生一个正确的评价也是十分重要的。

一个反复失败的学生容易失去信心，无法正确认识自己，激励自我，从而减弱了自己的内部动力。作为教师应对学生给予鼓励性的评价，尽量挖掘学生的优点，从而激发学生的内在动机。多表扬他们的优点，肯定他们一点一滴的进步。例如，2017学年第一学期，我们班有个语数英成绩都比较差的学生，他的体育成绩特别好，于是我先在班上表扬他的体育成绩优秀，然后希望他在语数英上加把劲，像体育一样。他很乐于接受，有了上进的动力，树立了信心，此后各科成绩均逐渐提高。

（二）赏识学困生的优点，用爱走进学困生的心灵

每位学困生身上都蕴藏着独特的个人潜能，等待我们去挖掘。如果我们能用心去挖掘，就一定能发掘到学困生的优点，因此，我们要善于发扬其闪光点，采取成功教学，帮助学生恢复自信。

在课堂教学中，对于某些回答问题的机会，我们应更倾向于把机会留给学困生，特别"照顾"他们；我们可根据他们的特长，让他们去承担班级、学校的一些工作，给他们一个展示才华的平台。2018学年第一学期，我班有个姓袁的学困生，因为他很有表演天赋，于是我安排他做文娱委员，他很开心，表现得十分积极上进，像变了一个人似的，学习动力十足，结果学习成绩也很快得到了提高。

此外，对学困生我们要倾注无限的爱，用爱敞开他们的心扉，用爱走进他们的心灵。正如在教育杂志《师道》2005年第十二期的文章《一个学困生的成长经历》中，代之浩老师用他对学困生吴生的教育转化经历给我们上了一堂很好的课。代之浩老师走进吴生的心灵深处，用自己真挚的爱感化吴生，并在吴生心里种下一颗感恩的心。这个成功的案例将是我们广大教育者学习的材料。

（三）培养学困生的学习兴趣

兴趣是最好的老师。学困生普遍对学习不感兴趣，缺乏学习动机。因此，我们要想转化他们，必须先培养他们的学习兴趣。我们要根据每个学生的实际，因材施教，先从基础知识和基本技能的教学训练做起，一点一滴地培养他们的学习兴趣；要对他们进行耐心教育，加强辅导，让他们听懂课，会做练习题，使他们经过自己的努力而获得成功的喜悦，从而树立信心，加倍努力地把学习搞上去。学生一旦把精力用在学习上，随着知识的增加，分辨是非能力的增强，他们的道德面貌和思想境界也会随之发生变化。我们还要经常运用"皮格里列翁效应"，可以增大学困生的期望值，帮助学生树立

信心、自我约束。比如2017学年第二学期，我班有一个经常违反纪律的学生，有一天上课时坐得很端正，我抓住时机当众表扬他能上课遵守纪律。之后，我也不断地表扬他，他也坚持得很好。久而久之，他变成了一个能遵守纪律的学生。

此外，还应加强对学困生学习方法的指导。在教育教学实践中，有些学生智商不低，上课能认真听讲，课后按时完成作业，学习上费了不少劲，但就是成绩差。究其原因，就是学习方法不对。常言道：授人以"鱼"不如授人以"渔"。它道出了学习方法的重要性。如果我们教给了学困生学习方法，那么他们学习起来就更容易、更轻松了。

（四）学校与家庭、社会紧密联系，形成一体

在教育过程中，学校必须紧密联系家庭、社会，密切关注学困生的思想行为表现。把转化工作拓宽到家庭、社会，从而增强教育的效果。

学校可以通过"家访""开家长会""校讯通"等方式了解学生的情况，并向家长反映其子女在学校的表现，共同商议学困生的转化工作。当发现学困生出现问题或发现有苗头就立即解决，可以防患于未然。

我十分重视家访工作，收到的效果也十分好，每个学期我都会对全体学生进行两次普访，分别安排在学期初和学期中后段时间。学期初时对学生家庭情况做一个了解，掌握学生的情况；第二次普访时则向家长汇报学生前段时间在校的情况，特别是汇报学困生的具体情况。当然，如果个别学困生在不同时期出现特殊情况我会及时进行家访，与家长一起商量如何转化他们，事实证明了家访对学困生的转化效果很好。2018学年第二学期，我班有一个姓梁的学困生在我的多次家访下，慢慢转化成优秀生了。

总之，造成学困生出现的成因很多，只要我们能针对不同的成因，对症下药，找到医治的良方——正确的教育转化策略，那么学困生是可以转化的。

参考文献：

[1] 刘朝晖，王薇薇. 提高学困生教育沟通时效性的路径思考 [J]. 教育与职业，2014（8）.

[2] 王素萍. 开发学困生学习潜能的实践探索 [J]. 教育理论与实践，2014（8）.

[3] 李正超. 翻转课堂——解决学困生问题的有效方法 [J]. 黑龙江畜牧兽医，2015（8）.

[4] 王运花,李海明. 高校学困生产生原因及解困途径[J]. 教育与职业, 2014 (10).

[5] 陈静. 学困生的"春天"[J]. 人民教育, 2018 (3).

[6] 刘锦诺,杨丽. "得寸进尺效应"对中小学"学困生"教育的启示[J]. 教育探索, 2015 (10).

[7] 安杨,毕丽娜,裴孝金,等. 学困生生理特点与教育策略研究——学困生生理特征与教育[J]. 新闻与写作, 2017 (9).

浅谈绩效工资改革背景下提高农村小学教师工作积极性的策略

广东省广州市番禺区沙湾镇兴贤小学　韩伯龙

摘要： 义务教育学校教师绩效工资改革实施至今已有10年历程，尽管这一改革促进了教师岗位优化、规范了工资管理、强化了岗位竞争，但也引发出一些状况和问题。这些状况和问题的主要根源在于评价机制不够完善等多方面因素导致绩效工资分配方面存在一些不合理、不公平的现象，从而挫伤了部分教师的工作积极性和主动性。本文针对此类现象和问题进行分析，并提出了绩效工资改革背景下提高农村小学教师工作积极性的若干策略。策略指出，要发扬民主，充分听取教师的意见和建议，制定激励机制，激发教师的工作热情。同时，还要做到从情感上真正关心教师、尊重教师，服务教师的成长。

关键词： 绩效工资；小学教师；工作积极性；激励制度

一、教师绩效工资改革的背景

2008年年底，国务院常务会议上审议并原则上通过《关于义务教育学校实施绩效工资的指导意见》。2009年起，义务教育学校教师绩效工资改革正式开始。绩效工资改革的本意是为了吸引和鼓励优秀教育人才投入教育工作，终身从事教育，从而促进国家教育事业取得更大的发展。改革10年来，绩效工资确实产生了一系列重要影响和作用。第一，实施绩效工资有助于推进学校人事制度改革，促进学校完善岗位设置，优化岗位聘任；第二，实施绩效工资有利于教师工资的透明化和公开化，有利于规范教师的各种津贴管理，便于对教师的总体收入进行监督和管理；第三，实施绩效工资还有利于在教师行业引入竞争，从而强化教师的服务意识，提高学校教育教学质量，提高社会对学校办学的满意度。

同时，在推行绩效工资改革的过程中，也出现了一些争议和问题。这些争议和问题严重挫伤了部分教师的工作积极性，使部分教师工作没有激情、缺少创新精神，也使得学校推行的各项工作阻力较大，严重影响了教育教学工作的顺利开展。

二、绩效工资改革后出现的问题

国家推行教师绩效工资改革，本应是件喜事，政府的最终目的也是想要看到教师的工作热情得到更好的激发，从而促进教育事业的稳步发展。然而，绩效工资改革也引发了部分教师工作积极性和主动性不升反降的情况。产生这一现象的原因主要是由于评价机制不够完善等多方面因素导致绩效工资分配方面存在一些不合理、不公平问题的出现。

具体而言，这些问题主要体现在以下几方面：第一，奖励性绩效方案未能充分体现教师的劳动成果，出现了一些多劳未必多得、少劳未必少得的现象。第二，教师的流动受到学校岗位设置的限制，出现职业倦怠的现象。第三，在奖励性绩效执行的过程中，学校行政干部扮演了考核者的角色。行政干部在考核过程中，其细化的德、能、勤、绩扣分容易引起教师的不满，从而激化了行政干部与教师间的矛盾，致使学校的部分工作难以推动。

三、绩效工资改革背景下提高农村小学教师工作积极性的策略

在绩效工资改革引发部分教师工作积极性、主动性受挫的背景下，我校实施了一系列的策略措施，从而有效提高了教师工作的积极性和主动性。具体策略措施如下。

（一）发扬民主，充分听取教师的意见和建议

为了改变绩效工资改革后引发的教师工作积极性、主动性受挫的现状，我校特别制定出科学规范、讲求实效和便于操作的教师绩效考核办法。在此过程中，我校集思广益，坚持了"先民主后集中，再民主再集中"的原则，以达到既尊重群众的意愿、又体现学校的意志，既均衡各方的利益、又达到激励先进教师的目的。通过一系列程序，我校绩效考核实施办法教师同意率达100%。这一策略的关键在于不要怕教师提意见和建议，提得越多就越能掌握真实的情况，就越能对症下药，制定出科学合理、令教师满意的考核办法。

(二) 制定激励机制，激发教师工作热情

为确保绩效工资激励机制能够真正激发教师的工作热情，我校探索并总结出制定激励机制必须坚持的原则。第一，建立激励机制必须坚持人性化原则。科学发展观的核心是人性化，这告诉我们，制定任何方针、政策都必须遵循以人为本的原则。人性化的激励机制能把人的本能的激情全部激发出来，以满腔的热血献身祖国的教育事业。第二，建立激励机制必须遵循奖惩分明和平等的原则。奖优罚懒，才能够进一步调动人的积极性、主动性、自觉性。第三，建立激励机制必须长期有效。制定的机制必须着眼长远、着眼未来，对教育教学工作具有长期的指导意义，才能促进教育教学工作可持续发展。第四，建立激励机制必须秉承适时修改、完善的原则。即便是一项十分科学的机制设计，也不可能长期使用，尤其是在市场经济条件下，激励机制必须时刻保持能适应社会的进步和发展。社会发展日新月异，教育机制也要做到与时俱进。

(三) 从情感上真正关心教师

教师这一职业与其他职业存在一定的区别。提高教师工作的积极性、主动性不能完全依靠工资待遇进行调节，还要做到从情感上真正关心教师、尊重教师，服务教师的成长。

1. 尊重教师主体，维护职业尊严

发扬教师的主人翁精神，在重视科学管理、加强制度建设的同时，激活教师的自我意识和自主精神，增强其事业心，焕发教师的创造力；尊重教师的主体地位，多一些商量，少一点命令，多一些鼓励，少一点批评。切实维护教师的民主权利，完善教代会制度，广泛征求教师意见，要真正做到校务公开、阳光操作。切实维护教师的职业尊严，引导、协同社会积极营造尊师重教的良好风气，教育和引导学生及家长理解教师的付出，尊重教师的劳动，配合教师的教育。

2. 缓解教师压力，促进身心健康

积极缓解教师的精神压力，争取社会的理解与支持，减少舆论压力，为教师提供宽松的精神文化空间；努力减轻教师的工作压力，科学核定教师编制，合理安排教师的课务，尽量为教师排除非教学事务，指导教师勤奋而智慧地工作；学校工会每学期举办教师亲子活动，可以有效释放教师的家庭压力，通过主动与教师家属沟通交流，积极争取教师家庭成员的理解与支持。倾注人文关怀，倡导多元评价，关注教师潜力，客观、全面、公正、公平、

发展地评价教师，定期聘请心理咨询机构专家为教师提供心理指导和心理咨询，科学指导教师释放压力，舒缓精神，增强抗压能力，促进身心健康。

3. 关注成就动机，服务专业成长

依据公平竞争、公正选评的原则，不断完善与教师切身利益密切相关的专业竞赛制度、表彰奖励制度和拔尖人才管理制度；在满足教师基本需求的基础上，进一步关注教师的成就动机，预留教师主动发展的制度空间和文化场景；特别是在教师晋升职称的问题上，帮助教师解答问题，指导他们的申报工作，让教师们看到曙光、明确目标，然后向着自己的目标努力奋斗。负责任地指导教师制定专业成长规划，帮助教师准确定位成长目标，科学建构成长条件，有序推进成长进程；热心搭好教师间对话的平台，组织专题性的话题碰撞与专题讨论，在对话中分享经验、共同提高；丰富学校的教育资源，加大教师成长投入，每年投入教师的培训学习经费不少于学校公用经费的 8%，切实为教师培训、进修等提供便利。如我校李惠琼、黎钰珊、蔡玉燕等教师走上行政岗位后，工作认真积极，李惠琼和何敏梓被评为"广州市名班主任"。学校教师的工作积极性也非常高，出现你追我赶的现象，虽然学校是一所地地道道的农村小学，但今年荣获番禺区办学绩效的三等奖。

四、结语

常言道，万事开头难。在实行绩效工资改革的初步阶段，必然会遇到一些状况和问题，教育行政部门与学校给予的高度重视，听取广大教育职工的意见，并提出有针对性的解决措施和方案，很大程度上缓解了这些状况和问题。同时，我们还意识到，单纯地依靠绩效工资来调动教师工作的积极性是远远不够的，学校还应重视为教师营造良好的工作环境，关心和帮助教师获得更好的发展，使教师产生愉快的情感体验，逐渐形成积极的工作态度，才能达到预期的目的，才能最终实现教师工作积极性、主动性的提高，以及教育教学质量的显著提升。

参考文献：

[1] 徐富明，相鹏，李斌. 中小学教师的自我职业生涯管理及与职业满意度、工作绩效的关系 [J]. 教育研究与实验，2014（3）.

[2] 郑小青. 优化绩效考核完善评价体系——基于普通农村完中的实践与思考 [J]. 福建基础教育研究，2014（2）.

[3] 宁本涛. 教师绩效工资实施的弱激励效应分析——以西部 Q 市 Y 区为

例[J].中国教育学刊,2014(4).
[4] 董慧蕴.关于实施绩效工资中调动教师工作积极性的思考[J].河南教育学院学报(哲学社会科学版),2013,32(3).
[5] 苏君阳.义务教育教师绩效工资制度的激励功能及其实现策略[J].中国教师,2012(4).
[6] 叶存洪.绩效工资实施后如何调动教师的积极性[J].江西教育,2011(28).

探索培育和践行社会主义核心价值观示范校的实践研究
——以顺平小学为例

广州市南沙区顺平小学 何建华

摘要：社会主义核心价值观的培育和践行是当下社会主流议题，其在塑造宏观和谐社会方面发挥着至关重要的作用。处于新时代新形势下，社会主义核心价值观的培育和践行单凭学科课堂实施难以得到有效持续的发展。顺平小学在育人方面倡导"顺和教育"，在多年的努力下形成了本校特色的德育课程，其在驱动顺平小学德育工作发展方面发挥着支柱性作用。本文站在社会主义核心价值观培育和践行的维度，分析"顺和教育"对学生培育和践行社会主义核心价值观形成的实施与评价。

关键词：社会主义核心价值观；顺和教育；三品三志

2017年10月18日，习近平总书记在党的十九大报告中提出社会主义核心价值观的概念，由此，这24字就成为我国新形势下社会主义核心价值观的基本内容，对我们培育和践行社会主义核心价值观，推进社会文化建设，具有直接的指导意义。小学德育工作作为小学生品德塑造和形成的重要节点，应学会剖析社会主义核心价值观的基本内涵，再去解读社会主义核心价值观的重大意义。顺平小学被命名为第一批社会主义核心价值观示范学校，经过几年的探索和实践，在培育和践行社会主义核心价值观上具有示范引领作用。"顺和教育"倡导在教育过程中坚持"顺应天性、和谐育人"的教育理念，具体体现在两个方面：一是顺应天性的教育。每个孩子都各具特点，学校需要根据不同学生的性格特点来开展德育工作，从本质上体现以人为本的教育理念。二是倡导和谐育人，即以和谐的教学方式来教育，将培育和谐发展的人作为重要的教育目标，充分体现社会主义核心价值观中的"和谐"精神内涵，坚持"以人为本""立德树人"，顺应人的天性，引导人朝着正确的人生观、世界观方向发展。这才是社会主义核心价值观引领下"顺和教育"育人的最终目的。

一、"顺和教育"下社会主义核心价值观培育和践行的原则

"顺和教育"下社会主义核心价值观的培育和践行需要坚持如下原则。

（一）坚持贴近学生生活原则

在日常教学中，应确保实际的情景是他们所熟悉的，这样学生才能够更快地参与进去。例如，部分小学生在乘坐公交车的时候，常常会遇到不让座的情况，对此进行情境设置，开展对应的主题教育，继而过渡到实际社会主义核心价值观的层次中去，可以确保学生有着理想的学习体验。

（二）坚持适应性原则

在实际进行德育课程拓展时，要确保话题是学生们感兴趣的，不能只站在成人的角度来思考问题，内容的设置不能超过学生的认知水准，确保适当的难度，由此保证学生在良好的教育教学环境中去深入理解社会主义核心价值观。

（三）坚持实践性原则

在实际课程内容拓展的过程中，要注重小学生的自主意识，确保课程内容有比较强的参与性。例如，以社会考察、社会调查、模拟实训的方式，使得学生可以切实地参与到实践活动中，这对于学生学习社会主义核心价值观而言，也是至关重要的。

二、"顺和教育"下的"三品三志"教育

"顺和教育"需要适应新时代、新形势进行拓展，以"顺应天性，和谐育人"为基准，引导德育教育教学工作朝着培育和践行社会主义核心价值观的方向发展，由此形成更加健全的"顺和教育"。这些概念对于小学生而言，可能理解起来比较困难，但是在长期的教育教学过程中，其对国家、对社会、对自我的认知就会慢慢清晰，但是在此之前，这个基础必须要予以奠定、夯实。为此，顺平小学把社会主义核心价值观的要求与精神内涵和"顺和教育"育人理念整合，形成"顺和教育"下的"三品三志"教育。

（一）德品励志教育

倡导学生在德育活动中充分发挥激励机制的效能，激发学生参与到德育实践活动的积极性，使得学生的品德素质得到不断的培养和锻炼。

（二）学品明志教育

引导学生明辨事物真相，使其自身知识修为和道德修为得到不断完善。通过典礼活动、感恩爱心活动、传统节日活动、社会实践活动等让学生可以更加直观地了解对应的知识，感触对应的故事，思考对应的问题，由此实现明志教育教学的目标。

（三）行品笃志教育

引导小学生能够将各种德育理念贯彻执行到自己的一言一行中去，成为规章制度的坚守者，以确保在这样的氛围实现良性品行的塑造和培育。

"三品三志"教育需要坚持"立德树人""以人为本"的教育原则，顺应孩子的天性并且引导孩子心性、品德、人生观与社会主义核心价值观之间的趋同。

三、"三品三志"教育下社会主义核心价值观培育和践行活动与课程

社会主义核心价值观体系下"三品三志"教育实现德育课程重塑，需要在原本"顺和教育"课程架构中进行优化，与社会主义核心价值观吻合。"三品三志"教育包括如下两方面课程。

（一）"家国天下"课程

本课程旨在培养学生的家乡认同、民族认同、国家认同和世界公民意识。根据儿童的社会化本能发展学生的社会参与能力，使学生具有责任感和担当意识，能够认同现代公民的价值观，成为现代社会良性发展的元力量。培养学生的法治思维和参与公共事务的能力，正确认识自己的权利和义务。

本课程从"爱我家""爱学校"，逐步扩展到"识南沙""中国梦""看世界"，分别对应不同的年级，逐渐扩大学生的认知视野，让学生从关爱亲人、关爱身边的人，为自己和身边的人负责做起，逐步理解责任、权利、义务、担当、奉献的精神和价值，循序渐进成为合格的现代公民。

（二）异彩纷呈的顺和活动

"三品三志"教育主张把孩子置身于真切的生活中，顺应孩子纯真、善良、无邪、好奇的天性，促进孩子的身心发展。学校要为孩子构建一个和顺、活泼的教育环境，创设五彩缤纷的德育活动，让孩子在活动中发展自己。顺和教育理念相信人的美好品质产生于人的本善之心，只要将人放置于充满真情、温暖、有爱的环境中，就能发展儿童的价值和尊严，让德行在儿童的天性基础上生长。"三品三志"教育是对学校活动的系统化总结，顺平小学通过"一季一节"和"常规德育活动主体化"的形式将学校德育活动组织起来，使德育活动成为常态机制，每年定期举办相应的活动。

1. 特色活动：一季一节

"一季一节"是指学校每年于春、夏、秋、冬四季分别举办持续一个月的读书节、艺术节、体育节、科技节活动，即3月举办读书节，5月举办艺术节，10月举办体育节，12月举办科技节，并形成常态化管理机制，通过"一季一节"的活动管理，使学校德育活动体系化，具有传承性和可持续性。（见图1）

图1 "一季一节"特色活动

2. 常规活动：节日与"四礼"

除了"一季一节"的德育活动，学校还将常规德育活动做系统化管理和提升，使常规德育活动充分展现顺和教育的特色。常规德育是指学校按照区教育局、市教育局和国家有关部门要求举办的德育活动，学校精心设计常规活动，在常规中彰显顺平小学的特色。

（1）节日活动。利用传统节日和纪念日开展主题教育活动，做到"节节有活动、月月有主题"。

每年元宵节，学校会举办全校师生灯谜游园活动，以此丰富师生校园生活，增进师生对传统文化的认同；学雷锋日举办爱心义卖、环保等公益活动，发展学生的同理心和慈善意识；通过植树节活动，如毕业班种植感恩树活动，开展"每班认领一棵树"的活动，唤起学生关爱生命的意识和保护环境的责任意识，让每个班的学生都能呵护一片树林直到毕业；清明节开展寻访烈士、踏青诗会、探索中华民族祖先文化的活动，增强学生的民族认同感；劳动节开展"学农""烘焙""生活小管家"等活动，发展学生的劳动能力和自立意识，帮助学生学习和掌握各种生活技巧；端午节开展"访龙舟""寻找家乡端午节"等研学活动，促进学生对传统的文化认同；儿童节开展盛大的儿童节专属活动，如顺和文化艺术节，把童年的记忆留给孩子；建军节开展"寻访红色之旅"研学活动和"国防教育活动"，帮助学生认识先烈，了解世界和平的可贵；中秋节开展中秋诗会活动，促进学生了解传统文学；教师节开展师生互动活动，增进师生感情；国庆节举办爱国主义教育活动，为祖国献歌，增强学生的国家认同感和民族认同感；国家公祭日举办"铭记历史，珍惜和平，寻访英雄"等相关活动，帮助学生了解历史，让学生懂得珍惜和平，铭记为守卫国家而牺牲的英雄。

（2）"四礼"活动。"四礼"是指"开学礼""毕业礼""入队礼""升旗礼"。

学校每学年都会举行"开学典礼"暨新生"开笔礼"活动，让刚踏入小学校门的新生在古韵飘香的仪式中迈出勤奋好学、尊师孝亲的第一步；"毕业献礼"系列活动有感恩母校、感恩老师、感恩同学、感恩父母，扬理想风帆，逐梦想之旅等。通过"入学典礼""毕业献礼"系列活动，使"学品明志"内化于心，外化于行。"入队礼"于每年六一儿童节举行，参加"入队礼"意味着学生从幼儿向儿童过渡，逐步具有属于儿童的独立能力，成为少先队的一员。创新"升旗礼"活动，在升旗礼中开展"人人都是国旗护卫者"的活动，改变传统由固定的国旗护卫队升旗的模式，将护卫国旗变成一项奖励，鼓励平时有良好表现的学生，让每一个学生都有机会成为国旗手。

四、"顺和教育"下社会主义核心价值观培育和践行的多元评价

"顺和教育"评价倡导实现原本评价体系的重塑，以核心价值观为基本

标准，形成全新的评价格局。顺平小学德育评价建立了一系列的多元评价制度与方案，如《顺平小学一日常规》《顺和班级奖惩制度》《顺和星级班评价方案》《顺和之星评选方案》《顺和志愿者制度》等。顺平小学在多元评价上抓准以下四点：一是评价做"深"。评价内容既要关注学生多方面的表现，又要关注学生知识和技能的掌握，并且关注学生学习的愿望、道德品质和能力、交流与合作、情感与个性以及创新精神和实践能力等方面的发展。二是评价做"活"。评价以班级为单位，结合学校自身特色及学生实际情况，学生、家长、教师自主参与，共同开展多元化评价，使评价对象通过多元评价，促使其不断进步。三是评价做"趣"。评价卡选用顺平小学由学生设计的四个卡通形象，象征着"顺应天性、和谐育人"的育人理念，标志的设计遵循儿童的身心特点，赋予童真、童趣，激发孩子争优创先的意识，使他们从小形成良好的道德品质，养成良好的学习、生活习惯，实现素养全面发展的育人目标。四是评价做"细"。评价密切结合学生的日常学习和生活，结合学生一言一行、一举一动，关注学生的每时每刻，将评价贯穿于日常的教育教学行为中，注重日常表现，注重过程性评价，关注学生的纵向进步，重视学生个性化的发展。这些对于"顺和教育"评价体系的构建而言，需要切实发挥对应评价机制的效能，在获取到实际评价报告之后，要引导学生正确认识实际结果，分析自己在各个维度中做得不够好的地方，继而在教师的引导下采取有效的改善措施，由此确保实际"顺和教育"与社会主义核心价值观朝着更加密切的方向发展和进步。

综上所述，"顺和教育"在长期发展的过程中，取得了诸多的成绩，这些成绩为我们把社会主义核心价值观渗透到对应的"顺和教育"中奠定了夯实的实践基础。在新时代、新形势下，社会主义核心价值观将成为引导教育的重要理念，尤其对于德育课程而言，更需要认清楚这样的教育战略，要积极主动地去思考社会主义核心价值观与当前特色德育教育之间的关系，站在可持续发展的维度，实现全新德育课程体系的构建，并找到对应的着力点。对于德育教师而言，则需要在不断的德育教育实践中，总结和归纳对应的教育教学经验，思考实际德育教学模式和内容存在的问题，由此驱动社会主义核心价值观与顺和教育朝着更加吻合的方向发展。

参考文献：

[1] 郑凤，丁可夫. 社会主义核心价值观融入中小学德育的路径探析 [J]. 福建教育学院学报，2014，15 (7)：26 - 30.

[2] 辛涛，姜宇. 以社会主义核心价值观为中心构建我国学生核心素养体

系[J]. 人民教育, 2015 (7): 26-30.
[3] 董芸, 左志德. 社会主义核心价值观融入中小学德育课程的路径研究[J]. 教育探索, 2015 (12): 111-115.
[4] 杜时忠, 曹树真. 社会主义核心价值观"进教材"的教育学探索[J]. 教育研究, 2015, 36 (9): 34-39.
[5] 谭秋浩. 知行合一：大学生社会主义核心价值观教育的第一要义[J]. 高教探索, 2015 (9): 121-124.
[6] 付洪, 栾淳钰. 高校运用"德育叙事"培育社会主义核心价值观的路径研究[J]. 未来与发展, 2015, 39 (12): 92-96.

依托本土资源，开发校本课程

——沙湾镇京兆小学的探索

广州市番禺区沙湾镇京兆小学　何艳珍

摘要： 我国《基础教育课程改革实施纲要（试行）》的三级课程管理鼓励学校根据实际情况开发适合本校学生的校本课程，广州市特色学校创建也大力地推进了各中小学开发校本课程的发展。京兆小学在参与创建广州市特色学校的过程中，充分利用地方文化资源，构建了学校"报慈教育"的校本课程，将课程体系分为"行为养成、艺术熏陶、实践体验"三大模块，分别对应"知识与品行、艺术能力、拓展实践"，为学生的成长搭建了多元化的平台，深入发掘学生自身的优势与潜力，促进学生个性化发展。我们从校本课程的构建实践中得出，既要充分利用地方的文化资源，又要去除糟粕，赋予其新时代的意义，还要结合学校的师资力量、学生的文化背景，将课程落到实处，才能取得成效。

关键词： 校本课程；特色学校；地方文化

我国《基础教育课程改革实施纲要（试行）》规定："为保障和促进课程对不同地区、学校、学生的要求，实行国家、地方和学校三级课程管理。"其中，"学校在执行国家课程和地方课程的同时，应视当地社会、经济发展的具体情况，结合本校的传统和优势、学生的兴趣和需要，开发或选用适合本校的课程"。

由学校自行开发、自己确定的课程被称为校本课程，是国家课程和地方课程的重要补充。

中华人民共和国成立以后，一直采用国家统一的课程设置，全国中小学基本上都是沿用一个教学计划，一套教学大纲和一套教材，缺乏灵活性和多样性。20世纪80年代末至90年代初，我国的课程改革步伐日益加快，1996年原国家教育委员会颁发的《全日制普通高级中学课程计划（试验）》规定，学校应该"合理设置本学校的任选课和活动课"。

近年来，课程多样化的趋势进一步加快，按照新课程计划，学校和地方课程占总课时数的 10%～12%，这就意味着基础教育的课程开始呈现多元化，逐步打破千人一面、千校一面、千篇一律的格局，同时也对学校如何开发和编写出适应学校实际和学生需要的校本教材提出了新的命题。

随着广州地区义务教育阶段特色学校的创建，大力推动了各学校校本课程的开发，涌现了众多优秀的学校特色课程。京兆小学的"报最教育"课程体系就是结合学校实际情况，充分利用地方文化资源开发的学校校本课程。

一、京兆小学拥有地方文化资源优势

京兆小学始建于 1906 年，是从原来地方望族黎氏为培养后代而兴建的黎氏书室发展而来。1906 年，经族绅黎廷钰、黎朝书等倡议，将黎氏书室改设为京兆小学堂，是自 1905 年清朝废除科举制度之后，在禺南创办的第三间小学堂，是沙湾的新学之始。民国元年（1912），学堂改称学校，京兆小学堂遂改为京兆小学。如今校园内还保留了大量具有岭南文化特色的古代建筑和文物古迹，进门之处即是一个正面刻着"文学流风"的古牌坊，记载着沙湾祖辈对于教育的重视和支持。

学校所在的番禺区沙湾镇，是一个有着 800 多年历史的岭南文化古镇，历史文化资源丰富，民间艺术享誉南国。沙湾文化以传统历史文化和民间文化为主体，具有丰富的物质文化资源和非物质文化资源，是"中国民间艺术之乡""广东音乐之乡""飘色之乡""中国龙狮之乡""广东省民间艺术之乡""民间雕塑之乡""广东省古村落"。

正是因为京兆小学拥有如此丰富的地方文化资源，所以可以充分利用，通过让学生学习地方传统文化，培养他们的家国情怀与道德品性，并且由地方传统项目拓展出更多实践性课程，培养学生的动手能力，陶冶性情，让学生成长为有知识、有文化、有社会情怀的人，努力做最好的自己。

二、充分发掘地域优势提炼学校核心文化元素

要构建适合学校学生发展的校本课程，首先得建立起适合学校的核心文化体系。学校的核心文化体系是学校文化的灵魂，也是校本课程立足的根本。京兆小学就是在坚持传承学校历史文化，在结合时代特色的基础上，选取其中的精华部分，凝练出独具学校特色的办学思想体系，科学地定位了"报最教育"的学校办学特色。

"报最"源于学校正门处的古牌坊背面的"凌江报最"牌匾。这块牌匾是黎氏家族用来表彰家族内官员的政绩的,以向后人昭示先贤的高尚美德和丰功伟绩,激励他们努力前进。"报最"本为古代长官考察下属、把政绩最好的列名报告朝廷的行为。学校秉承先贤的办学精神,从学校的历史出发,结合时代特色,赋予其新时代的诠释,即"做最好的自己"。

我们认为,成功的关键是如何在平凡的生活中演绎好自己不平凡的角色,因此,在很多时候,成功就是做最好的自己。这就要求从自己的实际出发,找到自己的兴趣,树立自己的理想,根据自身的条件做有可能的事,而不是不切实际的事情,并且要不断地改善自己的不足之处,从而规划好自己的人生,做好自己。相应地,对于学校的学生,我校认为"天生我材必有用",教师所要做的就是挖掘出学生的潜能并予以激发,鼓励学生超越自己,从而成为最好的自己,为家庭、为社会、为祖国出一分力。

京兆小学立足于校名来历、历史文化、地域文化、杰出校友、特色项目、教育追求六个方面,通过对于办学的优势、劣势、机遇、威胁四个方面的分析,围绕"报最教育"办学特色,形成了包括办学理念、育人目标、一训三风、德育理念在内的办学思想体系,为学校的未来发展明确了方向。

京兆小学的核心文化元素——京兆小学办学思想体系。(见图1)

图1 京兆小学办学思想体系

（一）办学理念：让人人都做最优秀的自己

我校在结合时代特色的基础上，将"报最"诠释为"做最好的自己"。围绕这一核心价值观，我校提出了"让人人都做最优秀的自己"的办学理念，希望全校师生能够通过学校这一平台，找到自己的兴趣特长所在，树立自己的理想，走出属于自己的个性化成长道路，不断突破自我，成为自己心目中最好的自己。

（二）办学愿景：为学生终生发展奠基

学校办学愿景是全校师生员工共同期望的并愿意为之奋斗的美好发展前景。我校围绕"报最教育"的办学特色，以"做最好的自己"为核心价值观，着力为学生的成长构建多元化的优质平台，为其终身发展奠定坚实的基础，促进学生个性化发展。

（三）育人目标：身正品雅，知行合一

"身正"出自《论语》"其身正，不令而行"，意思是行为端正。

"品雅"是品德高雅的意思。"知行合一"是明朝思想家王守仁提出来的，意思是认识要和实践相统一。我校致力于培养品行端正、情操高雅、具有实践能力和创新精神的新时代传人。

（四）校训：崇文习礼，尚贤报最

"崇文"的"文"字包含了文化、文明和文德三层意思，因此，我校认为"崇文"既有弘扬文化、尊师好学之意，又有追求社会文明之意，更有崇尚道德的意蕴，这是不论何时都应该高度重视的价值取向之一。"习礼"即学习礼仪。中国是礼仪之邦，童子习礼更是中国传统蒙养教育的重要方面。因此，我校非常重视学生的礼仪养成教育，通过"开笔礼"、"毕业礼"等传统礼仪，树立学生正确的行为规范。"尚贤"即尊崇榜样、学习榜样的意思。我校自创立之始，就不断涌现出杰出的校友，他们就是我校学生最好的榜样。

"崇文习礼，尚贤报最"作为我校的校训，既是对学校积极构建书香校园、以文化人、德立德树人的映射，也是结合学校悠久历史、厚重人文而提出的，用以训勉、鼓励全体师生弘扬先辈崇文重义、尚德尊贤的优良传统，做最好的自己。

（五）校风：人正、业精

人正，即为人正，就是要具有高尚的人品、健全的人格、健康的身心。不论是学生还是教师，良好的修养和高尚的品格都是成功的重要因素。业精，就是要成才、追求卓越、不断创新。我校积极营造开放、宽松、宽容的人才成长氛围，形成育才、聚才和用才的良好环境，为师生成才搭建良好的平台，形成人人都能成才的观念。

"人正、业精"的校风体现了我校的精神风貌和风格气度，是从整体上对"报最教育"办学特色的进一步具体深化，全体师生能走正道、扬正气、有正义感，并乐于在学业、事业上精益求精，成为有用之才，这就是做最好的自己。

（六）教风：尚导、守真

"尚"是尊崇、注重之意；"导"有指引、带领，启发、引起、传递三层意思。素质教育的重要内容之一就是教师要充分发挥自己的主导作用，引导学生在学习活动中主动学习、主动认识、主动接受教学内容。因此，教师在教学中不仅要善于启发学生发现问题、提出问题，而且要善于诱导学生分析问题、解决问题，让学生在解决问题的过程中发展、提高。

守真，语出《庄子·渔父》，"慎守其真，还与物与人，则无所累矣"。著名教育家陶行知说："千教万教教人求真，千学万学学做真人。"意思就是，教育的根本目的就是让人成为一个真正的人。

我校以"尚导、守真"为教风，意思就是说"真正的教育应该追求'学生第一'"，而非让学生追求第一，在学校的教师眼里，追求的第一应该是学生，而不是所谓的分数，只有这样才能培养"报最人才"。

（七）学风：乐学、善思

"乐学"就是把学习当成一种快乐，而不是一种负担。把学习当作乐趣，并且以这种兴趣爱好来促使自己在学习的路上一直走下去。

"善思"就是善于思考，注重总结。在学习的基础上举一反三、融会贯通，形成属于自己的独到见解，使自己的思维能力在实践中得以提高。我校强调实践，注重知行统一，学思结合，从而做到"身正雅品，知行合一"，成为"报最之才"。

（八）德育理念：礼学并长，感恩报最

我校非常注重学生的礼仪养成教育，从礼入手，以学校先贤为榜样，培养学生良好的行为规范和感恩的情怀。

三、结合办学理念，构建学校校本课程

京兆小学在立足学校现有资源的基础上，根据国家课程和地方课程的规划，充分融合沙湾文化和岭南文化，围绕学校的"报最教育"办学特色和"让人人都做最优秀的自己"办学理念，积极构建与学校办学思想相契合的"报最教育"校本课程体系。

（一）课程设置

本课程以"做最好的自己"为课程理念，旨在培养具有"健康人格、扎实基础、高雅情操、审美能力、强健体魄、合作精神"的新时代传人。学校按照"校有特色、师有特点、生有特长"的思路，将课程体系分为了"行为养成、艺术熏陶、实践体验"三大模块，分别对应"知识与品行、艺术能力、拓展实践"，为学生的成长搭建了多元化的平台，深入发掘学生自身的优势与潜力，促进学生个性化发展。（见图2）

1. 行为养成模块

行为养成模块以培养学生的健康人格和扎实基础为目标，通过主题教育活动、文化社团活动和心理健康教育活动这三大项目开展。主题教育活动主要是利用法定节假日、传统节日、重大历史纪念日和革命领袖、民族英雄、杰出人物等历史名人的诞辰和逝世纪念日，还有学生的入学、入队、升旗仪式、班队活动等开展各种形式的活动，强化学生的爱国、爱乡之情；文化社团活动主要是通过"读好书"活动、读书报告会、演讲比赛、征文比赛、文化知识讲座和各类学科拓展社团展开，培养学生的判断能力、语言与文字表达能力，奠定学生坚实的文化知识基础；在心理健康教育方面，学校以"三生教育"（生命、生存、生活）为主题，充分利用心理咨询室，有针对性和目的性地开展心理教育活动，帮助学生树立正确的生命观、生存观、生活观，了解怎样成为最好的自己。

2. 艺术熏陶模块

艺术教育模块以培养学生的高雅情操和审美能力为目标，通过艺术兴趣社团、校园艺术节和艺术活动展评三大项目开展。沙湾是民间艺术之乡，广

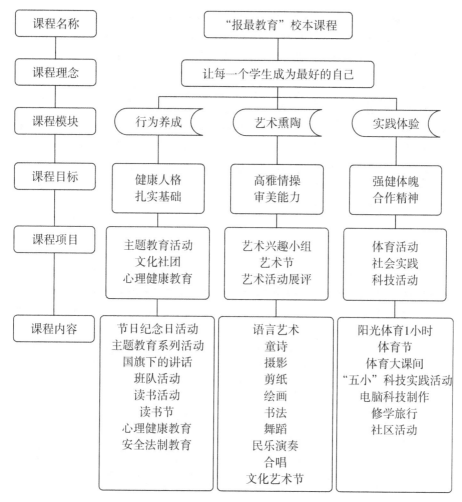

图2 京兆小学"报最教育"校本课程体系

东音乐、飘色、龙狮等民间艺术长盛不衰,我校在结合本地艺术资源的基础上,开设了合唱、剪纸、醒狮、书法、绘画、舞蹈等多个艺术兴趣社团,并将每年的5月定为校园文化艺术活动月,举办校园文化节,平时则以各类艺术活动展评为主,为学生提供多样化的展示平台,而且还在我校文化长廊单独设立了学生的优秀作品展示栏,用以表彰学子们的成绩,激励他们不断前进。课程的实施,加强了学生的艺术表现力和创造力,同时又达到了陶冶学生艺术情操、启迪学生心志的作用,促进了我校的德育建设。

3. 实践体验模块

实践体验模块以培养学生的强健体魄和合作精神为目标,通过体育活动、科技活动和社会实践三大项目开展。学校因地制宜地开发和利用体育课程资源，实施"体育、艺术 2 + 1 项目"，扎实开展"阳光体育 1 小时"活动和"快乐体育"活动，对于体育特长生加强培养与训练，以组建体育队为目标不断努力；在科技活动方面，学校着力开展以"小论文、小实验、小发明、小创造、小制作"为主体的"五小"科技教育实践活动，注重加强开发信息教育资源，开展相关的电脑科技制作活动，从而不断地提升学生的科学素养，锻炼他们的创新能力；社会实践作为学校教育的一个重要环节，学校充分利用社区（乡村）内的各类校外资源，开展研学旅行、工业游等社会实践活动，积极发挥社区（乡村）的文化育人功能，努力创设学校、家庭、社区（乡村）三位一体的共同育人格局。

（二）课程实施

围绕"报最教育"校本课程，学校对课程实施所必需的文本资源、时间资源和人力资源做了认真的统筹和合理的安排，确保课程能够有效开展。

1. 文本资源

校本教材是校本课程实施的有效载体，是反映校本课程实施程度的有效媒介。因此，学校根据课程目标和现有课程资源，积极鼓励全校师生共同参与校本教材的制作，为特色学校的创建工作奠定扎实的基础。

（1）《童诗·童心》校本教材。儿童诗是我校的一大特色项目，针对这一项目，学校编写了《童诗·童心》这本校本教材。学校从近几年学生的优秀作品中选取了五个主题，围绕沙湾传统节日、古代建筑、饮食文化等方面展开，用充满童真和真挚的语言向大家展示了一个洋溢着浓浓岭南风情的沙湾世界，同时引入雪野老师的评价形式，对每一首儿童诗都做了简单而明晰的点评，为学生学习和欣赏儿童诗打开了大门。

（2）《巧手剪出美丽童年》校本教材。剪纸作为学校的另一大特色项目，学校编写了《巧手剪出美丽童年》这本校本教材。该书从剪纸艺术起源和学校的剪纸发展讲起，逐渐引入剪纸的相关技巧和作品类型讲解，注重知识和实践的结合，为学生学习剪纸搭建了一个系统的体系，吸引学生学习剪纸的兴趣，带其走入剪纸艺术的美妙世界。

2. 时间资源

"报最教育"校本课程课时安排如表1所示。

表1 "报最教育"校本课程课时安排一览

课程模块	课程内容	课时	课程科目	任课老师	课程类型	适用年级
行为养成	主题教育活动	1次/学年	感恩教师节、学雷锋爱心义卖、中秋美食分享、清明节缅怀先烈等	全校教师	必修	一至六年级
		1次/学年	开笔礼、毕业礼	一、六年级教师	必修	一、六年级
		1次/周	国旗下的讲话	全校教师	必修	一至六年级
	文化教育活动	假期	读一本好书	全校教师	必修	一至六年级
		1次/月	读书报告会	语文科老师	选修	一至六年级
		2次/学期	征文比赛	语文科组	选修	三至六年级
		1次/周	图书馆阅览	语文科组	必修	一至六年级
		1次/学年	校园读书节	全校教师	必修	一至六年级
	心理健康教育	1次/学期	团康活动	心理教师	必修	一至六年级
		1次/两周	心理健康辅导	心理教师	选修	一至六年级
	礼仪教育	1节/月	文明礼仪	班主任	必修	一至六年级
	安全教育	1次/学期	消防演练	全校教师	必修	一至六年级
		1次/学期	法制教育	法制副校长	必修	一至六年级
艺术熏陶	艺术社团活动	1节/周	剪纸	吴星云	选修	一至六年级
		1节/周	绘画	吴星云	选修	一至六年级
		1节/周	书法	黄伟新	选修	一至六年级
		1节/周	舞蹈	陈隽	选修	一至六年级
		1节/周	合唱	陈隽	选修	四至六年级
		1节/周	醒狮	韩国庆	选修	二至六年级
	艺术节	1次/学年	校园文化艺术节	全校教师	必修	一至六年级
	艺术活动展评	3次/学期	艺术作品评比	体艺科组	选修	一至六年级

3. 人力资源

校内人力资源如表 2 所示。

表 2 校内人力资源一览

姓名	职称/荣誉	任课情况
何艳珍	高级教师/番禺区优秀教师	国旗下讲话、研学游等
郭启盛	高级教师/番禺区优秀教师	开笔礼、毕业礼等
吴星云	中小学一级教师	剪纸
李结兰	中小学一级教师	阳光体育、乒乓球
徐雪银	中小学一级教师/广州市优秀班主任	团康活动、心理健康辅导
陈隽	中小学一级教师	舞蹈、合唱、民乐、少先队活动
何超伦	中小学一级教师/番禺区优秀教师	法制教育、消防演练
陈嘉颖	中小学一级教师/番禺区优秀教师	儿童诗歌
郭桂梅	中小学一级教师/番禺区优秀教师	读书报告会
王晓梅	中小学一级教师	书香校园阅读
谢侍旋	中小学一级教师	演讲语言类
梁悦荣、陈志冬	中小学一级教师	电脑、科技制作
林焕棠	中小学一级教师/番禺区优秀教师	综合实践、观鸟
张锐豪	教师	篮球、足球
何子君	中小一级教师/番禺区骨干班主任培训对象	文明礼仪

校外人力资源如表 3 所示。

表 3 校外人力资源一览

姓名	职称/荣誉	任课情况
黄伟新	原沙湾镇文联主席、沙湾镇书画会会长	书法
何永基	第三届番禺区乒乓球赛冠军	乒乓球
霍志坚	番禺区狮艺协会副会长	狮艺
韩国庆	番禺区狮艺协会资深教练	狮艺

（三）课程评价

评价是校本课程的支持系统，它能有效推动课程建设。学校围绕"报最教育"校本课程建立了一套系统的课程评价体系。

以儿童诗特色课程为例，学校的课程评价分为教师和学生两个方面。对教师包括以下6个评价细则：①懂得鉴赏——具有判断儿童诗优劣的能力；②学会创作——具备写出一首优秀儿童诗的水平；③善于指导——善于针对不同的学生开展指导；④注重积累——具有收集资料、保存诗作的意识；⑤讲究宣传——必须参与学校特色教学的各项宣传；⑥加强实效——除了宣传，更应该在童诗培优工作上下功夫。对于学生的评价则主要采用的是两种激励性的评价方式：①赏识评价；②成就评价，主要针对"教学"和学生的作业，基本方法是积分升级制和优秀评选制。另一方面，学校还设置了"作品展览、选择作品定期参加比赛、创建自己的作品集、剪纸学习效果评价表"四个方面，对学生的剪纸活动形成梯度的评价体系，充分地调动了学生的学习热情。

总结而言，学校针对校本课程主要采用激励性评价和总结性评价相结合的方式。每一学年通过开展评比活动和各类节日活动，选出在各方面表现优秀的学生来授予"智慧之星""体艺之星""探究之星"等相关荣誉称号，并根据不同学段学生的年龄特点，根据其日常行为表现授予"礼仪之星"等荣誉称号，以提升学生的学习兴趣，让每一个学生都能在学习中体味快乐。

（四）重点发展学校的特色课程

学校的特色项目是校本课程中的亮点，也是促进学生发展的重要途径。为此，学校在"让人人都做最优秀的自己"办学理念和"报最教育"办学特色的引领下，着力打造"剪纸"和"儿童诗"两个特色项目，将岭南文化和沙湾文化渗透到我校的教育教学工作之中，为学生成为最好的自己搭建成长平台，并在社会上取得了良好的反响。

1. 剪纸天地

剪纸是中华民族传统的民间艺术，有着悠久的历史、强烈的民族特色和浓厚的乡土气息，体现了中华民族最基本的审美观念和生活情趣。为了更好地传承中华民族的传统民间艺术，对学生进行民族精神教育和艺术审美教育，培养学生高尚的情操，2005年起，学校以沙湾本土资源为题材，确立了剪纸作为艺术教育特色项目，开展剪纸教学活动。

在吴星云老师的组织指导下,学校制定了《京兆小学剪纸校本课程纲要》,在一至六年级全部开设了剪纸课,将体育艺术"2+1"项目中的"1"定为"剪纸"这一民间传统艺术。学校还从 2005 年起创立了剪纸社团——"剪我风采",该社团连续 3 年被评为番禺区优秀学生社团,成了番禺区品牌社团,在各级各类比赛中多次获奖。在 2015 年番禺区中小学生现场书画比赛中,学校的张珍桢、陈慧琳同学的剪纸作品分别获得番禺区一等奖和三等奖。2015 年 2 月,学校在番禺博物馆成功举办"吉祥京兆"为主题的学生剪纸作品展,得到了区教育局领导、各观展人员的一致好评。

2. 童诗世界

童诗是培养儿童人文精神和语言素养的有效媒介,它能充分引导学生求真、从善、爱美,使他们体现最佳的人文状态。学校位于有 800 多年历史的沙湾古镇中心,而且也是百年老校。在这样一个诗情画意的地方,很容易就能激发出孩子们无穷的想象力和诗意的语言。我们将儿童诗教学引入学校特色项目,目的就在于通过提升儿童诗的教育功能,在净化孩子的心灵、陶冶孩子的情操、培养孩子的道德修养和审美情趣的同时,能为丰富校园文化注入新的活力。

学校为一至五年级的学生开设了专门的儿童诗教学课,成立了"京兆诗社",向全校招收诗社成员,每周进行一次集体活动,如授课、采风、创作等,并配有专门的指导老师。2013 年,学校开通了名为"京兆童诗"的新浪微博,为学生提供了更多的展示平台,也让更多的家长、各界人士了解我们的儿童诗。学校还充分利用当地资源,不定期组织学生游古镇,激发学生的灵感,并邀请著名的儿童诗人雪野先生来校做指导和开展讲座。

经过多年的发展,学校成为广东南方阅读研究院儿童诗歌研究所诗教基地。学校的教师和学生在各类比赛中也获得了许多奖项,如在"诗润南国"第九届广州市小学师生儿童诗歌创作大赛中,郭桂梅老师获老师组广州市一等奖,陆秀零获学生组广州市三等奖,陈嘉颖老师获优秀辅导老师。何梓晴的《古墙》、秦泳杰的《树下生活真快乐》、何芷钧的《牵牛花》、何瀚博的《顽皮的牵牛花》均在市级刊物《现代中小学生报》上发表。

四、京兆小学开发校本课程的成效

京兆小学通过利用地方的文化优势,通过开发学校特色校本课程的实践,使得学校的教育教学水平稳步提升,教师队伍的专业素养得到有效提升,对学生的培养也更加全面,赢得了社会的一致认可。

学校通过大力开发校本课程，办学质量和办学水平得到了稳步提升。学校在 2014、2015、2017 学年获番禺区办学绩效三等奖，被评为广州市心理健康教育特色学校、番禺区特色学校、番禺区中小学生社团文化节品牌社团，获广东省中小学第六届"暑假读一本好书"活动"优秀组织奖"、番禺区少先队"红旗大队"、番禺区学校艺术节舞蹈比赛二等奖、2018 年广东省传统龙狮锦标赛二等奖，等等。

通过校本课程的开发，也加强了教师的教学科研水平。英语科组的"基于'研学后教'理念下三年级上册 Unit 11 Do you have a pencil？听说课案例研究"获得番禺区研学课堂案例专项立项，语文科组的"基于后教策略的小学语文阅读生成性教学案例研究"获得番禺区教学科学"十二五"规划课题立项并结题；品德科的课题"故事化教学在品德课堂教学的应用研究"获广州市品德科小论文成果二等奖。多个科组被评为区优秀科组，陈嘉颖、陈志冬、吴星云三位老师的研学问题获番禺区教学比赛三等奖，多篇论文获番禺区教育学会论文评选三等奖，并在省级刊物上发表。

五、校本课程开发要注意的问题

从京兆小学结合地方文化优势开发校本课程的实践来看，可以总结出校本课程的开发的几大要点。

首先，要充分挖掘地方文化的特色，找到可利用的资源。京兆小学地处番禺区沙湾镇，当地的岭南文化传统是其优势，学校的历史发展也拥有深厚的文化传统，可以充分加以利用。

其次，在传承传统文化的基础上，要有所取舍，必须结合新时代的教育形势，注入新的教育思想，去除其糟粕。"报最"原是黎氏家族彰显家族荣耀的，学校以"报最教育"为特色，摒弃了封建时代读书是为了功名利禄、光宗耀祖的思想，赋予其新时代的诠释"做最好的自己"。这就是京兆小学开发校本课程的一大创新之处。

最后，校本课程应该根据学校地域特点、师资力量、经费、教学设备和社会物质环境和精神文化环境等多方面综合考虑。因为学生的文化背景、家庭背景和个性、兴趣爱好都有所不同，如果生搬硬套，没有考虑学生的实际需要，就有可能是为了开发而开发，则会导致课程最终难以落到实处。

校本课程的开发与发展，应因地、因时、因校循序渐进，量力而行，不能盲目照搬。不同学校在地域特点、师资力量、学校经费、教学设备、社会物质环境及精神文化环境等方面不尽相同，而且不同区域的学校，学生的文化背景以及对校本课程的价值取向也存在着差异。为此，学校在进行校本课程开发时，必须正确评估自身的优势与劣势，要依据学校自身的特点，尽量突出学校的优势，以提高校本课程开发的成功率。比如，校本课程的内容选择以满足学生的兴趣与需求为前提，但同时又必须立足于学校、社区所能依托的教育资源，否则校本课程就失去了"校本"的特色，其课程的适应性也就无从谈起。

在具体设计阶段，学校应该考虑如何利用已有的条件，挖掘潜在的课程资源，如何最有效地创设进行校本课程开发的条件，而不是等待时机与条件。目前，依照我国教育的实际状况，可以本着先实验后推广的精神，首先搞好校本课程开发的试点，确定管理水平、师资水平和办学水平较高的学校进行实验。通过实验，做出示范，以便发挥带动、影响、辐射和催化的作用，促进校本课程的发展。

总的来说，一套卓有成效的校本课程体系，是基于学校的地方文化与历史的基础上，结合国家课程、地方课程，针对本校师生的实际情况，能够完整地培养学生的综合素养，能够落实到课堂，对国家课程、地方课程做有力补充，取得切实育人成效的课程体系。

参考文献：

[1] 中华人民共和国教育部. 基础教育课程改革实施纲要（试行）[Z]. 基础教育课程改革实施纲要（试行）. 2001.

[2] 崔允漷，林荣凑. 课程故事·校本课程开发 [M]. 上海：华东师范大学出版社，2007.

[3] 刘姗姗. 利用地方文化资源 建设学校特色课程 [J]. 科学咨询（教育科研），2014（10）.

[4] 柯政. 从整齐划一到多样选择——课程改革发展之路 [M]. 上海：华东师范大学出版社，2018.

营造主动发展的教师文化，
促进学校管理

广州市从化区吕田镇中心小学　黄秋鹏

摘要：学校管理是一项错综复杂的工程，管理的好坏，教师文化对其起着决定性作用。校长应该在实际工作中重视人的因素，特别是直接作用于学生的教师队伍，要从关注、改变、善待、引领和成全等方面出发，营造一种主动发展的优秀教师文化，从而教育出主动发展的优秀学生。只有汇聚了学校中所有教师的力量，才能有效地促进学校管理，提升办学品位。

关键词：主动发展；教师文化；促进；学校管理

教师文化是学校文化中重要的一部分。《教育大词典》中将教师文化定义为"教师的价值观念及行为方式"。也有学者认为，教师文化指教师的职业意识与自我意识、专业知识与技能、教师伦理与价值观等特有的范式性的职业文化。具体指在一个特定的教师团体内，各成员共享的态度、价值、信念、假设和处事方式等，并反映在教师的日常工作中。教师文化是知识职业的群体文化，核心是共同价值观和主体精神。也有外国学者将个人主义文化（individualism）、派别主义文化（balkanization）、人为合作文化（contrived collegiality）、自然合作文化（collaboration）作为教师文化的四种形态。主动发展的教师文化是指每个教师都自然合作、主动发展，并在相互作用后形成的合力，这种从自求发展变成共同发展的教师文化就是主动发展的教师文化。但是，学校里自然合作、主动发展的教师文化并非自然形成，需要一个管理水平较高的校长去悉心经营。

在中国，老子在《道德经》中这样描述统治者的水平：太上，不知有之；其次，亲而誉之；其次，畏之；其次，侮之。信不足焉，有不信焉。悠兮，其贵言。功成事遂，百姓皆谓"我自然"。意思是说：至高至善的掌权者，人们仿佛感觉不到其存在。次一等的，赢得人们的亲近赞誉。再次的，使人们畏惧害怕。更次的，遭人们侮慢轻蔑。信实不足，才有不信。悠悠然大道之行，无须发号施令，大功告成之后，百姓都视之为自然而然的事，说：我们本来就是这样的啊！这无疑是许多校长所追求的那种太上的管理者，营造自然合作、主动发展的教师文化。

然而事实上，有一部分校长为了树立自己的威信，牢牢抓住手中的权力，利用权力制定一系列的管理制度，希望通过制度去解决学校的大小事情。这部分校长就是老子所说的那种让人感到畏惧的统治者。另一部分观念和素质都在进步的校长开始重视专业的引领，他们重视一线教师的成绩、不断学习先进的教育教学理念，得到老师们的亲近和敬佩。但是这部分校长仍然过多地把精力放在理念的宣传和活动的开展上，各种形式的会议、讲座、公开课和教育教学研讨会使教师慢慢失去了自己的思考，失去了自我的空间，失去了创新的动力。

按照老子的说法，最高层次的校长，教师是感觉不到他的存在的。领导的人可能不在，但是领导所倡导的主动发展的价值观早已深入人心。因此，当有人问教师的工作为什么要这样做时，教师们首先想到的不是领导的要求，也不是制度的规定，而是事情本该就如此，即"我自然"，"我本来就是这个样子"。这是一种主动发展的教师文化，也是老子认为的最高层次的管理。

美国著名管理学家德鲁克说过："管理的任务就在于使个人的价值观和志向转化为组织的力量和成就。"这句话告诉我们，校长应该把帮助教师塑造正确的共同价值观作为管理学校的第一要务，进而把价值引领与精神境界的提升作为营造主动发展教师文化的核心工作。所以，校长的首要任务应该是帮助教师建立共同的主动发展的价值观，为全体师生指明共同的向往和愿景。这种主动发展的价值观会让教师的教育教学行为趋向一个共同认可的方向，让全体教职工具有一种主动的、共同的精神追求。在实际工作中，他们都会形成高尚的师德，工作中会十分主动、勤奋和配和。他们是为了一种精神上的向往和追求而工作，而并不是为了表面的目的。所以，校长要旗帜鲜明地建立一个以教师主动发展为中心的教师文化为首要任务，从而促进学生、教师和学校的共同发展。

对于如何营造主动发展的教师文化，我认为应该做好以下五方面。

一、关注教师的幸福感和获得感，促进教师文化主动发展

学校里管理者、教师和学生三者之间相互作用且相互成就，他们三者之间的关系如图 1 所示。

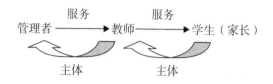

图1 管理者、教师、学生三者关系示意

从图1中可以看出，校长和学生之间还存在着教师，校长的所有理念都是通过作用于教师后才能转移到学生身上，故主动发展的教师文化作为学校管理的中间环节直接影响着学校的方方面面，即在学校管理的组织结构中，应该形成学生在教师教育教学中的主体作用，形成教师在校长学校管理中的主体作用。因此，我认为注重教师的主动发展是学校日常管理的中间环节，更是关键环节。

要想更好地形成教师有效的主动发展，校长应该主动且深入地去认识教师的专业角色，清楚教师的核心需求。在日常工作和培训学习中，我认识到教师的专业素质结构包括知识、观念、能力和动力。其中，动力是关键，知识是基础，而观念和能力则需要通过不断的学习来构建，需要通过实践才能真正得以形成。教师发展的动力系统主要由教师的能力是否适合做教师、教师的入职动机、教师心中对教育的愿景和教师的职业生活体验四部分构成。所以，确保教师动力系统形成主动、持续发展的意愿应当成为学校管理工作中的重中之重。比如，校长应该重视教师入职后各种在校生活体验，不仅应定期约请新入职教师座谈，而且应定期开展个别谈话，以准确把握教师的思想动态、需求和体验，随时发挥管理的服务功能，促进教师主体的发展。

要确立教师的主体地位，校长还应该关注教师在特殊职业之外的内容。因为教师都是普普通通的人，自然有着作为普通人的感觉和追求，所以，校长还需要从普通"人"的角度出发去理解教师的需求。

作为普通人，教师肯定会追求幸福感，追求幸福是普通人的本能和终极目标。何为幸福？我认为，幸福感与获得感是紧密相连的，获得感会促成幸福感的形成，其包括生活中带来的幸福感和工作中带来的获得感。同时拥有幸福感和获得感，是每一个人包括教师生存价值的追求。因此，使教师拥有幸福感和获得感，应成为校长对学校管理的直接目标。所以，校长在日常的学校管理中应该时刻关注教师的现实处境，建立校长和教师之间工作关系之外的普通人与普通人之间的情感纽带，感受到教师工作之外的情感需求，并给予一定的情感支持。比如，尽可能地去关心每一位教师，关心每一位教师在生活中面临的重大问题，甚至还可以和教师一起交流恋爱秘籍、治家之道、育儿心得等。如果让教师感受到了来自校长的关注与帮助，在学校里就会形成除了工作关系外的一种温暖的关系。校长和教师们应该更像一家人，相互惦记、相互关心、相互帮助、相互问候，这种发自内心表达出来的关心自然会成为学校里一种融洽而温暖的人际关系，教师就会以校为家，把认为最好的工作方式和工作热情倾注在教育教学中。

校长要竭尽全力营造教师之间相互认同、相互支持、相互帮助的氛围，视校为家，以校为家。

二、改变教师的心智模式，铺就合作的基础

情绪 ABC 理论是由美国心理学家埃利斯创建的。该理论认为，激发事件 A（activating event）只是引发情绪和行为后果 C（consequence）的间接原因；而引起 C 的直接原因则是个体对激发事件 A 的认知和评价而产生的信念 B（belief），即人的消极情绪和行为障碍结果（C），不是由于某一激发事件（A）直接引发的，而是由于经受这一事件的个体对它不正确的认知和评价所产生的错误信念（B）所直接引起。所以，造成教师产生是否主动发展的原因，源自教师对教育教学工作的认识和信念，而并不是工作本身。所以，改变教师认识教育教学工作的心智模式非常重要。如果能使教师产生积极主动的认识或信念，那么教师团队将迸发出惊人的力量。

教学或工作中的失误在所难免，面对教师的失误校长首先要有包容之心，不能不分青红皂白就一顿批评，而应该客观地去审视事情的本身，找出发生失误的主要原因。如果是因为教师能力问题，则需要利用所有资源帮助教师专业发展；如果是教师态度问题，则应该及时予以指出和纠正。这样，教师自身也会形成一种从客观角度去审视自己的习惯，帮助其专业不断发展，并使教师与教师之间形成一种良性竞争和主动发展的团队意识。

教师团队是促进学校发展最大的力量。要使教师文化中积极主动发展的认识或信念占据主导作用，在学校管理的诸多事务中，大到校园特色、办学理念和课程建设的论证到实施，小到一张宣传画的制作和张贴，都应该主动地吸引教师参与其中，凝聚团队的力量。学校中只要形成了一切依靠教师的良好关系，教师自主发展的内生动力就会油然而生，这种一切为了教育而努力工作的合作就有了基础，孩子最终茁壮成长的肥沃土壤就会随之得以形成。

三、善待教师的个体差异，发掘优点形成合力

纵观许多真正知名的校长，都是深受教师喜欢和爱戴的人，因为他们真正地善待每一位教师，视每一位教师为学校可持续发展的宝贵资源。善待教师，表现在对教师的尊重。尊重教师最困难的是尊重教师的个性以及差异。每一位教师都有其自身的性格和脾气，不是每一位教师都能迎合校长和学校，但他们却能忠诚于学校、尽职于工作。

实际上，很多校长面对教师之间的差异，很容易地看到其中的"差"（即水平的高低），而忽略了其中的"异"（即种类的不同）。如果校长能更多地将关注点从"差"拉向"异"，就会关注到更多的可能性、更丰富的人力资源和发展机会，对人与人之间的差异就会更多地欣赏和接纳，从而清晰地认识每位教师的价值，使每位教师都能积极主动地发展，以激发教师团队的最大能量。作为校长如果要科学地认清老师的"差异"，需要敏锐的洞察力和丰富的生活阅历，能够清楚地了解教师团队中每一位成员的优点和长处，使其在团队中迅速被互相认可、接纳，帮助其在团队中准确定位。校长需要定期和教师交流，帮助自己科学地分析团队中的每一位成员，然后发挥其优点，帮助其确立正确的发展目标，从而实现知人善任、有效管理。教师队伍中出现不和谐现象时，校长也要注意引导大家从个人差异而非个人人品的角度出发去观察、分析，从而解决实际的矛盾，增强团队成员间的理解和宽容，形成相互补充、相互协作的主动发展的局面。一名善待教师的校长就是一所善待教师的学校，这所学校的教师就能以同样的心境和态度善待学生、尊重学生。如果教师的负能量太多，学生就成了发泄的对象，教师在教学中就不可能有好的态度和质量。

事实也一再证明，如果做到了知人善任，即使教师团队中并非个个都是教学能手，也一样能做出骄人的成绩，因此，校长要把自觉地发现教师的优点作为自己对待教师的首要工作。尤其是当校长不能有目的地选择自己的教师团队成员时，有这样的心理准备和识人能力非常重要。只有这样，才能遵循用人的基本原则——"扬人长，念人功，谅人难，帮人过"，实现"1＋1＞2"的目的。

四、引领教师成长，做好职业生涯规划

校长的最大领导力，是对学校的思想影响力。校长的思想，站位要高、

想得要深，看得才会远。一位具有思想领导力的校长，才能带出一群有思想的教师。引领教师专业成长，表现在方向的引领上。引领的方向包括教育发展的集中趋势、教育改革的先进理念，而校长对这些方向的思考直接影响着教师对其的理解，所以必须与时俱进，同频共振。引领教师专业成长，还表现在专业上。新时代对校长的专业权威要求更加高。校长首先应该是某一学科或某一领域的名师，只有成为名师才能在教师面前有说话的威信，让教师信服，才能使教师对校长发自内心的遵从，从而变成主动发展的动力。智慧型的校长会培养一批专业型的教师，充分发挥典型育人、榜样引领的作用，才能真正达到教师齐心协力谋发展的目标。

只有实现教师个体和团队的同时主动发展，才能使教师拥有主动发展的意愿，并获得源源不断的主动发展的动力。我们应该根据不同年龄层次教师的特点和发展需求，引导教师科学地认清发展方向，确定自己当前的发展任务和发展目标，制定主动发展的职业生涯规划。一种有针对性、自主化的引领，引发的是有目标的主动发展，这样教师的专业成长才更加容易实现，教师的职业生活体验也就更加积极，从而对学校产生出更为强烈的归属感。

五、激励教师，建立平台和机制

激励教师，需要依靠搭建平台和建立机制。搭建平台，就是搭建教师专业成长、人生出彩的机会和平台。只有让教师在各种竞赛、教研、活动等平台中感到进步和成功的喜悦，感受到个人的存在感和价值，教师才能拥有在专业成长上主动发展的动力。因此，促进教师成长的平台要固定化、常态化，并在传承中不断丰富和创新。教师团队的主动发展平台应该是倒梯形，梯形的上底是最高、最大的平台，这个平台上有一大批涵盖各个专业的优秀教师；而处在梯形的下底这个最低、最小的平台上的新教师，只要通过不断地在平台上磨炼并积累经验，促使自己不断成长、不断进升，自然就会很快成为最高平台上的一员。

建立机制，就是制定促进教师专业成长、人生出彩的制度和激励措施。激励和评价教师的制度是学校发展最重要的制度。只有制度科学、管理阳光，教师专业成长的道路才会更加便捷。在激励方面，学校要有科学的评优评先机制，要明确条件和原则。每位教师期末总结时，不能只关注或强调自己的态度和努力，而且还要关注结果。因为结果才是衡量教师实际水平最直接、最有效的指标。这样，一方面可以帮助教师反思自己需要提高的方面或者需要凝练出的有价值的经验，另一方面能真正促进优秀人才和杰出人才的成长。

在评价方面，校长应该科学地评价每一位老师，这种评价是手段而不是目的，通过评价实现团队和个人的主动发展才是目的。所以，学校的评价要注重激励，关注目标，只要是团队之间团结协作、主动发展的都要奖励，这样就会实现教师团队之中团结协作、相互支持、分享资源、担当责任、主动发展的良好局面。但是，学校的评价机制也要兼顾另一方面——对工作能力有欠缺的教师要启动谈心谈话机制，充分了解原因并给出下一步发展的建议和必要的情感支持。这就是从人事管理向人力资源管理的转变，即从"每一个人都是一份资源"的角度去挖掘其内在的价值，开展队伍建设。这个过程不仅仅在前期有愿景达成，在实施过程中有相互的协作和各种专业支持、情感支持，而且还有后期跟进的评价制度，从而形成一个完整的工作链条，确保团队建设有效、有序发展，帮助其迅速成长。

校长出思路，教师出成果。学校的领导力在一校之长，学校的执行力在一个班子，而学校的影响力则形成于一个教师团队。教师是营造教师文化的主体，一种积极主动的教师文化就像一幢摩天大楼，要靠校长帮助每一位教师从一砖一瓦建造而成，它是在活动中、集体中形成的；也是在教师之间的互动交流、思想碰撞、相互影响、彼此吸纳的互动形成的。每个人发挥着自己的长处，主动发展、主动协作，就会形成一股合力，一股能够排除万难、不断发展的巨大力量。重视建设主动发展的教师文化，走主动发展之路，是深化教育改革的需要，也是校长促进学校管理、提高办学品位、使一间学校实现可持续发展的必然选择。

参考文献：
[1] 袁群建. 校园文化建设在学校内涵式发展中的作用 [J]. 新疆教育，2012（11）：90.
[2] 张祥兰. 以文化建设引领学校内涵发展 [J]. 北京教育（普教版），2014（8）.
[3] 李新明. 以文化建设促进学校内涵发展的几点思考 [J]. 陕西教育（行政），2010（3）：18.
[4] 陈永明，等. 教师教育研究 [M]. 上海：华东师范大学出版社，2002：249.
[5] 张耀源，等. 现代学校管理实务全书 [M]. 北京：企业管理出版社，1996：147.
[6] 伍莉. 浅谈文化管理对教师专业发展的促进 [J]. 黄冈师范学院学报，

2006（26）：108.

[7] 潘裕岳，黄锡桥. 打造教师文化名片 促进教师主动成长[J]. 教学与管理，2010（2）：7.

提升校长课程领导力的策略探究

——以番禺区洛溪新城小学校本课程开发为例

番禺区洛溪新城小学　黎素玲

摘要：对课程的领导力是一所学校发展的软实力，主要是指学校领导教师团队根据新课改的课程方案和学校的办学目标，创造性地设计、编制、开发校本课程，从而全面提升教育质量、办出学校特色品牌的能力。作为学校课程教学的领导者，校长肩负着引导全体教师尽力完成课程目标的重任，必然走在新课改的前列。本文以课程改革呼唤校长课程领导力的提升为背景，以洛溪新城小学的校本课程开发与实践情况为例，从四个方面探究提升校长课程领导力的实践策略。首先，校长需要转变课程理念和课程领导角色，提出校长要加强课程知识的学习，提高课程专业素养。其次，提出提高课程规划、资源开发整合的能力。再次，谈校长课程实施领导力的提升，并指出校长要加强课程评价的领导力。最后，通过学校近年来的实践，找到了一些规律，也取得了一些具有可行性、可操作性的成果论证策略。

关键词：小学校长；课程领导力；课程规划；课程实施与评价；策略研究

一、课程改革呼唤校长课程领导力的提升

校长的课程领导力的主要含义，是指校长领导教师团队在有效实施国家课程和地方课程的基础上，广泛利用地方的各种资源，积极开发和实施校本课程，并对三级课程都进行科学、合理评价的能力。校长课程领导力是校长诸多职责和能力要求中的首要能力、核心能力，它包含了课程理念、课程资源的整合与开发、课程规划与课程实施和评价等要素。简单来说，校长的课程领导力就是从学校办学实际出发，按照党和国家的教育方针、政策，规划、开发、实施和评价课程的能力。具体而言，校长的课程领导力包括课程规划能力、课程开发能力、课程设置能力、课程实施能力和课程评价的能力。

（一）三级课程管理体制要求校长提升课程领导力

我国目前实行的是国家、地方和校本三级课程管理制度，实现了课程的集权和分权的结合，增强了课程对地方、学校以及学生的适应性，这种三级课程管理政策的实施，为课程适应地方经济、文化发展的特殊性，满足学生个性发展的需要，以及体现学校办学的独特性，都创造了良好的条件。

在这种三级课程管理体制下，学校改变了在以往课程发展中的被动执行者的角色，而被赋予了一定的课程权力。落实这部分权力，离不开校长的课程领导。校长是一所学校行政、业务工作的最高领导者，拥有对学校最直接的管理权限。然而，我国中小学校长的课程领导角色长期被忽视，人们更多关注的是校长作为行政领导者的角色，即校长履行的主要是一种管理的职责：对学生的管理、对教师教学的管理。当然，这是对校长的一般要求，也是从教育行政的角度对"校长"这一概念的传统界定。而要成功地担负起"校长"这个责任，就必须提高校长的课程领导力。课程领导对校长而言是一个全新的课题，也是一个极大的挑战。如何提升校长的课程领导力，是教育理论与实践亟待解决的重要问题，也更需要校长本人去深入思考和践行。

（二）课程改革对校长的课程角色与领导意识提出了新的要求

在我国，校长的课程领导角色及其责任容易被忽视，人们更多关注的是校长作为行政领导者的角色。校长履行的更多的是一种对学生的管理、对教师教学的管理的职责。我国中小学长期实行全国统一的教学计划、教学大纲和教材，因此学校只需要执行教学计划和教学大纲，而不需要考虑课程建设的问题。而在当今的课程改革的过程中，校长除了要发挥原有的管理职能外，还要体现对课程与教学改革的关注，并要证明自己在该领域的专业水准。这已经不再是传统意义上的管理职责，而是在课程改革的背景下校长必须承担的新职责课程中领导的职责。

在课程改革的过程中，课程管理赋予了校长更多的权利与义务，校长不仅承担着国家课程、地方课程有效实施的责任，还承担着提升课程品质、研发校本课程以及协助教师专业发展的重任。在这种新的教育背景下，校长必须更新自身的课程理念和角色意识，主动从"行政"权威向"专业"权威转变，即校长作为新课程改革的主体，不仅要在学校的日常行政工作中有所作为，还要成为课程团队的建设者和领导者、课程的规划者、课程方案的制定者。这些都需要校长能够准确地定位自身的课程角色，深刻理解其角色的内涵，有效地履行校长的职能。

二、提升校长课程领导力的实践策略

（一）校长需要转变课程理念

苏联教育家苏霍姆林斯基提出，"领导学校，首先是教育思想的领导，其次才是行政上的领导"，"没有教育思想的领导，就没有校长"。正确的课程理念，不仅能促进课程实施的质量，也能促进学生、教师和校长的发展，进而促进整个学校的办学水平。因此，首先要唤醒校长的课程领导意识，而这些都需要从校长的理念更新着手，只有校长充分认识到课程理念和课程领导角色转换的重要性，才能够带领全校教职员工改变课程理念，积极有效地进行课程改革，进而也提升了校长的课程领导力。校长应该具有什么样的课程理念？校长的课程领导应该在实践之中持有新的教师观、学生观，这些理念是学校教育和课程的最基本的元素。

1. 校长课程领导中的教师观

洛溪新城小学钟校长常说，"校本课程必须坚持教师是课程的重要组成部分，是课程的建构者，是人力资源，要把教师的专业发展与学校的发展结合起来，采取各种手段满足教师的合理需要，以此激发他们对于工作的主动性和积极性，最终推动学校的发展"。钟校长认为，教师是课程的开发者和设计者，他们可以根据自己的实践经验对新课程的需要做出阐释，把自己的智慧贡献出来。这样，教师的思维与新课程的视域是融合的，对于新课程的真正意图，课程实施的真正目标和指向都是清楚分明的。因此，在实施课程之时，教师就可以很容易地把课程知识按照预想的模式传授给学生，促进学生学习品质的提升，在教学过程中提高课程发展的质量和层次。

2. 校长课程领导中的学生观

学生是课程管理中的最终目标，也是课程管理中最基本的对象。教师等管理者只是目标的导向者、学生自主性的激发者。教师等管理者允许学生有自主行为，允许学生对外界事物以及课程知识产生怀疑和争论，但同时也会为正在成长的学生提供适当的引导。洛溪新城小学的校长和老师都很坚持这样的基本理念，深深地明白学生并不是被控制的物化的个体，他们是具有自主性、具有自我发展潜能的鲜活的生命个体。我们以钟校长为主的课程领导者们为学生的学习创造一种积极的文化气氛，以一种共同的目标导向吸引、鼓励孩子们对课程知识进行讨论和质疑，凭借已有的知识经验以及生活实践验证课程知识，并为孩子的自我发展做出指导。这是一种自觉、自愿、自主行为所创造出的一种充满活力的深层次的稳定秩序，也是学校校长、教师所期望的不治而治，学生可以进行自我管理的一种状态。

（二）加强课程知识的学习，提高课程专业素养

校长与其他的老师一样，凭着以往的专业知识，完成教育学院的师资训练，这些知识储备应付日常的教学工作已绰绰有余。一般情况下，校长通常具备多年的行政经验，可直接胜任。然而，如今情况改变了，校长如果只承担行政的责任，根本无法应付课程改革的要求。因此，校长必须不断地学习和探索才能与时俱进，才可以有效地带领学校发展。持续地自我学习，可以保障校长及时掌握与课程领导有关的知识和技能，更好地推进课程变革。我们留意到洛溪新城小学的钟校长，他平时以读书为乐，肖川、魏书生、李镇西等教育名家的论述常使他有眼前一亮的感觉；他也常在《学校管理》《中国教育》《给校长的1000个思维》《校长治校四大法宝》等书籍、报刊中汲取名校长成功领导课程的智慧，咀嚼柳袁照的"诗性教育"，揣摩李希贵的"管理沉思录"，摘抄精彩的段落，细细品味，并在校本教研培训会上与全体教师一起分享。

另外，校长应该多进行自我反思，使课程发展获得新的动力，并参与有针对性的培训。校长更应走进课堂，找准课程的落脚点，通过听课、评课，通过教师的课程教学了解课程的实施情况。

（三）提高课程规划、课程资源开发整合的能力

1. 课程愿景的制定

在由管理学大师彼得·德鲁克（Peter F. Drucker）主持召开的一个高级管理研讨会上，一位首席执行官向文德鲁克问道："领导力是什么？"德鲁克回答道："领导力就是愿景（vision）。"它是一个可以预见的未来美好的情境，不仅描绘了令人瞩目的未来，还能够激发学校师生员工为实现这个目标而努力。一旦共同愿景得以确立，人们就能够不断优化自身，持续学习。愿景好比组织的旗帜和灵魂，像空气一样无处不在，笼罩在组织的上空，酿造出一种特别的氛围，产生聚沙成塔、万众一心的力量。

学校课程发展愿景的规划主要依赖于校长的办学理念和教育哲学，但在洛溪新城小学，这不是由校长或少数几个人决定的，而是要整合教师、家长、学生、社区群众的观点，通过真诚的沟通从而达成共识，自下而上地建构起学校课程发展的规划。课程愿景根据学校的课程发展特点，明确课程的本质和课程愿景的核心。洛溪新城小学在番禺区"上品教化"理念的指导下，以建设具有岭南文化特色的"水品文化"为切入点，全力推进岭南文

化校园建设，并集合学校的办学理念"上善若水"实际，这几个背景下凝练成学校的课程发展的核心愿景——"上善课程"。

"上善课程"，要求学校教育追求如水之"上善"，像水的品性一样，泽被万物而不争名利；要求教师形成如水的师德师能，博学善教，春风化雨、润物无声，用真诚的爱善待每个学生，尊重、关爱、相信、发展每个学生；要求学生"崇善好学"，善于修德、善于求知、善于健体、善于尚美、善于合作、善于实践，思维像水那样深沉，交友像水那样相亲，言语像水那样真诚，办事像水那样无所不能，行为像水那样待机而动。为达成这一愿景，学校逐步实施"水品文化"课程、"经典诵读"课程、"健体益智"课程。

2. 校长课程规划领导力的提升

课程问题既是一个理论问题，也是一个技术问题，但它首先是一个实践问题。学校课程规划是指学校以本校为基础，对学校课程（包括国家课程、地方课程和学校自主开发的校本课程）的设计、实施与评价等所做的整体性规划与安排。通过学校课程规划能够协调各种活动的形式，综合学校各种课程的功能，保障学校的课程与教学工作都围绕着学校的课程目标而展开，它是学校贯彻国家三级课程管理政策、校本化实施三级课程体制的基本纲领，是教师进行课程改革与实践的参照标准和学校进行课程与教学评价的重要依据。因此，学校课程规划实际上也是学校课程意识的整体体现和课程领导水平的衡量标志，可以说，校长引领学校课程规划的过程也就是实现其课程领导的过程。

洛溪新城小学校长在引领课程规划时，坚持以下四个原则。一是基于政策，学校课程规划并不是指学校可以任意增删更改国家课程方案，校本课程规划具有很强的政策制约性，必须在政策允许的范围之内。二是基于学校，学校课程规划不能完全沿用国家或地方的课程方案，也不能照搬其他学校的课程规划，必须立足于本校实际，建立在学校的课程传统、已有的课程基础、学校在课程和教师方面的优势与不足、学校的愿景和使命、教师和学生课程需求的基础之上。三是基于研究，只有通过全面深入的研究才能找到政策与学校现实的结合点。四是基于对话，学校课程规划是民主决策的结果，以广泛的对话为基础，包括学校领导、教师、学生及家长、社区人士、专家等广泛深入的对话。基于这些原则，洛溪新城小学主要有以下着手方式。

（1）课程规划，动员多方力量共同参与。

洛溪新城小学校本课程规划已成为学校组织中每个成员理性认同和自觉践行的"共同规约"，课程规划本质上是一个协同的过程，强调广泛参与，自下而上，责任共担。在这个过程中，洛溪新城小学的管理人员、教师和学生等所有课程利益相关人员在平等的基础上，以学校课程规划作为一个公共课题，基于共同的需要、抱负、价值和信念，通过权利共享、参与讨论、发表建议，谋求共识并共同对课程实施的过程及结果负责，这一过程也是营造伙伴式团队文化的过程。学校层面上，课程领导的具体目标就是要求课程领导的权利与权威得到再分配，让更多长期处于被领导地位的一线教师被真正赋权，参与课程发展，觉醒其课程意识，与校长通力合作，并基于共同的理解与完全的信任，分享教育任务，采取有效行动，共同营造一种具有合作、对话、反省和慎思精神的课程文化和组织团队。

（2）课程规划，从课程现状入手，构建课程体系。

学校课程规划是一项复杂的专业活动。学校课程规划的核心问题是我们"研究需要怎样的校本课程"，这就需要对国家、地方、学校课程从提高课程适应性和资源整合方面出发，来进行课程方案的通盘设计和规划。当然，课程方案只是为课程实施提供了一个总的蓝图，学校课程规划更重要的是如何落实课程方案。因此，学校课程规划还应包括教学内容、教学方式和课程评价的改进、校本课程的实施、相关的组织机构和制度的建立以及教师专业发展等方面的内容。显然，学校课程规划几乎涉及学校课程发展的所有工作。

洛溪新城小学以人为本，充分考虑学生的现有生活和知识基础，内容不求奢华，力求朴实；立足本乡本土，汲取学生熟悉而感兴趣的乡土味浓厚的内容；注重校本课程与地方课程、国家课程的整合，注重培养学生调查研究、探究创新、整理汇报等现代人必备的基本能力。

学校的校本课程及特色活动统称"上善课程"，该课程分为德育和智、体、艺两类；德育类课程和活动统称"向善课程"，旨在引导学生立德向善，善言善行善心；智、体、艺类课程及活动统称"向上课程"，旨在引导学生积极进取，言行高雅，追求卓越。（见图1）

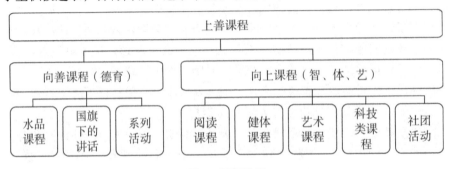

图1　课程类型

校本课程的开发与实施，提高了师生的综合能力，活跃了校园文化氛围，推进了素质教育，促进了教学质量的提升，受到学生家长、上级领导的一致好评。

（3）课程规划，得到专家的支持。

课程规划在理论研究与教育实践中虽然不是一个全新的问题，但学校课程规划在目前还是一个崭新的挑战。要求学校独立进行课程规划还存在着诸多的困难，在目前的学校课程规划实践中，寻求课程专家的合作与支持是非常必要的。专业力量的加盟可以为学校课程规划提供理论支撑和咨询服务，帮助解决学校课程规划中无法回避的理论性、技术性难题，确保学校获得更高品质的课程。所以，课程规划过程需要社区人士、家长代表等多方参与，共同合作，需要他们的理解与支持，特别是校外课程专家、学者的支持与帮助。

在校长课程领导力中非常重要的一个方面就是对课程的设计和开发，现在学校里的课程到底该如何设置？尤其是在国家规定的课程之外，如何开设拓展性课程，寻找自己的特色？对于这个问题，洛溪新城小学广泛征求了专家的指导意见，只有这样，才能使开设的校本课程更有生命力。

以前学校里开设了很多校本课程，比如经典诵读课程、小足球课程、剪纸课程、绘画课程等，可是尝试一段时间后，发现除了经典诵读、小足球有点课程的模样外，其他像音乐、绘画、剪纸等课程，看上去更像是一个个课余兴趣班，远没有达到"课程"的要求。后来，学校邀请专家并指出一定要结合本地的文化特色和校外可以利用的资源，最后确定了"文武双全之路"的方向，重视经典诵读和小足球两个特色课程，同时新增了合唱课程、民俗课程等特色课程。

（4）课程规划，具体操作流程。

确定学校课程规划的依据和规划内容的设计都需要依靠策略。这就涉及学校课程规划的操作问题。

洛溪新城小学的课程规划是在充分了解学校基本状况的基础上，通过探索和创新来生成学校独特的课程规划，基本环节包括：组织构建—收集资料确定目标—构建预方案—审核修改方案—描述方案。学校依次完成的系列性工作包括：①建立以校长、教导主任、骨干教师和教育专家为主体的学校课程规划团队；收集课程开发所需要的各种资料，如课程政策、课程资料、学情资料、社区（或社会）资料、教师资料等，并分类整理。②确定学校的课程目标，构建校本化的课程标准。③根据校本化的课程标准，进一步补充和充实先前的各种资料。④构建学校课程的预方案，如课程设置的方案、课时安排的方案、课程开发的方案、课程实施的方案、课程评价的方案以及完善课程的方案。⑤把课程方案移交全校教职员工进行审核、评价，课程规划在广泛听取大众的意见后着手修改各种方案并再次移交教师代表审核。⑥以学校行政公文的方式下达执行。

3. 课程开发整合，需要健全的科研型团队

（1）建立校本课程开发团队。

著名课程论专家施瓦布认为，课程开发是慎思的过程，因而他建议，学校应该成立相应的机构进行课程研究。作为一校之长，应该积极地设计与变革学校的组织结构，改革学校传统的教导处、总务处等中层机构设置，单独设立或在教导处下面增设并完善课程研究开发室、课程实施管理室、课程质量评估室等机构，组织学校领导成员建立"校本课程开发团队"，负责统筹、规划、指导学校的课程开发工作，为学校课程开发提供组织保障。

在洛溪新城小学，"校本课程开发团队"由校长、教师、学生、学生家长、课程专家、社会人士等组成，校长出任主任委员。同时，成立学校课程开发指导小组，提供课程开发的专业支持，组织课程开发专业指导小组专家对课程开发中的问题开展经常性的研究，及时指导并解决课程开发中的问题。创办课程开发群，介绍课程开发的基础知识和技能，以及国内外的课程开发案例，探讨课程开发中出现的问题。课程开发团队能够使得课程改革者有一定的组织归属感，他们可以在这个组织中发出自己的声音并进行积极的探索。课程开发组织的成立也会唤起学校成员专业发展的需要，并以此为契机，举办一些本校的教师培训活动，譬如，为了使教师领会课程改革的理念，把握新课程的精神，邀请课程研究的知名专家学者到校讲学，对学校的课程开发工作进行指导等。

（2）研究课堂教学模式。

洛溪新城小学以区"研学后教"课堂改革为主线，以"研学案"为载体，逐步构建具有水文化特征的"三环"动感课堂教学模式，推动课堂教学改革，让教师将新课程的理念转化为教学行为，促进教师的专业发展，改变学生的学习方式，建立和谐的教学关系，从而实现提高课堂教学效率、提高教学质量和提高学生素质的目标。学校"三环"动感课堂是尊重人性的课堂，其核心是关注学生的需求，尊重学生，突出学生的主体地位，注重学生的全面发展。

"相遇、对话、重构"是"三环"动感课堂的基本教学环节。在实际教学过程中，"三环"不是孤立的，而是灵动地穿插在教学过程中的，教师根据教学的实际情况，适时进行相关环节的安排。不同的课型、不同的学科在

此基础上，可做灵动的变式，做加法或减法。三个环节都要以学生为中心，尊重生命个体，突出"弱势群体"，让他们说、谈、演、写，侧重"兵教兵""兵练兵""兵强兵"。

"三环"动感课堂，以学生为中心，以自主学习、合作学习方式为基础，以问题驱动、学生主动、教师导动、多元互动等为教学策略，让课堂充满节奏感，充满动感。教学过程中，教师的教学方法、教学手段、教学思维要灵活，学生的学习也要灵活、灵巧、灵透，才能达到培养学生灵气的目的；同时还要自动、他动、互动、群动，动静结合，才能达到师生身心俱动、以学活教、心随课动、课随心动、舞动生命的美好境界。在动中恢复孩子的本真，张扬孩子的个性；在动中彰显生命活力，促进生命个体的成长；在动中体验帮扶、关爱的温馨，享受智慧集成的愉悦，感悟知识、技能和情感的动态生成，从而归还教育的本真。

"三环"动感课堂以灵动为核心，教师灵活地教，学生灵活地学；教师教得灵气洒脱，学生学得轻灵自在。追求灵动的教学艺术，正在于让课堂充满生命的绿色，让课堂成为生命活力的空间。"三环"动感课堂既体现出和谐相生，同时又充满了机变灵动和开放互动，它有生命的舒展和真实的相遇、对话，有知识的共享和多样化的合作共存，有探究发现的启迪和伴随知识共生的智慧生成，是师生共享生活、共享生命的舞台。"三环"动感课堂是智慧的课堂，是和谐的课堂，是充满活力的、激情奔放的课堂。

（四）校长课程实施领导力的提升

在课程实施的场域中，洛溪新城小学校长的课程领导对课程实施过程进行监控。适度的监控可以提高课程实施的效率，保证课程发展的一致性，使校长更多地参与课程活动，做课程的实践者、探索者、先行者和示范者。校长要成功地领导课程实施，我认为应该有以下的行动。

1. 校长要唤醒教师的课程意识，恪守课程与教学的融合

教师课程意识的转变是校长课程领导中最大的问题和困难。因此，培植教师的课程意识十分重要。在特定的社会文化背景中，人们形成了自己独特的信念和思想，无论人们是否意识到，它都在影响着人们的行动。正如吉布森（Gibson）认为的那样，社会群体的成员拥有的信念和态度代表了他们的文化传统，又体现在他们的活动中。教师的课程意识必然影响着校长的课程领导。因此，培植教师的课程意识，特别是培植教师的课程领导意识，充分发挥其作用是非常必要的。

洛溪新城小学为增强教师的课程领导意识，十分关注教师的专业发展，这是促成课改成功的关键因素。学校经常组织教师进行专项培训之外，协助教师搭建发展的平台，通过举办教学比赛的方式来促进教师的专业发展。近年来，为了落实科组校本教科研专业培训，学校组织了多场区片级的语文、数学、英语等学科示范课、公开课等现场交流会活动。组织郭素梅、陈福明、谢蔼华、谭菊英、曾丽娟、白友谊等多位老师到增城区派潭镇墩头坳小学进行帮扶结对示范教学；曹韵如和邓雨贺老师在北片教研结对活动中进行课例展示教学；根据学科教研的需要组织各学科老师，有选择性地参加上级教育部门、学术团体组织的研讨会、现场会。

通过一系列的培训，鼓励他们进行教学反思，探索新的教学方法及教学策略，鼓励教师发挥特长和优势，开发教师潜能。当然，作为一名小学教师，也应该主动地通过多种方式提高自身的课程能力，尤其是通过课程专业知识的学习、教学方式的优化等来提高教学效果。

2. 校长要走近教师，零距离对接课程实践

正如苏霍姆林斯基所说："经验证明，听课和分析课是校长的一项极为重要的工作。只有当学校领导人掌握了足够的事实和进行了足够的观察时，才能在教学领域里达到工作的高质量。经常听课和分析课的校长，才能了解学校里在做些什么。"课堂是课程实施的主要阵地，课堂教学是课程实施的主要途径，课堂教学的效果直接影响着新的课程方案的执行。因此，苏霍姆林斯基认为，校长应走近教师、走进教室、踏入课堂，他白天亲自上课、听课并与授课教师交谈，并参加学生的集体活动。苏霍姆林斯基之所以能成为伟大的教育实践家与教育理论家，之所以能引领帕夫雷什中学走向世界，与他一生勤于思考、不断探索、始终没有离开教育教学第一线是分不开的。

钟校长用正确的教育思想引领教师实施新课程，深入课堂教学第一线，分析教学动态，抓住主要矛盾，摸清课堂真实情况；抓住教学环节中的问题，研究如何改革教学过程、教学方法；充分关注课堂中的疑难问题，关注教师教学中的困惑，引导和指导教师改进和完善教学改革的策略和技能。近几年来，学校每年都举行青年教师"上善课堂""教学新秀比赛""青蓝师徒结对"活动。校园内"以学论教，减负增效，让学生快乐地学，老师幸福地教"的横幅醒目地昭示着我们课程改革教学的决心和目标。

校长走进课堂不仅是对教师"教"的情况的了解，更需要了解学生"学"的情况。平时，洛溪新城小学的钟校长在听完每一节课后，总会询问学生，或对学生进行问卷调查，从中了解学生一节课下来，到底有哪些收获，还有哪些问题，然后反馈给任课老师，从而让教师不断改进教学方法，使课堂教学更生动更有效。可以说，生动而有效，这也是学校"上善课堂"

的初级追求。当然，除了听本专业的课，校长还要学会通识性听课方法，即脱离自己学科本身，从普遍角度判断课的整体状态和教师的教学境界，关注课堂教与学的方式和教学效果。

校长只有身体力行地与教师一起备课、说课、听课、评课，方能准确把握课程发展的整体情况，发现遭遇的问题并探索解决问题的途径，给教师以心理上的支持与行动上的示范，促进教师的专业成长与教学方式的改变，将个别教师的经验化为集体的智慧，让教师直接体察校长的决策思想和智慧光辉，真正与课程同行。只有校长对"课"进行深思熟虑的分析，才能使课堂教学得到不断的改进，才能提高整个教育过程的水平，继而提高自身的课程领导能力。

3. 校长要关注校本课程目标、课程内容、课程实施的方式

洛溪新城小学教师有研发校本的课程的积极性，根据学生的年龄特点、内在需求，与研发团队共同编制校本课程。钟校长给各专业教师指明了开发思路与编制的模式，即一定要有明确的目标、清晰的内容、落实的方式。

（1）向善课程。

"向善课程"属于德育类课程，主要包括三部分："水品文化"课程、国旗下的讲话、德育系列活动。

"水品文化"课程。

我校的"水品文化"，旨在贯彻党的教育方针，践行学校办学理念，促进学生全面而有个性的发展。具体的课程目标包含以下四个方面。

1）落实"水品文化，上善教育"理念。从校园有形的物质建设和无形的精神、制度建设入手，努力打造人文校园、上善校园，让学校成为学生成长的乐园，成为师生的家园。

2）践行向善、向上的育人目标。让学生拥有如水的善念、如水的德行、如水的胸怀，心地善良，有仁爱心、正义心、责任心。引导学生积极向上，能够如水般自强、如水般坚韧、如水般灵动，志存高远，有活力，有执行力、意志力、创造力。

3）形成谦和、协进的校风。

4）形成善思、灵动的学风。

其六本校本教材严格按照小学各阶段的发展特点编写，课程目标、内容、实施及评价情况见图2。

"国旗下的讲话"课程。

学校德育部门每月都有一个"教育主题"，围绕每月教育主题，每周一的课间操时间设置"国旗下的讲话"，讲话内容分动员、案例分享、成果展示三

课程目标	·落实"水之八德",让"上善若水"的理念植入学生的内心,落实到学生的言行
课程内容	·一年级的《认识自然之水——水形篇》,二年级的《认识自然之水——戏水篇》,三年级的《感悟生命之水——水利篇》,四年级的《感悟生命之水——环保篇》,五年级的《品味文化之水——启示篇》,六年级的《品味文化之水——哲学篇》
课程实施	·在每周的阅读课、语文课和综合实践活动课中作为某一主题而穿插进去,也可以在主题班会课中适当呈现
课程评价	·问卷调查、节目表演

图 2 "水品文化"课程相关情况

部分,讲话人以各班学生为主,同时也有家长或老师参与。(见图3)

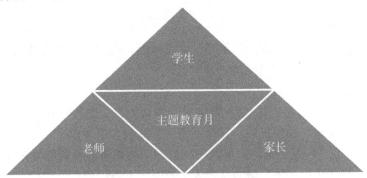

图 3 "国旗下的讲话"课程相关情况

"德育活动系列"课程。

德育活动分"节庆活动"和"仪式活动"两部分进行。具体开展情况见图4。

(2)向上课程。

"向上课程"是指以智、体、艺、科技、社团活动为主要内容的校本课程。智育课程主要有"阅读"课程,健体类课程包括:篮球、足球、技巧,艺术类课程包括:书法、葫芦丝和尤克里里。从培养学生阅读习惯、艺术修养、体育体质三个方面入手,进一步丰富校本课程。图5具体介绍了"阅读"课程。

阅读和写作像一对姐妹,前人的思想通过文字成为我们眼前的"茗

图4 "德育活动系列"课程相关情况

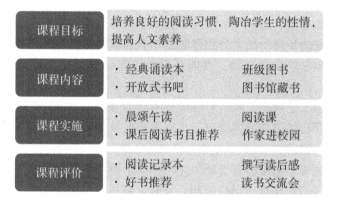

图5 "阅读"课程相关情况

茶",苦涩也好,香甜也好,甚至淡如白水,生活都会有所不同,因为不可避免地,文字引导了我们的思想,使我们有机会在别人的肩膀上眺望,以致为所见所思感动,对所见所思辩驳。阅读是愉悦的经历,他们用笔记下了所读所思,也许你会在他们的肩膀上看得更远。

洛溪新城小学从办学那天开始,就特别重视培养孩子们的阅读习惯。学校设置了每年级每周一节的地方课程"阅读课",上课老师利用这节课指引孩子阅读方法,其他老师也在各个科目的国家课程里穿插一定的课外阅读材料。其目的就是为了孩子们在知识获取的过程中融入自己的思想,养成良好的阅读习惯,为他们以后的发展做铺垫。

健体类课程。(见图6)

体育对于学生的身体发展作用毋庸置疑。洛溪新城小学计划在未来五年

图 6 健体类课程相关情况

重点抓好体育大课、大课间、阳光体育 1 小时等改革，我们在一年级到六年级，针对不同的年龄阶段，分别开展了不同级别的篮球课和足球课。聘请体育师范专家和学校体育老师，共同开发六个年级的篮球、足球教育的校本课程。

除了篮球、足球外，我们将继续推进体育技巧（蹦床）、田径、定向越野、跳绳、乒乓球等项目的建设，丰富学校的社团活动，从而形成洛溪新城小学特色活动课程，进而深入推进"体育、艺术 2 + 1 项目"。通过学校组织的课内外体育、艺术教育活动，让每个学生健康快乐地成长，让每个学生至少学习掌握两项体育运动技能和一项艺术特长，为学生的终身发展奠定良好的基础。

（五）校长课程评价领导力的提升

与传统的课程评价不同，革新的课程评价所包含的内容远远超出了对学生成绩的单一评价，它意味着更深入地挖掘课程的本质与质量，进而可以为持续进行的课程设计、课程规划和课程实施提供支持。亨德森（Henderson）和霍索恩（Hawthorne）认为，课程评价的方法首先应该思考"谁来做评估决策"，他们认为学生、教师、行政官员、家长和社区人士都是积极的评估参与者。其次应该思考"需要回答什么问题"，他们认为评估问题的焦点在于课程计划与课程实践的质量、学生在学校生活的质量以及学生学习的质量。再次应该思考"如何收集和分析数据"，他们认为评价者使用定性和定量的探究形式来获取有关课程工作和学生学习的数据，如学生的个人档案、学生访谈、教师和家长的团体焦点访谈、教师和学生的日志和日记、第二访观察、学生出勤记录和学生的成绩测验结果等。最后应该思考"解释和判断数据的标准",他们认为包括技术指标,如平衡、清晰性、效率和效果等;教学标准,如发展的恰当性、涉及复杂的创造性思维的程度、解决问题和参与式活动、合作学习的机会等;批判性指标,如所有学生的可达到性、无歧视性等。对于"谁来分析数据、做出判断,并应用判断的结果",他们认为每一位参与课程设计与规划的人都应该参与分析和判断数据。正如亨德森和霍索恩所指出的,革新的课程领导应包括革新的课程评价,而革新的课程评价则包括了找出反省思考的时间、确认持续努力的历程。

钟校长很明白,评价不只是一个结果,更是一个动态的过程。评价不只是发生在考试中或课堂上,而是应贯穿于日常的教学生活中。评价的设计要具有真实性和情境性,便于学生形成对现实生活的领悟、理解和创造。洛溪新城小学根据这个方向对课堂教学、教师、学生、课程的评价都实行开放的原则,并进行多元评价。洛溪新城小学主要实施过程性评价,这是一种跟踪式的动态评价,通过不断了解课程实施中教师、学生以及课程管理者的行为表现,发现其在实施方案过程中存在的问题与不足,为校本课程的后续开发提供信息与建议。教师和学生是最直接的参与者、感受者,是评估课程实际使用效果的评价主体。

1. 教师评价

教师对课程实施的评价内容主要集中在对教师素质的评价和对教师教学内容的评价两个方面。教师素质的内容有职业道德、学科知识、文化素养、教学能力、协同共事能力和元认知能力。教学内容的评价涉及教学的效果和对学生管理的技能,包括教学准备、教学规划、教学方式、教学任务与学生需要的适应性,以及对学生学业评定与进步的监控、学风和纪律等。

教师通过反思进行自我评价,由学校课程委员会设计相关问卷等评价工具组织教师参与评价,由教师提供必要的评价信息。

在实施绩效奖励工资的背景下,学校每年在征求全体教师意见的基础上召开教代会,对学校的课堂评价制度、校本课程评价方法等进行修改、完善。这一过程,其实是对平时课程教学的再一次评判和反思。钟校长引导教师从评教评学、推进课程建设的高度认识对教师的评价,从而推动课程改革走向深入。

2. 学生评价

学生的评价则可包含:是否喜欢该课程,通过该课程的学习有哪些收获,课程实施的哪些环节需要改进,等等。评价方法是由学生针对上述问题开展自评,同时组织学生进行访谈、座谈和问卷调查。洛溪新城小学在设计学生评价工具时注意用语的可接受性和可理解度，如调查课程实施中哪些环节需要改进时，转化到问卷上可表述为"你认为这门课怎样上更好"。实施过程的评价会收集过程中的评价信息，体现其过程性、动态性。

三、实践出真知，奋斗现成果

（一）校长成为"首席教师"和"学术领导"

近年来，我们越来越清晰地看到，钟校长在履行行政领导职能，忙于学校的日常事务管理的同时，还充当起学校"首席教师"和"学术领导"的角色，尤其在校本课程改革的进程中，他具有较高的课程领导能力，切实承担起了课程领导的职责。在课程设计、实施、评价等方面，他做好"首席教师"和"课程领导"的角色，通过自主学习、专家合作、同伴互助、校际联系等多种方法与途径，努力提高自身的课程领导力，带领学校从优秀走向卓越。

（二）促进教师成长，满是获得感

传统的、呆板的、机械的课程管理模式束缚了教师的手脚，限制了老师的创造性，剥夺了教师的专业自主权，这些问题直接导致了教师专业化水平的低下。学校校本课程的开发与实践赋予教师参与课程发展的权利，为其专业自主提供制度和资源保障，使教师内在的实践经验、研究能力、创造潜能都得到发挥与彰显。这不仅能加深教师对课程的理解，丰富教师的专业知识，增强教师的自信心，还可以同步提高其专业水平。

（三）铸就学校品牌，越发越光亮

洛溪新城小学通过校本课程开发，创建学校课程特色，提高学校课程品质，促进学校发展。学校一直认真贯彻党的十九大精神，全面贯彻党的教育方针，坚持立德树人，依法治校，全面实施素质教育；全面落实我区"上品教化"教育理念，加强教育现代化建设，深入推进"研学后教"及学校文化建设，提升教育教学质量，弘扬水品文化，践行上善教育，努力打造"上善教育"特色学校。践行上善教育，让全体师生追求美好德行，追求卓越品质，培养向善向上、全面发展且有特长的现代公民。

学校全体师生团结一致，艰苦奋斗，在各方面都取得了令人满意的成绩。2016学年，学校获片级以上奖项达1389人次，其中省级以上奖项有545个，市级奖项135个，区级奖项332个。2017学年，学校获片级以上奖项达 1473 人次，其中省级以上奖励有 421 项，市级奖励 183 项，区级奖励 316 项，其中教师发表论文 53 篇，承担区级以上课题 22 项。

其中，2016 学年学校获得区级以上的集体奖项如表 1 所示。

表 1　2016 学年学校获得区级以上的集体奖项

序号	获奖项目	举办单位	级别	等次
洛溪新城小学	中国人寿杯 2016 年全国技巧冠军赛暨双沟牡丹全国青少年锦标赛二级儿童组团体第一名	国家体育总局	国家级	第一名
洛溪新城小学	中国人寿杯 2016 年全国技巧冠军赛暨双沟牡丹全国青少年锦标赛一级儿童组团体第一名	国家体育总局	国家级	第一名
洛溪新城小学	"翰墨青春　传承岭南"2016 广东青少年书画大赛中，洛溪新城小学分校获"优秀组织机构"称号	省艺术教育促进会	省级	优秀组织机构
洛溪新城小学	广州市篮球特色项目传统学校	广州市体育局	市级	特色项目传统学校
洛溪新城小学	广州市田径特色项目传统学校	广州市体育局	市级	特色项目传统学校
洛溪新城小学机器人社团	2016 年广州市机器人拼装大赛二等奖	广州市青少年科技教育协会	市级	二等奖
洛溪新城小学	广州乐帮文化活动篮球赛冠军	广州市乐帮文化	市级	冠军
洛溪新城小学	广州乐帮文化活动篮球赛亚军	广州市乐帮文化	市级	亚军
洛溪新城小学武术队	2017 年"梦真杯"广府武术文化节集体项目一等奖	广州市武术协会	市级	一等奖
洛溪新城小学足球队	2016 年广州市青少年体育俱乐部足球比赛男子乙组第四名	广州市体育局	市级	第四名

续表 1

序号	获奖项目	举办单位	级别	等次
洛溪新城小学女子篮球队	2017年广州市青少年体育俱乐部篮球联赛女子乙组第二名	广州市体育局	市级	第二名
洛溪新城小学足球队	2016"万力杯"三人赛暨广东省第一季花式足球锦标赛或小学男子组季军	广东万力名人足球俱乐部	省级	第二名
洛溪新城小学	2016年番禺区第十届学校合唱节小学童声组二等奖	番禺区教育局	区级	二等奖
洛溪新城小学	《中华少年》在2016年番禺区中小学生经典美文诵读比赛获三等奖	番禺区教育局	区级	三等奖
洛溪新城小学自然观察小组	在2016年番禺区小学生自然观察活动获二等奖	番禺区教育局	区级	二等奖
洛溪新城小学自然观察小组	在2016年番禺区小学生自然观察活动获三等奖	番禺区教育局	区级	三等奖
洛溪新城小学	获第二届广州市青少年乐创空间、我行我秀科技主题实践活动成果评比二等奖	广州市教育研究院综合实践活动学科	区级	二等奖
洛溪新城小学	在2016年番禺区小学语文达人秀活动中获优秀组织奖	番禺区教学研究室	区级	优秀组织奖
洛溪新城小学	《阅读,将带给我们美好的未来》在2016年番禺区小学语文达人秀活动获一等奖	番禺区教学研究室	区级	一等奖
洛溪新城小学	《谁是语文小达人》在2016年番禺区小学语文达人秀活动中获三等奖	番禺区教学研究室	区级	三等奖
洛溪新城小学足球队	番禺区第三届中小学校园足球联赛中获小学男子甲组8人制比赛第二名	番禺区教育局	区级	第二名

续表1

序号	获奖项目	举办单位	级别	等次
洛溪新城小学篮球队（洪亮、刘容华、李诚、黄佳恒）	广州市番禺区第七届运动会篮球比赛少年丙组项目第二名	广州市番禺区第七届运动会组织委员会	区级	第二名
洛溪新城小学（陈宇杰、杨靖原、陶鹏宇、刘硕）	2017年番禺区小学生"三棋赛"围棋男子团体亚军	番禺区教育局	区级	第二名
洛溪新城小学	2017年番禺区小学生"三棋赛"国际象棋男子团体第六名	番禺区教育局	区级	第六名
洛溪新城小学技巧蹦床队	2017年荔湾区"鹤洞杯"少儿体操比赛团体总分第一名	荔湾区教育局	区级	第一名
洛溪新城小学足球队（吴子彬、李冠成、陈俊锟、郭子睿）	广州市番禺区第七届运动会足球比赛少年丙组项目第三名	广州市番禺区第七届运动会组织委员会	区级	第三名
洛溪新城小学足球队（姚钧谊、黄晖皓、黄广师、严力章）	广州市番禺区第七届运动会足球比赛少年丙组项目第五名	广州市番禺区第七届运动会组织委员会	区级	第五名
洛溪新城小学	《阅读，将带给我们美好的未来》在2016学年广州市小学语文达人秀活动中获三等奖	广州市小学语文教学研究会	市级	三等奖
洛溪新城小学三年级学生代表队（曾霓、李明旋、朱俊晨、杨宗谕、潘宇荣）	2017年番禺区小学生英语拼读能力展示活动中获一等奖	番禺区教学研究室	区级	一等奖

总之，在新的教育形势下，洛溪新城小学全体教师明察学校课程发展的趋势，改变自身思维方式和行为习惯，增强自身课程意识，练就扎实的课程专业素养，参加各项教学实践，从而推进课程实践制度建设，提高教学质量。近年来，经过学校的不懈努力，学校教育教学成绩优异，各方面都赢得了荣誉和好评。展望未来，洛溪新城小学将继续深化"上善教育"校本课程建设，走优质、特色、品牌之路，努力培养向善向上、全面发展且有特长的优秀人才，办好人民满意的教育。

参考文献：

[1] 石培荣. 提升校长课程领导力势在必行［J］. 教育, 2015 (36).

[2] 柳梅. 加强校长领导力建设, 提升学校管理质量［J］. 现代教育科学·小学教师, 2011 (1).

[3] 唐德海. 校长课程领导力考量的六个维度［J］. 现代中小学教育, 2013 (1): 72-75.

[4] 林可行. 校长治校四大法宝［M］. 北京: 中国电影出版社, 2011.

[5] 邓琦, 李凤飞. 给校长的1000个思路［J］. 北京: 西苑出版社, 2010.

[6] 宿春礼. 学校领导干部场景讲话艺术与经典案例全集［M］. 北京: 大众文艺出版社, 2005.

[7] 钟启泉. 从"课程管理"到"课程领导"［J］. 全球教育展望, 2002 (12): 24-28.

[8] 罗祖兵, 试析校长课程理念的转变［J］. 中国教育学刊, 2013 (3).

[9] ［美］詹姆士·G. 亨德森, 理查德·D. 霍索思. 革新的课程领导［M］. 志平, 等译. 杭州: 浙江教育出版社, 2005: 128.

[10] 新玉乐, 董小平, 论学校课程的规划与实施［J］. 西南大学学报, 2007 (5).

[11] 崔允漷. 没有课程规划就没有课程管理［N］. 中国教育报, 2012-09-14.

[12] 李宝庆. 学生参与课程决策［J］. 全球教育展望, 2009 (10): 29.

[13] 龚冬梅. 利用社区资源开发需求主导型校本课程［J］. 吉林省教育学院学报, 2008, (24) 3: 41-42.

[14] 张世饮. 校长课程领导力的构架与建设［J］. 中国民族教育, 2013 (4).

[15] Marks H M. Sudert Engagemet in Itrutionnn Aciviy: Ptens in the Ele Edu-

cational Research Journal,Menary,Middle,and High School Years [J]. American2000,37(1):153-184.
[16] 崔允漷,秦冬梅.如何建立健全校本课程评价体系[J].中国教育报,2012(7).
[17] 刘志军.发展性课程评价体系初探[J].课程·教材·教法,2004,24(8).
[18] 刘富喜,朱桂琴.教师的新视野[M].天津:天津教育出版社,2013.

研发承志教育课程，
助力学校内涵发展

广州市从化区温泉镇第二中心小学　黎素清

摘要： 学校秉承"传承创新，笃志树人"的办学理念，结合课题研究，研发承志教育课程，建立促进师生共同成长的校本课程体系，助力学校内涵发展。

关键词： 承志教育；课程；学校发展

一、立足校本，全面落实立德树人

在教育部印发的《关于全面深化课程改革落实立德树人根本任务的意见》中，"核心素养"被置于深化课程改革、落实立德树人目标的基本地位。"核心素养"指学生应具备的适应终身发展和社会发展需要的必备品格和关键能力，其突出强调个人修养、社会关爱、家国情怀，更加注重自主发展、合作参与、创新实践。

学校辖区下草塘村的水族舞流传坊间200余年，有较高的历史文化价值、人文文化价值和艺术欣赏价值，深受当地人民喜爱，是广州市第二批非物质文化遗产，学校是广州市非物质文化遗产传承基地。学校秉承"传承创新，笃志树人"的办学理念，把"传承优秀品质作风，收获幸福美好人生"作为学校教育的价值追求。"承志"强调励志又远志，即要树立远大的理想和志向，有追求、有志气，要奋斗、要拼搏，行大义，举大事，创大业。学校坚持以传承经典、继承大志作为育人的手段，通过有效的励学承志教育活动，培养学习勤奋、艺高德美、团结拼搏、积极向上、志存高远的学生。

二、目标引领，多元开发

（一）广泛研讨，确立校本课程开发实施目标

（1）学生发展目标。为学生参与社会生活打好基础，具备完善的人格、健康的心理和强健的体魄，以及扎实的基础知识和过硬的生活技能，培养学生的文学素养、科学素养、实践能力、创新精神和生存本领。

（2）教师发展目标。通过开发校本课程，提高教师课程意识和开发能力，拓宽学科知识，改善知识结构，和谐人际关系，增强合作意识，激活探索热情，触摸时代信息脉搏，促进其自身专业水平提升和形成终身学习的习惯。

（3）学校发展目标。通过开发有特色的校本课程，促进学生的全面发展，生成学校教育教学质量新的增长点，彰显学校的办学特色。

（二）多元开发，注重校本课程开发的规范化、系统化、系列化

为使课程成为学生素质发展的支撑，学校确立以学生综合素质发展为方向的大课程观，突出校本课程的实践性、自主性、综合性和开放性，优化和整合学校资源、社会资源、教师资源和学生资源，努力构建多元化的校本课程体系。学校校本课程开发有四种模式。

（1）基于学科拓展模式的校本课程开发是指在课程开发时优先考虑满足学生的实际发展需求，对原有学科进行拓展，增加学生所需求的感兴趣的内容，包括学科知识课程和学习策略的课程。例如，经典诵读、数学实践活动、英语课本剧等。

（2）基于学校优势项目的校本课程开发，强调学校优势项目在校本课程形成进程中的重要性；关注课程与教学之间的互动作用，突出校本课程如何凸现学校发展的优势。例如，快乐足球、电脑创作、书艺人生等。

（3）基于学校目标取向的校本课程开发，优先考虑的是学校的办学思想及办学目标，立足于学校特色的形成，根据学校条件与学生兴趣增设新科目，逐步形成校本课程开发。例如，厚德养习、尊贤远志、诗情画意等。

（4）基于乡土文化模式的校本课程开发，是指学校围绕乡土文化并对所处的地域环境进行充分的资源分析，在此基础上寻求可作为校本课程开发的乡土资源并实施校本课程开发。例如，家乡名人、水族舞、民间棋艺等。

三、阶段实施，研究提升

校本课程的开发与实施是一个持续的、不断完善和动态生成的过程。我们始终遵循"边开发边建设，边实践边完善，边研究边提升"的工作思路，循序渐进，逐步提升课程开发与实施水平。校本课程研发过程概括为"两条主线、三个阶段、五个环节"。

校本课程"创生"过程有两条交互的线索——教学实践和生活实践。所谓两条线索，是指有的问题是在教学过程中产生的，有的问题是在生活实践中产生的。而在开发过程中，教学和生活又相互交融，合为一体，使所形成的专题具有生动新鲜的"活"的内容，与教学实际、生活实践贴得更紧，更为师生自己所喜闻乐见，有利于逐步稳定为真正有价值的、成熟形态的校本课程，进而成为精品课程。例如，"厚德养习""书香育人""水族舞"等三个精品课程的开发与实施就体现了这个方面。

校本课程"生成"的三个阶段：创生的孕育阶段、创生的过渡阶段、创生的成熟阶段。校本课程"创生"过程的操作程序，即五个主要环节：产生问题、设计方案、组织实施、反馈调整、研究提升构成。

四、课题带动，多元开发特色课程

学校实施课题带动战略，深入挖掘地域文化资源，整合校史文化和乡土文化资源，开发建设承志教育特色课程。

承志教育特色课程是围绕学校的办学理念和育人目标，以传承从化水族舞为核心内容，综合与学校办学特色相关联的部分内容所形成的综合性课程体系。为了更好地将学校"艺高·明德·志远"的育人思路融入课程中，我们将课程内容按照"传承·承志·志远"的要求融入课程模块之中，形成了较为清晰的课程结构。以从化水族舞传承基地为系列的传承课程进行"传艺"教育；以"厚德养习"为主题的承志课程进行"明德"教育；以节日、民俗活动走进社区系列及以乡村学校少年宫为组织实施的活动教育的远志课程进行"美行"教育；学校围绕三大课程资源，积极开发学校的《厚德养习》《从化水族舞》《鱼跃龙门》《剪纸趣》等校本教材，有效解决了课程实施的校本化。其中承志教育特色课程"厚德养习"，其内容模块分明德篇、尊贤篇、养正篇、远志篇，全套分六个年级共72课时，着重孩子良好品格的养成，做一名志远少年。通过承志课程的开发与实施，如以乡村学校少年宫为组织实施的远志课程进行"美行"教育，学校组建了合唱队、舞蹈队、篮球队等乡村少年宫社团，通过组织学生参加各级各类竞赛，丰富了学生的学习生活，张扬了学生的个性，锻炼了学生的能力，熏陶了学生的品格，促进学校走上特色学校之路。

五、强化管理，多维评价

校本课程是在不断评价的过程中逐渐完善起来的，校本课程的评价主要包括对课程本身的评价、对教师的评价和对学生的评价三个方面。一是课程评价。学校建立了以教师评价为主，校长、教师代表、学生代表、家长代表共同参与的评价制度，主要是对课程目标、课程内容、课程设计、课程发展潜力等方面进行诊断评价，并不断完善。二是教师评价。学校建立了课程开发领导小组意见和学生反馈意见为主的评价体系，主要是对教师开发的项目，《课程纲要》教案、课堂组织的效果和教学成果等方面进行综合评价，以此激励教师改进教育教学，同时为每个教师建立成长档案。三是学生评价。学校建立了以自我评价、同伴评价、教师评价和家长评价四方面相结合的评价制度，注重过程评价、发展评价，并为每个学生建立成长记录袋。

六、惠泽师生，凸显特色

承志教育特色课程的开发实施，成为教师实现专业发展的生命绿洲，也为学生营造了个性发展的自由空间，促进了学校、师生的共同发展。

（1）承志教育课程的开发为学生营造了个性化全面发展的自由空间，学生的发展潜能得以充分挖掘。活动的过程即是开发的过程。学生在参与校本课程开发的过程中，开始主要是以各种形式的实践活动为载体。对此，学生充满兴趣，觉得这是满足他们需要的一种好的方式，这也是国家课程中所缺少的，更容易贴近学生实际。每次活动方案的制订和活动之后方案的进一步完善，都推动着校本课程的开发在向成熟化迈进。这些活动方案对以后校本课程的开设具有直接的指导意义。活动中学生积极主动地学习、探究未知事物，既锻炼了自身的能力，使学科知识得到综合利用，同时也受到思想品德方面的教育，其符合我们校本课程开发的宗旨。

（2）教师专业化发展步伐加快。学校以承志教育特色课程开发为契机，带动了教育管理队伍的在职培训，引导干部队伍转变教育思想，提高管理能力。在校本课程开发的过程中，我们始终遵循科学严谨的工作态度。既是为了保证校本课程的质量，也是为了促进教师的专业成长。在研究与校本课程的开发过程中，从粗枝大叶地浏览到精心细致地研读，从不会研究、不会开发到驾轻就熟、信手拈来，教师们经历了一次次思维的碰撞，一次次激烈的辩论，一次次痛苦的思索。教师们在碰撞、辩论与思索中成长，在研究、编辑、调整中提高。

（3）近年来，"传承创新，笃志树人"的办学特色日渐形成，学校各项工作取得了可喜的成绩，先后被评为广州市义务阶段特色学校、广州市健康学校，分获从化区教学质量优良单位一、二等奖。

特色课程在推进学校的素质教育中发挥了非常重要的作用，越来越成为学校教育建设的重要组成部分。我们坚持"传承发展，笃志树人"的办学理念，承志教育的探索已经上路，承志教育的思路亦已经逐渐明晰。我们从学生的需求出发、教师的特长考虑，资源整合完善了学校课程体系建设，让我们的视野更加开阔。我们相信：只要我们不断追求，不断创新，扎扎实实地走好每一步，就一定能实现和谐校园、魅力教师、高效课堂、阳光学生的教育目标，就一定能成就并擦亮学校承志教育特色学校品牌！

参考文献：

[1] 柳倩月. 非物质文化遗产的校园传承意义 [J]. 文学教育，2009（11）.

[2] 李其进. "农娃乐"特色教育的实践和探索 [J]. 教学与理，2011（12）：11-12.

[3] 杨孝如. 有特色的学校特色建设 [J]. 江苏教育研究，2012（6）：24-27.

[4] 朱治国. 学校特色课程建设的深度思考 [J]. 现代中小学教育，2013（5）：14-16.

浅谈农村小学教师专业素养现状及提升策略

——以雅居乐小学为个案

番禺区南村镇雅居乐小学　伦松根

摘要：自从素质教育提出以来，教育问题一直广受各界人士的关注。而教育水平的高低，主要还是取决于教师自身素质的高低。教师的专业素养直接影响着一个人的知识宽度，是一个人知识素质的基础性构建成分，关系到学校整体的教学水平。当前许多农村小学存在着布局散、条件差、文化氛围滞后等多方面的劣势，这直接影响着农村小学教师专业素养的提升。而农村教师的专业素养又直接制约着教育业的进一步发展，因此，提升农村教师专业素养是教育发展的重要研究话题。本文以雅居乐小学的教师为例，通过对教师专业素养现状进行分析，并对提升其专业素养的策略进行了研究和整理。

关键词：小学教师；专业素养；提升策略；教育发展

基于如今的教育现状，不难了解到应试教育依然制约着教育业的发展；并且由于这样的现实情况，学校在录取教师上也偏重于对教授课程的考察，而不太注重对教师素养的选拔。本文主要以雅居乐小学的教师为例，分析当前农村教师专业素养的教育现状产生的问题，并提出提升雅居乐小学教师专业素养的策略，以此辐射到周边学校。

一、当前农村小学教师专业素养的现状

农村小学具有布局散、条件差、交通不便、信息不灵、学习交流少、文化氛围滞后等多方面的劣势，且影响和制约着农村小学教师专业素养的提升。具体表现为以下五个方面。

（一）职业精神缺乏

许多农村教师只把教师职业当作一种谋生的手段，"自我感觉良好""当一天和尚撞一天钟""走一步算一步"的思想在这部分教师的身上表现得较为严重，对工作缺乏愿做、想做、做好的欲望，对自己从事的工作不感兴趣，抱着一种应付的态度。这种现状导致这部分教师常常因认为工作压力大、待遇不公、升迁无望等而生出诸多的怨言和愤懑，而感到不如意、不称心，对工作的态度变得无奈、被动、消极。因为没有将自己所从事的工作上升为较高的事业追求，所以也就谈不上对这一职业的忠诚。

（二）教育观念陈旧

由于农村小学教师的来源和年龄结构等原因，他们对新生事物接受慢，传统的教学方式中的注入式、满堂灌、一言堂根深蒂固，题海战术、死记硬背、机械训练的状况还占统治地位。虽然有些教师的教育观、人才观、质量观已经走出了应试教育的范畴，但是德育、音体美、综合实践等课程依然得不到应有的重视。所有这些，都严重制约着义务教育质量的全面提高。

（三）教学手段落后

部分农村小学教师的专业知识、业务能力不高。一部分农村教师在教学上不能领会新课程标准精神，不会把握或处理教材的内容，不会灵活运用各种教学方法，不能或不善于使用现代教学手段，还是沿袭"一幅黑板一本书，一支粉笔一张嘴"的传统教学模式，导致课堂教学气氛沉闷、方法呆板、手段落后、组织松散、效率低下、质量不稳定等，极大地影响了教学的成效。

（四）学习意识淡漠

许多农村教师没有树立终生学习的意识，主动学习和接受新教育思想、教育方法的意识淡薄。他们认为自己教书多年，对所教内容已经烂熟于心，没必要再去学什么新东西，教育教学都靠自己原来的积累；同时"借口"工作忙、工作量大，很少去阅读教育杂志和教育理论专著，其结果是教育思想和观念滞后，教育手段和方法落后。

（五）科研能力薄弱

从目前的实际情况看，大量违背教学规律的形式主义的教学方式仍在流行，究其原因，主要是许多农村教师科研能力差，对教学规律缺乏理性思考，缺乏研究，对引进的教法只取其形，难得其神，不善于对自己的教育教学实践和周围发生的教育现象进行反思和研究，找出规律。即使有的教师参与教科研，其出发点也不是为了教育和科研，不是从基础教育的现状出发进行研究，而是为了适应学校和自身达标合格、评优、晋级等规定性要求，这也成了教师队伍水平提高的障碍。

二、提升农村小学教师专业素养的策略（以雅居乐小学为个案）

（一）加强师德教育，塑造职业精神

塑造教师职业精神是提高教师专业素养的核心，教师职业道德是每一名教师应遵守的基本准则，教师职业精神是职业道德的一种升华，是一种境界，一种信仰；教师职业道德是一种普遍适用的职业要求，教师职业精神则代表教学工作者对生活、对学生、对社会的热爱，和对此焕发的超越岗位条件、超越薪水的人性价值之光。

加强师德教育、塑造职业精神应从以下四个方面入手。

1. 将师德教育常态化、制度化

学校领导要高度重视师德教育，旗帜鲜明地把师德教育纳入学校的工作日程，根据《中小学教师职业道德规范》，结合本校的实际，提出具体要求，突出重点，务求实效，使师德教育经常化、制度化。

2. 抓理论学习，奠定思想基础

重点开展《中小学教师职业道德规范》大讨论以及教师誓词等方面的学习。同时，学校要结合实际具体细化对教师的师德行为要求，对照要求，反思、查摆、整改所存在的师德问题，为塑造教师职业精神奠定思想基础。

3. 抓制度建设，提供制度保障

学校要坚持师德"一票否决制"、建立"责任追究制度"、完善"评议导向机制"、强化"情况通报制度"，以此加强师德建设与监督力度，为塑造教师职业精神提供制度保障。

4. 树立师德典型，激发师德情感

坚持他律与自律并举，重在内化，在教师中形成热爱工作、忠诚于党的教育事业、乐于奉献、勤奋工作的氛围，为提高农村学校的教育教学质量奠定坚实的基础。

（二）重视校本培训，为教师综合素养的提高搭建平台

提升综合素养是新课程标准对小学教师的基本要求。而提升小学教师综合素养的主要途径就是校本培训。通过校本培训，可以为教师专业化素养的提高搭建平台，这也是学校管理的重要任务之一。校本培训最大的特点是学习与工作有机统一，以工作中的问题解决激发学习动机，通过工作能力的变化和工作效益的提高体现学习的价值；同时，通过校本培训的组织和管理，加强教师间的协作与交流，互帮互学，互教互学，互相激励，比学赶帮，建设会学习的教师群体，促进教师综合素养的提高。

1. 在校本培训中丰富全员参与的教学实践活动内容

全员参与教学实践活动，既是教学改革的需要，也是教师自身发展和专业成长的需要。学校要常态化地开展丰富的教学实践活动：一是开展说课和集体备课，即每位教师授课前都要进行说课；授课内容相同或相似的教师要集体备课。二是开展教学反馈活动，即采用填写反馈表格、召开小型座谈会、个别交谈等形式，听取其他教师对课堂教学的意见。三是开展评选优质课活动，即每学期每个教师都要上一定数量的公开课，并在这些公开课中评选优质课，以督促每位教师认真上好每节课。四是开展编拟试卷和举行质量分析活动，即在适当的时间内要求教师编拟一份科学合理的试卷，便于在学生考后进行系统的情况分析。五是开展学习和运用现代教学手段活动，即要求每位教师娴熟地掌握多媒体教学技术，改变"一支粉笔、一张嘴巴"的落后教学手段，使之能更好地适应灵活多样的授课方式。六是开展综合读书活动，即要求每位教师利用业余时间综合性地读各种书籍，撰写读书笔记和读书心得等，以此促进教师综合文化素质的提高。

2. 构建多元化的校本培训模式

校本培训的形式是多元化的，既可使用校内资源，也可利用校外资源，做到互为交流，共同发展。首先，我们的教师可以"走出去"，通过调研，丰富实践经验，从他人手中积累大量新鲜的感性材料，并把这些感性材料与自己的教育实践互为渗透，有机结合，以丰富校本培训教育理论和实践经验。其次，我们可以"请进来"，把教育名家、专家和优秀的教师请到学校讲课。用他们丰富的理论功底和实践经验，有效地解决在教育教学中的"疑难杂症"，用新思路、新观点、新理论和新经验去影响我们的教师。最后，加强"自主学习"，"自主学习"是校本培训的主要形式，教师可以通过读书、上网、科研等方式构建自我发展的平台。

3. 坚持研训结合，落实校本培训"教、研、修"一体化

（1）充分发挥专业引领的作用，通过"走出去，请进来"，努力开拓广大老师的知识视野。

（2）在教师中开展"六个一"活动，督促、激励教师自我完善，自我提高。即每一位老师每学期要阅读一本教育专著，走近一个名师，执教一节校级公开课，研究一个教育教学课题，撰写一篇教育论文，制作一个教学课件，并将"六个一"列入教师的综合性考核当中。

（3）建设骨干教师团队，充分发挥优秀骨干教师的带动和辐射作用。学校可结合上级安排的"名师工程""新竹工程"等，建立教学标兵、教学能手、学科带头人的培养使用档案，培养和使用并重，不断提高他们的带动及辐射能力。

（4）以课例为载体，积极开展"教、研、修"一体化的校本教研。在教师个体层面，规定每位教师每学期听课、评课和执教公开课的节数，通过不断地听评课，潜移默化地提高教师授课能力。同时，学校可以学科备课组为单位，认真组织集体备课、同课异构、公开课展示与研讨等活动，落实"备—说—讲（听）—评—讲（听）"各个环节，以此促进教师专业化水平的提升。学校也要大力开展教育科研，在课题研究中提升教师的业务素质和科研能力。学校还要坚持以校为本，走问题到课题的科研之路，教师在教学行动中由问题出发，在行动中进行教学研究的科研思路，其针对性强，教师容易操作，对提升教师的教学和研究实验能力具有明显的促进作用。

（三）开展教育科研，提高教师科研素质

教育科研是提高中小学教师教育能力的重要途径，通过教育科研，可以分析出来"困"与"不足"的具体状况和成因，从而进行有针对性的改进。同时，教育科研过程本身也是农村小学教师学习新的理论知识的过程，在获得新的理论知识，弥补了自己的不足之后，自己的教育科研素质才能得到提升，自己的教育实践才能"更上一层楼"。

1. 从日常教学改革入手

要鼓励农村小学教师从日常教学的各个环节入手，大胆地在教学中进行教学改革实践，努力探索解决问题的有效办法，这是向科研型教师转化的基本途径。

2. 加强教师之间的合作

加强教师之间的合作，营造出一个互相激励、互相支持和互相帮助的科研氛围，学会用集体的智慧来研究和解决教育教学中的问题，农村小学教师

只要勤学不厌，勤思不怠，大胆实践，努力创新，就一定能不断提高自身素质。

3. 加强制度建设

学校要加强教育科研制度的建设。以制度来促使日常教学工作和教学研究、教师专业成长融为一体，进而促进教师整体素质的提高。

4. 构建"自修—反思"培训模式

构建"自修—反思"培训模式，经过"提出计划—自学研修—实践体验—专家指导—反思总结—成果展示"等几个基本环节的工作，使教师素质得到提高。

5. 实施课题带动策略

实施课题带动策略，有意识地让教师结合自身的教育教学实际参与课题的研究，树立"科研就是工作，工作就是科研"的理念，通过科研发现和解决教育教学中存在的问题，进而促进教育教学质量和教师自身素质的提高。

三、结语

提升教师的专业化素养是加强农村小学教师队伍建设的关键，这是一项长期的综合性工程。雅居乐小学通过对教学多元化教学模式的施行，加强学校校本教研的交流与合作，通过采取相应对策，在管理中实施"以人为本"，重视提升雅居乐小学教师专业素养，从而实现了教师队伍质量和学校教育教学质量共同提高的双赢。

参考文献：

[1] 黄路阳，郐红. 小学教育专业的专业定位和培养模式 [J]. 继续教育研究，2009（3）：122-124.

[2] 李玉. 新课程背景下中小学教师专业素质现状调查 [J]. 继续教育研究，2009（9）：129-132.

[3] 刘聪. 区域中小学教师教育科研素养的现状及提高对策 [J]. 新课程学习，2010（12）：191-192.

[4] 蔡秀玲. 课程改革与小学教师专业素质能力要求 [J]. 教育管理研究，2010（37）：60.

[5] 朱琼敏，洪明. 近年来美国中小学教师素质状况和改进举措 [J]. 教师教育研究，2006（1）：76-80.

"研学旅行"活动助力德育课程实施

——以广州市番禺区市桥富都小学为例

广州市番禺区市桥富都小学　唐滔

摘要：我校为落实立德树人根本任务，以统筹协调整合资源为突破口，因地制宜开展"研学旅行"活动，并将其纳入学校教育教学计划，与综合实践活动课程统筹考虑，主要分为人文类、自然类、体验类三大类别，从而助力德育课程更完善；我校所设计和组织的"研学旅行"活动是德育课程的补充、拓展、延伸、提升，从而助力德育课程更高效；我校将学与游进行深度融合，认真修订学校"研学旅行"活动的整体规划，"研学旅行"活动助力德育课程更扎实。让"研学旅行"活动助力德育课程实施，有利于全面提升学生的综合素质。

关键词："研学旅行"活动；德育课程；综合素质

随着社会的发展，单一的课堂教学已不能满足当今社会对教育的要求，不能满足学生对知识的渴望，更不能适应素质教育的要求。教育部等11部门出台《关于推进中小学生研学旅行的意见》中指出："中小学生研学旅行是由教育部门和学校有计划地组织安排，通过集体旅行、集中食宿方式开展的研究性学习和旅行体验相结合的校外教育活动，是学校教育和校外教育衔接的创新形式，是教育教学的重要内容，是综合实践育人的有效途径。"

对学生而言，参与"研学旅行"活动不仅能开阔视野，增长见识，还能让他们体验与同龄伙伴集体出游的乐趣。对家长而言，"研学旅行"活动对孩子具有更强的教育价值和功能。对学校而言，"研学旅行"活动有助于培养学生的社会责任感、集体意识，加深学生对自然、社会、文化的理解，丰富教育的内涵，具有校内学习无法替代的功能。我校为落实立德树人根本任务，以统筹协调整合资源为突破口，因地制宜开展"研学旅行"活动，将其纳入学校教育教学计划，与综合实践活动课程统筹考虑，精心设计"研学旅行"活动课程，做到立意高远、目的明确、活动生动、学习有效，避免"只旅不学"或"只学不旅"现象，让"研学旅行"活动助力德育课程实施，让学生在"研学旅行"活动过程中陶冶情操，拓宽视野，增长见识，丰富知识，体验不同的自然和人文环境，培养学生的自理能力、创新能力、团队协作和实践能力，从而全面提升学生的综合素质。

一、"研学旅行"活动助力德育课程内容更完善

"国家课程"是反映国家教育方针意志的课程体系，具有国家教育意志的规定性和严肃性。而"校本课程"则是提升学校内涵、形成学校特色，是对国家课程和地方课程的补充和延伸。通过体验实践活动，自主学习、合作交流、自我调适，有助于提高学生的个性化学习能力，促进学生综合素养的提高。国家课程承担着培养学生核心素养的主要任务，但"责任担当、健康生活、实践创新"素养在国家课程（学科课程）中难以落实。《中共中央办公厅 国务院办公厅关于适应新形势进一步加强和改进中小学德育工作的意见》提出："把丰富多彩的教育活动作为德育工作的重要载体。"因此，学校落实"责任担当、健康生活、实践创新"核心素养，就是要开发以培养学生责任担当、健康生活和实践创新三大素养为核心的校本课程，通过课程实施落实核心素养。

我校开齐、开足、开好了国家课程，而今所开展的"研学旅行"活动课程是对我校德育课程强有力的补充，是体现地方与校本特色的拓展课程。我校有机地将"研学旅行"活动课程整合到学校的课程体系中去，让研学旅行课程变成一门复合型、多功能的课程。我校的"研学旅行"活动课程既具有综合实践课程的基本样态，又包含课程的各个元素，主要分为人文类、自然类、体验类三大类别，从而助力德育课程更完善。

（一）人文类"研学旅行"活动

人文积淀是指具有古今中外人文领域基本知识和成果的积累，能理解和掌握人文思想中所蕴含的认识方法和实践方法等。在我们的研学旅行过程中，学生在教师的指导下，对旅行途经各地的人文知识进行细心的观察，用以提升他们的人文积淀。学生旅行见闻增长，是一种以亲身经历为基础的过程积累，他们走入旅途中去实践感知人文知识的过程，将会使其印象更为深刻。这是因为学生对旅途中各种人文知识的积累，是在课堂上难以实现的。

我校在人文类"研学旅行"活动中的内容包括美学、中国文化、文学欣赏、戏曲欣赏、民风民俗、礼仪、地方风土人情、地方文化等。例如，岭

南文化相关的"研学旅行"活动,结合番禺地域文化,开展以纪念冼星海为主题的参观星海公园"研学旅行"活动;传统文化相关的"研学旅行"活动,以探索岭南文化历史为依托,开展赴沙湾古镇的"研学旅行"活动;博物馆文化相关的"研学旅行"活动,开展参观广东省博物馆"研学旅行"活动。

(二) 自然类"研学旅行"活动

"研学旅行"活动是一种自然主义的教育。自然主义教育在中西方都源远流长,它代表了一种遵守自然秩序、遵从自然本性的教育观。文艺复兴时期,人文主义教育家拉伯雷反对经院派的教育方式,主张受教育者应该走进大自然当中,直接学习自然知识。他主张,旅游与体验的教育方式是一个人从小到大非常重要的学习方式。通过旅游体验,学生可以了解并探索自然本质以及人类所创造的事物的规律与特点。中国的自然主义教育更是源远流长,道家应该是自然主义教育的鼻祖。道家认为"为学日益,为道日损",即一个人的成长要遵循一种自然而然的法则,向自然学习,正所谓"山林与,皋壤与,使我欣欣然而乐与"。

我校在自然类"研学旅行"活动中的内容包括亲近动物、认识植物、保护环境、观赏风景、农耕文化等。例如,与动植物有关的"研学旅行"活动,到广州动物园认识动物,了解动物的生活习性的"研学旅行"活动;与季节有关的"研学旅行"活动,到大夫山森林公园中寻找春天的"研学旅行"活动;与农业有关的"研学旅行"活动,到番禺区石楼镇田野农庄感受秋收的"研学旅行"活动;与风景区有关的"研学旅行"活动,到莲花山风景区体会古时候人们在采石场劳作艰辛的"研学旅行"活动。

(三) 体验类"研学旅行"活动

"研学旅行"活动是一种生活教育。如果说自然主义教育是研学旅行教育的原则的话,生活教育理论则指明了研学旅行的教育内容以及教育手段。倡导生活教育最著名的莫过于美国的教育家杜威以及中国的教育家陶行知了。就教育的内容而言,所谓的生活教育就是生活中的一切都可以作为教育的内容,教育是为了生活,怎么样生活就怎么样教育。正如陶行知指出的:"马路、弄堂、乡村、工厂、店铺、监狱、战场,凡是生活的场所,都是我们教育的场所。"在这方面,杜威与陶行知的观点一致。生活教育理论对我们开展研学旅行活动的启发是重要的。可以说,教育是生活的一部分,生活是最好的教育。而在生活中的体验就是最好的生活。

我校在体验类"研学旅行"活动中的内容包括环境与资源、生命科学、自然地理、环境保护等。例如，与历险有关的"研学旅行"活动，到历其山庄开展团队拓展训练，让学生体会冒险的乐趣；与科技有关的"研学旅行"活动，到广州科学中心，在实验中感受科学的神奇；与生存挑战有关的"研学旅行"活动，在广州市内穿梭，团队行动，自己搭乘公共汽车、地铁、骑共享单车等到指定的城市地点打卡。

我们组织的"研学旅行"活动使学生走出了课堂，在实践中获取人文知识，增长践行能力，发展情感态度。学生们纷纷表示通过"研学旅行"活动，获得了许多书本以外的知识和见闻。我校还利用班会课规划旅游路线，学生自主预习旅游景点自然与人文景观，带着问题参观旅游景点并进行实践活动，最后撰写旅游日记或游记并与家长和朋友分享旅游收获。这些都促使课程教学更灵活，使整个研学旅行充满了知识性、科学性和趣味性，为学生全面发展提供了良好的成长空间。"研学旅行"活动的开展，使德育课程更完善，学生核心素养的培养也落实得更到位。

二、"研学旅行"活动助力德育课程资源更高效

子曰："学而不思则罔，思而不学则殆。"如果将研学旅行仅仅看作一次参观游玩，必将失去研学旅行真正的意义。学生最终要走向社会、走向生活，我们的课程唯有反映社会及生活的需要，帮助学生了解社会生活，使学校成为社会生活的一部分，才能真正体现课程的本质功能。对学生个体而言，生活世界是第一位的，知识世界是从生活世界提炼出来的，是为生活服务的。学生的生活离不开社会，只有将整个社会变成学校，教育的对象才更丰富，教育的资源才能取之不尽、用之不竭。我校所设计和组织的"研学旅行"活动是德育课程的补充、拓展、延伸、提升。

（一）"研学旅行"活动是德育课程的补充

校内的德育课程始终有一定的局限性，我们开展"研学旅行"活动就是将课外的资源引入教育中。例如，博物馆在德育课程中是个重要的角色，学生只有深入博物馆当中，近距离地观察文物，细致地了解文物的特点，在感受文物蕴含的历史和文化的过程中，体会到古代劳动人民的勤劳和智慧，感知我国古代文化的博大精深和对世界的巨大贡献，才能增强学生的民族自豪感，真正做到热爱文物、保护文物。到广东省博物馆进行了"研学旅行"

活动后，使同学们感受到了那是一个收藏着大量珍品、蕴含着丰富知识的地方，那是一个游学圣地，既可以让人大饱眼福，又可以汲取知识，丰富同学们的"内存"：一叹祖国资源丰富，馆内，石油、矿石等自然资源的样本应有尽有；二叹广东历史底蕴深厚，"广东历史文化陈列"共四篇，以时间顺序为主线，分别是南粤源流、扬帆世界、继往开来和粤海烽火；三叹恐龙化石震撼，恐龙化石是广东省博物馆的主打展品，马门溪龙的体型庞大，特别是它长长的脖子，已经伸到了博物馆夹层上。同学们走进博物馆，用自己的眼睛搜索信息，用自己的大脑去梳理处理信息，用自己的方式体验文物蕴含的历史和文化，用自己乐于参与的形式开展活动。

（二）"研学旅行"活动是德育课程的拓展

德育课程的内容并不像有些学科那样在教材中均以文字的形式显现，不论是植物，还是动物，都蕴含着丰富的德育教育内容。例如，我校结合"爱鸟周"组织了五年级师生到长隆飞鸟乐园开展"研学旅行"活动，这是对我校德育课程中保护鸟类这一主题的拓展。进入园区，同学们就被各种珍禽异兽所吸引。他们热情地与白天鹅、火烈鸟、鹦鹉、丹顶鹤、鹈鹕、火烈鸟、黑天鹅、冠鹤、白脸琵鹭、鸵鸟等打招呼；与海狸鼠、豪猪、鸭子、鸬鹚、非洲红鹮和海鸥等欢呼互动，特别是在"湿地精灵"表演场，那些小动物可爱的样子与精彩的表现，更让大家掌声雷动；在"鳄作剧"表演场，驯鳄大师与凶猛的鳄鱼亲密接触，上演了惊险刺激的鳄口取物、人鳄相拥，现场气氛紧张而幽默……同学们学习了许多关于鸟类的知识，拓宽了视野，增长了见识，充分体现了人与自然的和谐相处。此次活动培养了同学们对自然环境及各种动物的保护关爱意识，使他们感受到与大自然中无数生灵为伴的美好，提醒着同学们要热爱自然，保护野生动物，善待那些与我们共处一个地球的动物，实现人和动物的和谐共处。这次自然类的"研学旅行"活动，给同学们留下了美好回忆。回校后，还通过制作手抄报、写研学日记、开交流会等形式进一步深化"研学旅行"活动后的课程。

（三）"研学旅行"活动是德育课程的延伸

我校的德育课程也重视与学科进行整合，如语文学科中就涵盖了许多有关科技探索类的课文，四年级有《玩出了名堂》一篇课文。我们以此为契机，到广东科学中心开展"研学旅行"活动，把同学们带进了一个充满乐趣的科学世界。同学们参观了许多展馆：儿童天地、实验与发现、数码世界、交通世界、飞天之梦、人与健康、感知与思维馆等。有一位同学在研学日记中写道："我最喜欢体验的是穿太空服。太空服是宇航员上太空的必需品。虽然我以前在电视上看多了，但从来没有亲眼看过、摸过，我常常想亲眼看一下、摸一下。这一次终于实现了愿望。我走上展台，把头伸进头盔中，手伸入袖口。我透过头盔的玻璃，模糊地看着四周。待了几分钟，我的额头竟冒汗了。我不得不立刻从里面出来。通过这次体验，我觉得科学设计者想得太周到了，既考虑到航天员上太空的体温，又考虑到了航天员穿着方不方便、舒不舒服。"同学们在"研学旅行"活动后表示："真佩服那些创造好玩的科学游戏的科学家们，他们让我们认识到了科学中的无穷乐趣，让我们在玩耍中体会出科学的奥秘与奇妙之处。"

（四）"研学旅行"活动是德育课程的提升

我校德育课程还包括军训，让同学们充分认识到军训的价值与意义，感受到国防教育的重要性，使学生们更加热爱祖国、热爱母校、热爱生活。我们设计了"奇趣与挑战　团队精神铸心间"的"研学旅行"活动，一系列的户外拓展训练、野外远足等活动让学生在磨炼中领悟了坚韧与刚强，是对德育课程的进一步提升。活动的第一个项目：无敌风火轮，团队通过一轮头脑风暴，制作他们独特的风火轮，每个同学都深深地体会到了团结一致、密切合作、克服困难的团队精神的重要性。中午的野炊需要由同学们自己动手，在训练基地提供的炉灶、柴火和基本厨具的基础上，做出美味的午餐，同学们你帮我、我帮你，团结协作，最终吃上了自己做的饭菜。攀岩活动开始，已是下午时分了，通过攀岩，队员之间相互支持与鼓励，在挑战中明白了做与想的区别，克服了心理障碍。同学们在活动后表示：在今后的生活和学习中面对逆境都能用积极的态度去面对，敢于冒险，敢于挑战自我。我们通过一系列充满趣味与挑战而又不乏人生智慧的体验式拓展活动，使同学们从中体验、反思、领悟到团队精神的力量，这一次的活动在同学们的成长历程中留下了难忘而美好的回忆。

三、"研学旅行"活动助力德育课程落地更扎实

有的学校在组织"研学旅行"活动时过度地强调学，学生带着很重的学习任务去旅行，心中不免害怕；有的学校在组织"研学旅行"活动时只是强调游，学生游后一无所获，失去了课程的本质。

我校将学与游进行深度融合，认真修订学校"研学旅行"活动的整体

规划，并通过教师大会和科组会议，让教师都能理解"研学旅行"活动在学校课程体系中的地位与价值；学校明确"研学旅行"活动是一门校本必修课，每一位教师和学生都是"研学旅行"活动课程的设计者和实践者，家长也可以参与"研学旅行"活动课程的开发，让"研学旅行"活动课程拥有更广阔的实施空间。

我校"研学旅行"活动的特点是让学生们享受自主自信的学、多姿多彩的游。我校教师在组织中创设一定的空间让学生去想象、去创造。在研学旅行前，教师利用班会课、中队活动课组织学生制定研学旅行中的规则；提出研学旅游中的要求，以保障研学旅游中的安全；并让富都学子落实活动的每一个细节，提醒学生要从不同学科的视角去设计研学环节。例如，他们在研学旅行前进行合理分组，关注组内成员的搭配等；设计研学旅行中的游戏，确保游戏有益并与研学主题匹配；还会就研学旅行中如何观察、体验、合作、探究等问题进行讨论，形成共识。

"研学旅行"活动是一门综合性课程，是地方与校本特色的拓展课程，是助力于德育课程的。课程的设计要做到多学科整合、多专业贯通、多知识交汇、多教法实施，拓宽教育空间，引导社会、学校、家庭三方共同关注，学生、家长、教师、校外辅导员等多维教育人员参与，共同促使课程教学更高效，从而让"研学旅行"活动成为培养学生社会责任感、创新精神和实践能力的重要渠道和载体。

参考文献：
[1] 顾明远. 在社会和大自然的课堂里学习 [J]. 中国教师, 2017 (9).
[2] 孙云晓. 为什么研学旅行会特别受欢迎 [N]. 人民政协报, 2017 - 01 - 18.
[3] 周美云, 张学鹏. 研学旅行在实施中的目标偏离与路径超越 [J]. 现代中小学教育, 2019 (2): 52.
[4] 范胜武. 研学旅行的"一贯制"设计：让学生在行走中"豪迈"地成长 [J]. 中小学管理, 2018 (1): 513.
[5] 刘海金. 研学旅行教育课程研发与实施标准指南 [M]. 北京：中国环境出版集团, 2018.

"希贤教育"的探寻与实践

广州市番禺区市桥小平小学　王耀华

摘要： 2014年9月，小平小学把伟人邓小平的丰功伟绩和光辉形象铸造的伟大品格植入学校的文化精髓中，以传承"小平"精神为核心，丰富"希贤文化"内涵，确定以"提升办学质量、强化学校特色、创建优质学校"为学校发展目标，以"学先贤，育新人"为办学理念，以"树情怀，成贤才"为校训，以"存大志，乐担当"校风。

小平小学以"希贤教育"为学校文化方面的研究，实施"希贤"学校文化为特色传承小平精神的探讨，我们认为研究"希贤教育"对于学校的可持续发展有着深远的研究意义。

关键词： 文化德育；希贤教育；贤德少年

一、"希贤教育"的提出缘由

（一）源于对学生生命成长需要的思考

每一个学生就像一粒种子，他可能是一棵大树的种子，也可能是一株玉米的种子，或许是一棵小麦的种子，难道学校给这些生命的只有温度、湿度、养分吗？不是。学校的教育要关注学生的成长需要，关注其心之所向的地方，关注其内心的梦想、内心的冲动；关注其心之所在的地方，关注其能力的养成，关注其愿望的实现。为此，着眼于小平小学的办学追求，立足于学生生命成长的需求，学校提出了"希贤教育"的教育品牌。"希贤教育"希望使学校成为学生汲取生命成长养分的重要场所，循序渐进地涵养学生的人格；希望使教师成为学生生命成长的引路人，全体教师做到根据学生所处的环境、经历，使其不断地提高自己的追求，慢慢地寻找适合自己的道路；希望使学生成为自我生命成长的负责人，使其活出自己的尊严，活出自己的精彩。

（二）源于对邓小平精神的继承与弘扬

邓小平原名邓先圣，学名邓希贤。他是一位伟人，在中国革命、建设和改革的各个时期，都做出了重大贡献。邓小平精神是他能成为世纪伟人的一个重要因素，包括以下七部分。

（1）创造精神。在新的历史时期，邓小平敢于纠正错误的"定论"，提出"三个有利于"；勇于突破陈规旧律，提出"社会主义也可以搞市场经济"的科学论断；善于研究时代课题提出"一国两制"理论；充分体现了邓小平的创造精神。

（2）坚韧意志。邓小平被外媒誉称为"打不倒的东方小个子"，在"三起三落"的政治生涯中，他忍辱负重，意志不消沉、信仰不改变。

（3）理想信念。邓小平18岁投身革命，接受了马克思主义熏陶。70多年的漫长岁月里，他经历了各种艰难挫折，矢志不渝、坚定不移，真正为共产主义奋斗了终生。

（4）实践精神。尊重实践、尊重群众是邓小平的一贯思想。在改革开放过中，他先后遇到了种种疑虑和困惑，但他总说："我们改革开放的成功，不是靠本本，而是靠实践。"

（5）自律品格。邓小平在政治生涯中牢记宗旨，始终把人民的利益放在第一位；在多次政治风浪中受挫不惊，在逆境中保持自我；除此之外，无论处于何种人生境遇都勤于学习，在社会实践中增长才干。

（6）责任担当。纵观邓小平的一生，他把全部时间都献给了党和人民的事业，在为人民服务的时期里，在中国最危难的时刻里，都一力担起全中国发展的重任，他的这种责任担当的精神值得后人学习。

（7）兴趣爱好。盘点邓小平一生的兴趣爱好有散步、做体操、游泳、打桥牌、读书、看足球赛、看京剧等。这些兴趣爱好都对他产生了积极的影响。

邓小平的精神品质，表现得丰富而又深刻。它渗透在邓小平的思维活动中，体现在邓小平的实际行动上，凝聚在邓小平的言论和著作里。时至今日，邓小平精神仍具有重要的现实意义。小平小学希望以"希贤教育"去继承和弘扬小平精神，让伟人精神在这片热土上散发出它独特的魅力，引领着小平学子们向前向上发展。

（三）源于对小平村文化高地构建的思考

小平村建于明永乐年间，始于越南公一百零三代四世。它位于番禺区沙头街东北部，村内建有小平小学，以培育一方人才。小平村大部分村民姓邓，与南阳邓氏一族十八世子孙"邓小平"为同一宗族的宗亲。巧合的是伟人的名字与我们的村名、校名皆有"小平"二字，邓小平是中国社会主义改革开放和现代化建设的总设计师，他曾提过"我们在建设具有中国特色的社会主义社会时，一定要坚持发展物质文明和精神文明，坚持'五讲四美三热爱'，教育全国人民做到有理想、有道德、有文化、有纪律"。小平村一直坚持五讲四美的村风建设，小平小学也一直在努力着去培养四有新人，经过多年的努力培养出邓锐标（拥有地产楼盘数座和星级大酒店）、邓耀祺（南沙区副区长）、邓健爽（华南理工大学博士研究生）等14个后起之秀。纵观小平村邓姓一族跟邓小平的渊源，横观小平村的人才发展轨迹，小平小学作为小平村的文化高地，肩负着人才培养的重担，为此"希贤教育"的提出正贴合了村民对本村后代光宗耀祖的热切期盼。

（四）源于对学校发展的现实需求

在教育教学工作中，学校严格落实番禺区"研学后教"升级版的教学模式的探讨，并发表多篇研究成果。在德育工作中，学校按每月主题有序地开展工作。自2011年开始，市桥小平小学就特别注重校园文化建设，从开设创意美术至今，已陆续开设了多个社团，并找到了属于本校的特色项目，从而发展了学校的文化建设。"希贤教育"是符合学校的实际发展需要的，它既能点燃教师对学校工作的热情，又能以丰富的内涵促进学校文化的发展，它还是学校品牌发展的重要战略，为学校实现"弯道超车"添动力。

二、"希贤教育"的内涵阐释

"希"既有"希望"之意，如《庄子·让王》"夫希世而行"；又有"仰慕"之意，如《后汉书·赵壹传》"仰高希骥"。"贤"作为名词时，是"有才德的人、人才"之意，如《三国志·诸葛亮传》"思贤如渴"。希是心之所向的地方，是愿望的提出；贤是心之所在的地方，是愿望的达成与实现。"希贤"有"仰慕贤者，愿与之齐"之意。如宋·周敦颐《通书·志学》："圣希天，贤希圣，士希贤。""希贤教育"是对小平精神的升华，也是对真教育、好教育的热切呼唤。"希贤教育"是一种榜样教育，也是一种精神教育，还是一种人格教育。为此，学校提倡小平小学的师生拥有以下人格品质——有理想、有雅趣、有担当、有自律力、有实践力、有创造力、有坚韧力。

（一）有理想

理想是健全人格的第一要素，它体现了小平小学的师生对未来事物的美好追求。理想的提出是人生航行的方向，理想的实现是幸福人生的体现。个人理想成就的是自我，把个人理想社会化和把社会理想个人化互相结合转换，才能成就大我。

（二）有雅趣

雅趣指情趣高雅，即有雅正美好的兴趣爱好，并自觉抵制低俗、粗鄙的趣味。它是健全人格中使个人内心和谐的重要元素，也是提升个人生活质量的重要载体。具体说来，有雅趣的人应该与志趣高雅的人做朋友，常思考雅正的问题，乐于谈论洁雅的话题，以能说文雅的语言、做儒雅的行为为荣。有雅趣的人还要有一定的艺术修养，会一种艺术门类，从而将兴趣吸引到雅正的方向上；进而有欣赏和品鉴美善的眼光，能欣赏美善的事物；再而能体味人情和生活的酸甜苦辣，领略生命的美与乐。

（三）有担当

担当作为一种责任，是自我责任感的驱动力。它关系着学生的个人成长，是现代学生最值得珍视的人格品质。它体现了学生对社会的责任感，对自身错误的正确认识，对自己所说的话、所做的事负责任。

（四）有自律力

自律力是加强自我修养、提升自身素质的重要元素。它能够以良好的、持久的行为习惯和各种规范礼仪来指导、监督、约束自己的行为。学生用自律意识进行自我管理，有自尊、自爱、自强的自律意识，有独立思考、独立解题的学习习惯，有律己、律他、他律的交往礼仪，用自律的行动创造一种井然的秩序使自己拥有健康的生活。

（五）有实践力

实践力是人们改造自然和改造社会的有意识的活动能力，它是陶行知教育理念中"知与行相统一"的重要步骤，它融合着知识与能力，交汇着品德与技能。它是学生劳动意识的具体展现，是学生在解决问题时的华光，是学生在技术运用上的"金钻"。

（六）有创造力

创造力是产生新思想，发现和创造新事物的能力。它是成功地完成某种创造性活动所必需的心理品质，它以自信的心态、创新的能力为主要元素。它既是生活变化发展的动力，又是学生成长的重要素养。学校要为学生提供创造的土壤，提供创新创造的生活，使学生不断感受创造探索的魅力。在各学科教学中为学生提供创造的舞台，努力使创造成为学生的一种生活态度和习惯。

（七）有坚韧力

坚韧力是人的一种意志力，是健全人格里的极佳品质。它是孟子所言"天将降大任于斯人也，必先苦其心志，劳其筋骨，饿其体肤，空乏其身"中的坚毅、坚定、坚持、坚贞。它是学生在面对学习难题、考试压力、人身危险、自然灾害、国家危难等问题时，所表现出来的坚定的精神、坚强的勇气、坚持而不言弃的忍受力、坚贞的爱国心。

三、"希贤教育"的理念体系

（一）办学理念：学先贤，育新人

办学理念表达办学者对为何而办学、如何办学或办成怎样的学校的思考，它承载了办学者的社会观、教育观以及它在现实的、具体的学校环境中如何落实的策略思考。

（1）学先贤。学先贤中"学"有"学习、效仿"之意，"先贤"是指历史上公认的德才兼备之人。邓小平以"希贤"为名，表达的正是效仿先贤的意思，而他也凭借自己的德能为中国的发展开辟了一条大道。因此，"学先贤"首先提倡的是学习邓小平的思想精神及人格，其次是提倡以其他先贤的人格为榜样。

（2）育新人。育新人中育有"培育、滋养、涵养"之意，新人指的是有理想、有雅趣、有担当，自律力、实践力、坚韧力、创造力强之人。

办学理念"学先贤，育新人"提倡继承和弘扬以小平精神为代表的先贤精神品质，以其滋养小平学子的精神世界，涵养出具有"三有四力"核心素养之人。

（二）校训：树情怀，成贤才

校训是学校师生共同信守的核心义理或共同理想，它或者明确地指出学校人应该具备怎样的品质，或者明确地指出学校人应该怎样做，又或者明确地指出一个客观的道理，其核心作用在于让学校人养成学校所倡导的核心素养。

（1）树情怀。树情怀提倡师生要有崇高的意志和能力。首先表现为有理想，对未来充满憧憬，做人做事都抱有坚定的意志，并付诸行动。其次表现为有雅趣，对美好事物有追求。最后表现为有担当，不仅有深厚的责任感，还有强大的能力去爱敬自己的家人和亲友、去关心社会与国家、去关爱自然和所有的生命。

（2）成贤才。成贤才要求小平小学师生以自律力去养成良好的学习和生活习惯，以实践力去践行知识与技能及道德与行为的统一，以坚韧力去解决学习难题、考试压力、人生危险等，以创造力去开创人生天地；这"四力"是成为贤才的人生基础，在"四力"的驱动下，师生终将成为有德之人，有才之人。

校训"树情怀，成贤才"倡导小平学子们既要仰望星空，又要脚踏实地。

（三）校风：存大志，乐担当

校风首先是指学校经过长期的历史积淀形成的文化风貌或整体印象，其次是指学校要建设怎样的文化风尚和整体气质。已具备良好文化风尚的学校对校风的提炼应侧重于对历史现实的精准概况和描述，尚未具备的则应侧重于根据学校的价值追求来进行合理定位。

（1）存大志。存大志指心中有崇高的理想。

（2）乐担当。乐担当指的是在追求个人理想的同时兼顾社会理想，不仅有个人责任意识，还要有家庭责任意识、社会责任意识。

校风"存大志，乐担当"倡导小平师生在生命之舟上以"有理想"为舵，以"有担当"为帆，以"实践力、坚韧力、自律力、创造力"为乘风破浪之法宝。

（四）教风：砺德行，善诱导

教风首先是指学校教师群体形成的文化风尚或核心精神；其次是指根据学校的实际，教师群体应具备的文化风尚和核心精神。教师群体已形成良好文化风尚或核心精神的，应侧重于精准概况和描述。

（1）砺德行。砺德行指的是小平小学的教师自身要效仿先贤，使自身的德行日日精进，而后成为学生心中的"贤者"。

（2）善诱导。善诱导指的是教师在教学活动中以学生为主体，善于以灵活的教学方式引导、点拨学生，使其主动参与，学会求知、学会探究、学会合作、学会创新等。

教风"砺德行，善诱导"倡导的是教师以自身的榜样力量、人格魅力、教学追求去影响、引导、教育学生。

（五）学风：兴雅趣，富才情

学风首先是指学校学生群体形成的文化风尚或核心精神，其次是指要在学生群体这一层面建设的文化风尚和核心精神。学生群体已形成良好文化风尚或核心精神的，应侧重于精准概况和描述；尚未形成的则应侧重于根据学校的价值追求来进行合理定位。

（1）兴雅趣。"兴"有"流行、盛行"之意。兴雅趣指的是学生们能够有美好的个人兴趣，会交高雅的朋友，常思考雅正的问题，爱谈论洁雅的话题，常说优雅的语言，常有儒雅的行为。如此种种使校园形成雅正之风，并兴盛起来。

（2）富才情。"富"有"丰富多彩"之意。富才情指的是小平学子们在伟人精神、贤人品格的涵养下，个人才华慢慢滋长，形成生生有才情、人人有风采的校园特色。

学风"兴雅趣，富才情"倡导小平学子们以自己的才情和风采在校园里形成雅正之风。

（六）精神口号

贤人品德，滋养身心；希贤教育，助我成才。

精神口号是指充分体现学校核心意志与办学特色，用以警策全校师生的宣传性标语。

（七）培养目标：培养拥有"三有四力"的贤德少年

培养目标是学校所肩负的育人使命，体现了学校培养的学生所具备的基本素质。

"三有"指的是"有理想、有雅趣、有担当"，"四力"指的是"自律力、实践力、坚韧力、创造力"。有理想是人生扬帆起航的动力，有雅趣是人生之旅中愉悦身心的"和谐之曲",有担当是引领人生的旗帜;自律力是人生旅途中起规范作用的铁轨,实践力是人生旅途中不断前进的车轮,坚韧力是人生旅途中淋漓酣畅的汗水,创造力是人生旅途中令人赞叹的风景。"三有四力"互为前提、互为因果、互相发展,不仅是小平学子们内在的核心动力,更是小平学子们一生幸福的奠基石。我们希望在希贤教育的培养下,小平学子们最终都成为有良好品格的少年。

(八)办学目标

以"希贤教育"为学校办学理念,以传承邓小平精神和学习贤人品格为办学特色,以培养"三有四力"贤德少年为培养目标,把学校建设成为精神丰厚的学园,贤才汇聚的乐园;让"希贤教育"成为学校的品牌,拥有一支德行高尚、教学技能精湛的品牌之师,拥有一批批志趣高雅、才情丰富的品牌之生。

(九)办学特色

学校师生以贤人品格为精神食粮,围绕培养拥有"三有四力"的贤德少年设置教育教学活动。在希贤德育方面设置了行为习惯培养、希贤四礼、一杯一节、希贤班建设、希贤评价、希贤社团等六大载体,其中一杯一节分别在上、下学年开展一系列活动;德育活动以希贤之星、希贤之师、希贤班、希贤奖章等为评价手段,保证了活动开展的有效性。在希贤课程方面设置了理想课程、雅趣课程、担当课程、礼规课程、实践课程、创新课程、意志力七大课程体系共32门特色课程。

特色课程的开设与德育活动互相融合、互相发展,为"希贤教育"的品牌打造奠定了坚实的基础;四段式课堂教学模式为"希贤教育"的发展不断注入新的动力,"修德、善教、雅趣"的教师成长建设三大板块为"希贤教育"的发展提供了强大的力量保障,邓小平铜像、希贤广场、希贤长廊、希贤树等环境文化建设为"希贤教育"提供了厚实的环境教育力量。

四、以希贤教育为核心,创新希贤文化德育

(一)学先贤规范养成

我国著名教育家陶行知先生说:"播种行为,就收获习惯;播种习惯,就收获性格;播种性格,就收获命运。"这一育人哲理道出了培养行为习惯的重要性。根据希贤教育核心素养的"三有四力",学校从"学习习惯、生

活习惯、交往习惯、公德习惯"四个方面着手培养学生良好的行为习惯，为了让学生有更深入的认识，学校以"三字经"的形式对不同年段的行为习惯做了明确要求。（详细内容见附件1《小平小学行为习惯培养三字经》）

（二）举行希贤四礼

礼仪是指一个人内在的文化、艺术、道德、思想素养的外在表现形式，是人们在各种社会交往活动中形成的用来美化自身、完善自我、修身养性、敬重他人的约定俗成的行为规范和准则。小平小学的"希贤四礼"分为基本礼和特色礼两大类型。（详细内容见附件2《小平小学"希贤四礼"实施细则》）

1. 基本礼

"开学礼、升旗礼、毕业礼"为"希贤四礼"中的基本礼，旨在通过学校的礼仪教育让学生在强烈的仪式感下，自信地展现自我，并明晰自己每一个阶段所肩负的责任。

2. 特色礼

"拜师礼"为"希贤四礼"中的特色礼。希贤教育既是榜样教育又是人格教育。为了让教师深感自身表率的重要性，同时，让学生在心里形成尊师、礼师的意识，在每年的教师节当天，学校都会举行"拜师礼"。

（三）一杯一节

希贤教育里"一杯一节"（见图1）指的是上学期的"希贤杯"和下学期的"希贤文化节"两大活动。这两大活动的开展旨在将希贤教育中学生的核心素养通过比赛和展演得到进一步的提高，让学生深刻地认识到希贤教育的意义和价值。（详细内容见附件3《希贤教育"一杯一节"活动简介》）

（四）建设"希贤班"

优秀的班级文化，就像一块磁铁石，可以把学生们凝聚在一起。小平小学在希贤教育的特色建设中，以构建"希贤班"作为学校的班级文化。

"希贤班"的每个学生应该是怀揣梦想，身藏技艺，有着强烈的责任心、良好的规则意识、较高的创造力，并能化知识为能力、融技能与品德于一身的人。

在班级环境方面，它应该是民主、温馨、和谐、有品位的场所，是着集温馨、舒适的硬环境（班级布置）和温暖、和谐、民主的软环境（师生关系、班级核心价值、班级文化等）为一体的地方。"希贤班"是学生心理和人格健康成长、老师与同学和谐共处愉快沟通的乐园，是师生共同成长的

图1 一杯一节

家园。

为此,应该改善班级环境建设,加强班级团队建设,创新班级活动模式,确立班级核心价值,并通过月度"希贤班"和年度"希贤班"的评选来进一步建设"希贤班"。(详细内容见附件4《希贤班建设内容》)

(五) 完成希贤评价机制

1. 评选"希贤之星"

"希贤之星"(见图2)主要是围绕学生的核心素养"三有四力"对学生进行多元评价。"希贤之星"分为智慧之星、孝敬之星、运动之星、礼仪之星、阅读之星、守纪之星、才艺之星、环保之星、公益之星、节约之星、自强之星、写作之星12个种类。(详细活动方案见附件5《小平小学"希贤之星"评比活动方案》)

2. 评选"希贤之师"

"希贤之师"的评选主要围绕教风"砺德行,善诱导"进行评选。(详见附件7《希贤之师评选方案》)

3. 颁发希贤奖章

希贤奖章是小平小学的最高荣誉,评定等级分别为金、银、铜、提名奖四个等级。希贤奖章是基于"希贤之师"和"希贤之星"来制定的,它主要是评选表彰学生和教师中的优秀典型,树立学生、教师身边的榜样,让学生、教师思想教育活动有新的载体。

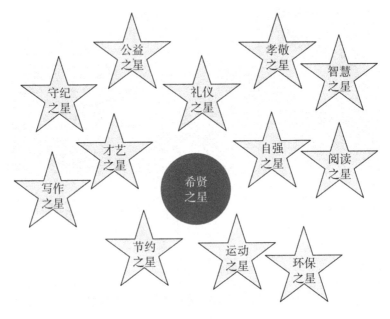

图2 希贤之星

(六) 整合丰盈希贤社团课程

校园文化的形成与校园文化活动密不可分，而校园文化活动最直接的、最经常的组织者是社团。社团活动对校园文化建设具有创造功能。特色校园文化需要建立有特色的社团和社团活动。希贤教育的社团建设围绕"三有四力"核心素养而建，主要分为健体社、趣味社、科技社等社团。

"希贤教育"主要是培养有理想、有雅趣、有担当、有自律力、有实践力、有坚韧力、有创造力等"四力"强壮之人。希贤课程以校训"树情怀、成贤才"为主导方向，把着力点定位在学生的情怀培养和实干能力训练上，分为修德课程与达行课程两大类。它们既是国家课程的兼容版本，又是国家课程的拓展版本，这两大课程之间相互影响、相互促进，形成新型的"希贤课程"结构，最终形成课程结构模块多种化、课程培养目标多元化、课程设置多样化、培养途径多渠道、成才平台多形式的"希贤课程"样式。（详见附件6《希贤课程简介》）

我们将结合番禺区提出的"上品教化""文化德育"的理念，在学校"希贤教育"的核心理念体系指引下，以人文德育、生活德育、幸福德育和风雅德育为我们的主要途径，培养出具有小平特色的人文情怀、责任担当、优雅气质、乐观豁达的贤德少年，谱写希贤教育的新篇章。

附件1

小平小学行为习惯培养三字经

行为习惯		低段	中段	高段
学习习惯	仔细看	有序看，形色数	对比看，异同点	深入看，特别处
	认真听	眼耳专，记重点	能提问，记要点	会追问，记疑点
	大胆说	吐字清，发音亮	条理清，重点明	互动快，表达畅
	专心读	读儿歌，读童话 要准确，有情感	读寓言，读故事 会默读，批感受	读小说，读传记 有疑问，求确义
	开心写	完作业，要独立 姿势正，写端正	精摘抄，乐随笔 写整齐，讲整洁	有感受，善表达 学字体，求美观
生活习惯	重饮食	早餐好，多喝水 不挑食，不偏食	吃果蔬，多品种 垃圾食，绝不吃	明常识，懂搭配 不暴饮，不暴食
	讲卫生	身体洁，衣冠正 不乱吐，不乱扔	勤洗手，常整理 不乱吃，不乱用	勤换洗，仪表端 生理期，坦然对
	勤锻炼	做运动，要坚持 重安全，一小时	做两操，须认真 要掌握，一技能	做锻炼，有计划 爱运动，乐趣多
	有规律	按时起，按时睡 不迟到，不早退	吃有时，食有量 吃完饭，息半时	宽为限，定作息 珍朝夕，惜此时
交往习惯	讲诚信	用要借，借要还 讲真话，不欺瞒	愿守诺，敢担当 有错改，无加警	凡出言，信为先 凡做事，实为本
	懂礼仪	善问好，用敬语 敲门进，不要扰	谦礼让，尊习俗 私短处，不嘲笑	己不欲，勿施人 细体察，不伤人
	善沟通	愿交流，乐分享 多赞美，少指责	愿倾听，善理解 多倾诉，少抱怨	沟通时，讲理性 重方式，不放弃
	愿合作	平等爱，善对待 多尊重，学分工	多请教，愿分担 多求同，少存异	会协作，能共进 多包容，大家乐

续表

行为习惯		低段	中段	高段
公德习惯	守规则	过马路，行横道 出必告，返必晓	排队时，有秩序 礼尊长，让弱小	公共场，规范行 有无人，同样行
	讲文明	声适中，立端正 语礼貌，脸微笑	迎送时，要恭敬 公共场，要轻声	得于人，应回报 负于人，应补偿
	爱环境	放物品，有定处 用完后，还原处	缺坏脏，要补之 房室清，环境净	节水电，护花草 责任区，勤打扫
	有爱心	好东西，愿分享 家务事，愿分担	乐助人，人助乐 公共事，齐努力	天地间，皆须爱 公益事，多参与

附件2

小平小学"希贤四礼"实施细则

礼仪是指一个人内在的文化、艺术、道德、思想素养的外在表现形式，是人们在各种社会交往活动中形成的用来美化自身、完善自我、修身养性、敬重他人的约定俗成的行为规范和准则。小平小学的"希贤四礼"分为基本礼和特色礼两大类型。

（一）基本礼

"开学礼、升旗礼、毕业礼"为"希贤四礼"中的基本礼，旨在通过学校的礼仪教育让学生在强烈的仪式感下，自信地展现自我，并明晰自己每一个阶段所肩负的责任。

活动名称	活动意义	活动内容及流程	实施年级
开学礼	通过创新的开学仪式，让新生感受校园的温暖、认识到入学又是人生一个新的起点，以此激励孩子们自信地融入新集体并意识到自己的角色转变和肩负的责任	（活动地点：希贤广场、希贤树下、希贤像前进行） 1. 校长致辞，阐明学校的教育思想，为学生提供了哪些学习平台和环境，提出对学生的期望等； 2. 迎新表演，通过简短的学校特色项目表演，欢迎新生； 3. 友谊班结对，高低年级分别结成友谊班级，同伴而行； 4. 跨过"爱之门"，六年级学生手持玫瑰，从家长手中迎接一年级的学弟学妹，带他们走过用鲜花装扮而成的"爱之门"，并寄予祝福词、赠送书籍等礼物，欢迎师弟妹加入大家庭； 5. 颁发"开学护照"，新生在一周的时间内收集至少10位老师和20位同学的签名，以及家长的新学期祝福，并写下自己新学期的目标和规划	一年级

续表

活动名称	活动意义	活动内容及流程	实施年级
升旗礼	进行有针对性的主题教育	1. 公布每周"希贤之星"、每月"希贤班"的评选结果； 2. 每周流动红旗的颁奖、每月希贤班红旗颁奖； 3. 希贤演讲坛（根据学校确定的主题，师生进行演讲）	全校
毕业礼	让即将离校的孩子们"情系校园"，激发孩子们的感恩之情，助力他们的修远之路，使其展翅高飞，给他们一份积极的情感和未来发展持续不断的动力	1. 回顾校园时光视频短片； 2. 成长足迹，唤起学生对成长的美好回忆，指导学生借助各种载体回顾自己成长的足迹，表达自己成长的心情； 3. 师生代表发言； 4. 同窗联谊，在非毕业班随机抽取20名幸运学生，与优秀的毕业生代表一对一结成友好关系，以此激励师弟师妹在未来的日子努力向上； 5. 互赠礼物，由学校领导和班主任亲手给学生颁发毕业证书，并赠送毕业纪念手册，纪念手册内有班主任和科任老师亲笔书写的个性化赠言，同时学生给教师赠送鲜花和其他自发准备的小礼物； 6. 放飞梦想，将自己的梦想折纸飞向天空	六年级

（二）特色礼

"拜师礼"为"希贤四礼"中的特色礼。希贤教育既是榜样教育又是人格教育，为了让教师深感自身表率的重要性，也让学生在心里形成尊师、礼师的意识，在每年的教师节当天，举行"拜师礼"。

活动名称	活动意义	活动内容及流程	实施年级
拜师礼	培养学生"尊师重道，明礼求学"的中华传统美德	1. 科任教师走到孔子像前，带领学生对孔子行四拜礼； 2. 教师们成排状端坐于孔子像前，每个班级的学生拟一份拜师贴，全体学生向自己的科任老师行拜礼； 3. 教师站起伸出右手请学生起来，学生代表递茶给教师以示敬意； 4. 班主任发表言辞，提出对学生的期望、自己的教学理念和目标方向，让学生安心学习； 5. 礼毕	全体

附件3

希贤教育"一杯一节"活动简介

希贤教育里"一杯一节"指的是上学期的"希贤杯"和下学期的"希贤文化节"两大活动。两大活动的开展旨在将希贤教育中学生的核心素养在比赛和展演中得到进一步的提高,让学生深刻地认识到希贤教育的意义和价值。

(一)"希贤杯"系列活动

"希贤杯"系列活动		
活动名称	活动内容	备注
"希贤杯"名人故事大赛	1. 赛前工作,以班级为单位进行班级名人故事大赛并选出冠军参加校级比赛。 2. 赛中工作:①开幕仪式:师生沿着希贤大道从理想门进入希贤广场,经过雅趣站、担当站、自律站、实践站、坚韧站、创造站到达希贤树下,齐声喊出校训"树情怀、成贤才",全校齐唱《春天的故事》;②结合希贤杯的开幕式进行,小记者社员进行报道编写。 3. 赛后工作,评出"希贤杯"故事大王一、二、三等奖,并通过微信公众号发布,小记者社团报道作品展示	于10月13日少先队建队日进行,并举行"希贤杯"的开幕式
"希贤杯"百科知识竞赛	1. 学科知识竞赛(语文、数学、英语); 2. 社会知识竞赛(内容涵盖政治、经济、社会、文化、生态、军事、外交、历史、科技、教育、法律、常识等)	根据学校的具体情况进行,社会知识题不宜太多,可根据年级设定题目数量。一年级因识字问题只进行学科知识竞赛

续表

"希贤杯"系列活动		
活动名称	活动内容	备注
"希贤杯"演讲大赛	一年级根据"有兴趣"演讲"我喜欢××"; 二年级根据"有担当"演讲"我是这样负责任的"; 三年级根据"创造力"演讲"创造我最行"; 四年级根据"自律力"演讲"我独立、我自主"; 五年级根据"坚韧力"演讲"我努力、我奋斗"; 六年级根据"有理想和实践力"演讲"我成长、我快乐"	除以年级分选主题外,还可以"有理想、有兴趣、有担当、实践力、坚韧力、自律力、创造力"为演讲方向,可演讲自己对这七个词语的理解和看法,也可以讲讲自己身上与这七点有关的故事。(演讲赛可结合升旗仪式进行,选手在每周的升旗仪式上演讲)
"希贤杯"健体大赛	学生常规运动会; 教师趣味运动会; "希贤杯"闭幕式暨颁奖典礼	教师趣味运动会当天举行"希贤杯"的闭幕式,并进行颁奖典礼。闭幕式上唱以《春天的故事》为旋律的校歌(时间根据学校工作自行安排)

(二)"希贤文化节"系列活动

"希贤文化节"系列活动		
活动名称	活动内容	备注
希贤文化节之歌手大赛	1. 赛前工作。以班级为单位进行班级歌手大赛并选出冠军参加校级比赛。 2. 赛中工作。 (1) 开幕仪式：师生沿着希贤大道从理想门进入希贤广场，经过雅趣站、担当站、自律站、实践站、坚韧站、创造站到达希贤树下，齐声喊出校训"树情怀、成贤才"，全校齐朗诵《邓小平爷爷植树》； (2) 结合希贤文化节的开幕式进行，小记者社员进行报道编写，并给《番禺日报》发稿。 3. 赛后工作。评出歌手大赛一、二、三等奖，并通过微信公众号发布，小记者社团报道作品展示	于3月12日植树节进行，并举行希贤文化节的开幕式
希贤文化节之辩论赛	参考论题： 1. 小学生上网的利与弊。 2. 学习成绩重要还是学习过程重要。 3. 老师课堂上出错要不要当面指正。 4. 小学生应不应该买名牌衣服	根据在学校、社会、家庭中学生容易出现困惑的问题进行辩论主题的选定。本赛由中、高年段参与
希贤文化节之创新大赛	参考主题： 1. 创新绘画。 2. 创新作文。 3. 创新科技	可单独选一个主题进行，也可让学生在三个主题中选一个参赛
希贤嘉年华	1. 社团展示。 2. 亲子活动。 3. 颁发"希贤之星"、"希贤之师"、希贤奖章、年度希贤班奖章、各种类希贤家庭奖章。 4. 文化节闭幕式	社团展示可以社团出节目，也可以社团出作品在展板上布置会场。嘉年华流程按学校实际工作安排

附件4

希贤班建设内容

优秀的班级文化,就像一块磁铁石,可以把学生们凝聚在一起。小平小学在希贤教育的特色建设中,构建希贤班作为学校的班级文化。

希贤班的每个学生应该是怀揣梦想,身藏技艺,有着强烈的责任心,良好的规则意识,较高的创造力,并能化知识为能力,融技能与品德于一身的人。

在班级环境方面,它应该是民主、温馨、和谐、有品位的场所,是集温馨、舒适的硬环境(班级布置)和温暖、和谐、民主的软环境(师生关系、班级核心价值、班级文化等)为一体的地方。希贤班是学生心理和人格健康成长,学生与老师同学和谐共处愉快沟通的乐园,是师生共同成长的家园。

为此应该改善班级环境建设,加强班级团队建设,创新班级活动模式,确立班级核心价值。通过月度希贤班和年度希贤班的评选来建设希贤班。

(一)希贤班的理解

希贤班应该由什么样的学生组成呢?希贤班的每个学生应该是怀揣梦想、身藏技艺、有着强烈的责任心、良好的规则意识、较高的创造力,并能化知识为能力,融技能与品德于一身的人。

希贤班应该有着什么样的环境呢?它应该是民主、温馨、和谐、具有高品位的场所,是集温馨、舒适的硬环境(班级布置),温暖、和谐、民主的软环境(师生关系、班级核心价值、班级文化等)为一体的地方。它是学生心理和人格健康成长,学生与老师同学和谐共处愉快沟通的乐园,是师生共同成长的"伊甸园"。

(二)希贤班创建的重点内容

1. 改善班级环境建设

从教室的净化、绿化、美化三方面对班级环境进行建设。

2. 加强班级团队建设

采用各种形式营造班级民主化管理机制和氛围,增强班集体的凝聚力、向心力和归属感,促进学生全面健康成长。

3. 创新班级活动模式

开展丰富多彩的班级文化活动,不断拓展教育活动空间,不断提升班级文化教育活动品质,广泛开展体育、艺术、科技等活动,让学生在活动中接受教育、在活动中培养品德、在活动中塑造班级文化。

4. 确立班级核心价值

班级核心价值是希贤班建设的核心内容,包括班级精神、班级凝聚力、团队意识、班级文化活动等内容,把开展有意义的班级活动作为班级精神文化建设的有效途径。

(三)希贤班的评比

1. 月度希贤班

月度希贤班的评比结果根据学校的常规检查工作来进行,1个月内连续4个星期获得流动红旗的班级为月度希贤班。

2. 年度希贤班

年度希贤班的评比首先由班级自主申报展示然后投票选出。

（1）自主申报展示。学校发出希贤班申请倡议书，班主任就本学年班级获得流动红旗及月度希贤班的次数进行总结，并细说班级学生的典型故事（故事围绕"三有四力"核心素养展开），最后将本班的创建过程制作成展示画或者 PPT 向全校师生和家长进行展示。

（2）投票选出。通过展板或微信推送让全体师生及家长对班级进行投票。

附件 5

小平小学"希贤之星"评比活动方案

"希贤之星"主要是围绕学生的核心素养"三有四力"对学生进行多元评价。"希贤之星"分为智慧之星、孝敬之星、运动之星、礼仪之星、阅读之星、守纪之星、才艺之星、环保之星、公益之星、节约之星、自强之星、写作之星 12 个种类。

一、指导思想

关注每一个学生的成长，引导全体学生寻找自身潜力，挖掘自身潜力；引导广大教师发掘学生的闪光点，关注学生的点滴进步。通过榜样带动的作用，使同学们有进一步努力、前进的目标，让更多的同学发现自己的闪光点、找到成长中的自信。通过评优对学生进行多方面的正面引导，树立学生的自信心，最终达到多出人才，出尖子人才目的。为学校的德育工作再上一个新台阶做出积极贡献

二、评选对象

小平小学全体在校学生。

三、评选项目

智慧之星、孝敬之星、运动之星、礼仪之星、阅读之星、守纪之星、才艺之星、环保之星、公益之星、节约之星、自强之星、写作之星。

四、评选标准

（1）智慧之星。上课认真听讲，积极举手发言，思维敏捷，及时完成作业、交作业、订正作业，作业认真质量佳，有良好的学习习惯，各科学习成绩优秀，深受老师好评，学科竞赛成绩优异。

（2）孝敬之星。孝敬长辈，对长辈有礼貌，能体谅父母，能经常帮助父母分担一些力所能及的家务。

（3）运动之星。积极参加体育锻炼，身体健康，各项体育成绩达标。具有体育特长，积极参加学校组织的体育竞赛活动并取得好的成绩。

（4）礼仪之星。服饰仪表整洁大方，待人接物彬彬有礼，公共场所举止文明，见到老师能主动问好。谦虚礼让；尊敬师长，礼貌用语；团结同学，诚实守信。

（5）阅读之星。喜欢看书，并广泛阅读各类有益书籍，知识面广。积极参加各项读书活动，成绩突出。

（6）才艺之星。爱好广泛，有特殊专长（包括音乐、美术、舞蹈、器乐等方面），

积极参加各项课外活动（大课间、兴趣小组、班队活动），成绩突出。

（7）守纪之星。遵纪守法，遵守学校规章制度，模范遵守《中小学生守则》《中小学生日常行为规范》。在班级内纪律好，受到老师同学的一致认同。

（8）环保之星。服装整洁，手脸干净，不随地吐痰，有良好的个人卫生习惯。积极参加并出色完成班级值日工作，公共场所不乱扔垃圾，见到垃圾能主动捡拾，见到不讲卫生的人和事能主动上前劝阻。

（9）公益之星。关心集体，爱护公物，富有爱心，乐于助人，关心、支持并积极参加社会公益活动。

（10）节约之星。爱护学习用品，生活用品。能节水、节电，做到不乱花零用钱、不乱买零食生活简朴，做到同学之间不攀比穿戴，不讲排场等。有典型的事迹，并得到大家一致好评。

（11）自强之星。能积极面对家庭的贫困、身体的残疾和生活的挫折，勇于面对、挑战自我，自立自强，积极主动的帮助家务劳动。在逆境中成绩突出，多次获得过奖励。

（12）写作之星。①热爱文学创作与读书，有浓厚的写日记兴趣。②能积极参加学校组织的各类征文活动。③每次作文总是能写得生动有趣。

五、评选办法

（1）个人申请。对照标准，依据个人情况向班主任提出书面申请（申请表上申请项目根据个人实际情况可同时申请多个项目）。

（2）班级推荐：根据学生申请，班主任利用班队课进行公平考核，候选人宣读自己的事迹和参选宣言，通过同学投票，班主任考核，然后确定班级的"希贤之星"候选人，并择优上报学校。十二星均可上报，每星只上报1人，被推荐的候选人要对照评选内容，填写申报表，并对候选人的照片和事迹进行校内和网络公示。

（3）学校评定：学校对各班推荐的候选人名单和其先进事迹材料集体评议，评选出校园"希贤之星"。

六、奖励方法

（1）希贤文化节闭幕式上进行表彰大会，并颁发荣誉证书及奖品。

（2）所有获奖人员的先进事迹将在校园网上公示。

（3）所有获奖人员的先进事迹将在校园橱窗展示。

七、活动安排

（1）宣传启动。下发《小平小学"希贤之星"评比活动方案》活动的通知，正式启动"希贤之星"活动，利用升旗仪式对活动进行宣传，营造广泛参与的氛围。

（2）组织活动。按标准要求，制定方案，班内组织开展形式多样的争创活动，吸引学生广泛参与，使争当"希贤之星"成为广大学生的自觉行动。

（3）推荐评选。完成班级"希贤之星"的评选，每星确定1人，推荐为"希贤之星"候选人，在班内（博客或墙报形式）公示后，填写"希贤之星"推荐表报学校。

（4）审核确定。学校组成评选委员会，按照事迹材料及评选标准，选出"校园希贤之星"。

（5）表彰奖励（6月初）。举办"希贤嘉年华"，对"希贤之星"进行表彰奖励。

附：小平小学"希贤之星"申报表

姓名		班级		性别		贴照片
"希贤之星"类别						
证明材料名称						
突出成绩						
班主任意见				签名： 年 月 日		
大队部意见				签名： 年 月 日		
评审领导小组意见				签名： 年 月 日		

附件6

希贤课程简介

一、修德课程

修德课程			
课程版块	课程名称	课程主题	课程简介
理想课程	快乐阅读课	兴趣阅读 经典阅读 名人故事阅读	阅读小平故事，阅读有关名人传，阅读有关经典文章与书籍
	名人故事大赛	详见德育建设"希贤杯"名人故事大赛	
	演讲大赛	详见德育建设"希贤杯"演讲大赛	
雅趣课程	书法课	软、硬笔书法	正礼书法社，以提高大家的书写能力、欣赏能力、道德素质和艺术修养为宗旨，力争在艺术和实用之间找到完美的结合点。通过开展软、硬笔书法兴趣小组常规书法训练及举办软硬笔书法比赛、优秀作品展览等活动来提高学生学习兴趣
	趣味手工纸艺课	橡皮泥制作	橡皮泥制作小社团是一个以制作橡皮泥手工艺品为特色的社团，社团以"培养兴趣，合作分享"作为口号。教学内容主要包括橡皮泥制作方法讲座、橡皮泥制作、橡皮泥作品赏析等。社团的特色之一就是培养兴趣、巧手妙思、加工制作各类精美的橡皮泥手工艺术品
	舞蹈课	形体训练	拉丁舞社团，学习拉丁舞专业知识
	"珠光宝器"课	识别珠宝做手工	"珠光宝器"社团。初期是让孩子了解珠宝首饰的相关知识（种类、款式、设计、材料等），在这基础上，我们培养孩子的动手实践创新能力，用各种大小不一，颜色各异的小珠穿成饰品，如玫瑰、苹果、金鱼、杯垫……社团实行自主研究，大手拉小手分组学习的课堂模式，高年级的孩子先自行根据图解学会了穿，后由各组组长手把手地教其他组员。本课程培养了孩子自主探究、团结合作、克服困难的精神
	歌手大赛	详见德育建设希贤文化节之歌手大赛	

续表

修德课程			
课程版块	课程名称	课程主题	课程简介
担当课程	校园担当课程	班务认领	创造性地设置班级管理岗位，让学生通过"竞岗"的形式主动承担班级内部事务，达到"事事有人负责，人人有负责的事"
	家庭担当课程	"小主人"活动	家校合作，让学生在家庭体验担当"主人"角色，体会父母持家之不易，逐渐培养学生的家庭"角色担当"，积极承担家务，为父母分担
	社会担当课程	"两个一"活动	每日一读：读国内国际重大新闻，关注家事国事天下事。每周一事：每周做一件好事

二、达行课程

达行课程			
课程板块	课程名称	课程主题	课程简介
礼规课程	养成教育课程		详见德育建行为习惯培养
	四礼课程		详见德育建设希贤四礼
实践课程	数拓生活课程	数学游戏活动 数学实践活动	"数拓生活"数学实践活动社团，创建于2016年9月，社团本着激发学生数学学习兴趣，培养学生乐于思考，乐于钻研的习惯，提升学生数学学习素养，秉承"玩好数学、用好数学"的社团理念，通过开展多姿多彩的数学游戏活动和数学实践活动，丰富学生的课余生活，增强团队合作意识，全面实施素质教育
	小记者课程	采访写作	针对班级、学校举行的活动进行采访和写作，优秀文章投递到《番禺日报》

续表

课程板块	课程名称	课程主题	课程简介
实践课程	英语绘本课	唱游、表演	绘本英语社团，它是一个与儿童绘画紧密相连的英语社团。优质的英文绘本不仅给孩子提供了学习英语的真实语境、丰富词汇及句式，而且能让孩子在看绘本、听绘本、读绘本、演绘本、描绘本的过程中发展语言综合能力，关注自身情感体验，提升多种思维能力。成员除了对英语感兴趣之外，还要具有一定的绘画功力和天赋。本社团的目的在于培养学习的英语阅读兴趣和培养学生英语思维，增强英语语感，更重要的是提高学生的口语交际能力和小组合作能力和表现力。在每次社团活动时，挑选学生感兴趣的英语故事、童话等，让学生理解文章内容同时，绘制出精美的图画，另外，通过英语绘本社团活动，同学们能够描绘出属于自己的故事
	辩论课程		1. 详见德育建设希贤文化节之辩论赛。 2. 培养学生良好的表达能力，克服害羞、紧张等情绪、提高朗诵水平和掌握辩论和小主持技能。开发小学生在众人面前敢于说话和主动与人交流等多方面的综合素质。最终让学生能充满自信与活力，敢于表现自己，能说会讲，做到大方开朗、语言流畅。为小学生提供开阔视野、展示自我、增强自信的学习实践天地
	百科知识课	详见德育建设"希贤杯"百科知识竞赛	
	亲子嘉年华	详见德育建设希贤嘉年华	
	邓小平故事汇编	故事汇编	希贤探究社社员对邓小平生平故事进行搜集和整理
	班级榜样故事汇编	故事汇编	每学期对班级的"希贤之星"进行汇编
	馆企实践课程	参观学习	参观各类博物馆，走访社区街道优秀企业

达行课程

续表

达行课程			
课程板块	课程名称	课程主题	课程简介
创新课程	创意美术课	审美、创新	创意美术社团紧贴本校教育教学工作，注重提高艺术素养，以培养学生创新精神和综合实践能力为重点，在充分发挥学生的兴趣特长、锤炼动手能力、提高协作意识的同时，充实了学校文化建设的后援力量。小平小学所处的小平村历史文化悠久，传统醒狮、金龙文化流传至今，本社团既要传承传统也要有小平精神的开拓创新，因此把具有传统特色的沥粉画作为社团的支柱项目，社团在传统沥粉画上进行改良，画面内容、画法融入了更多现代元素，使传统项目与现代技法进行有效融合，形成具有本社团特色的新内容
	海陆空科技课	动手、创造	社团以增长科技知识，培养动手和实践能力，锻炼想象和创造能力为目标。以动手制作为主要途径，发展学生的想象力、动手实践能力，锻炼学生的动手动脑能力，启迪学生的创造意识，培养学生的空间想象力，丰富学生的课余生活内容，提高学生的科学素养和审美观，争创人人都是创造家
	观鸟（植物）课	观察、提升兴趣	组织学生以校园为大本营，利用周四下午时间调查研究不同鸟类的生活习性及行为特征，制定相关的保护鸟类的措施。本社团一方面培养学生的自然观察能力及对大自然的好奇和兴趣，另一方面训练他们独立思考并解决问题

续表

达行课程			
课程板块	课程名称	课程主题	课程简介
创新课程	科技无线电课	发现、观察、隐藏	无线电测向运动是竞技体育项目之一，也是无线电活动的主要内容。它类似于众所周知的捉迷藏游戏，但它是寻找能发射无线电波的小型信号源（即发射机），是无线电捉迷藏，是现代无线电通信技术与传统捉迷藏游戏的结合。大致过程是：在旷野、山丘的丛林或近郊、公园等优美的自然环境中，事先隐藏好数部信号源，定时发出规定的电报信号；参加者手持无线电测向机，测出隐蔽电台的所在方向，采用徒步方式，奔跑一定距离，迅速、准确地逐个寻找出这些信号源
	创新大赛		详见希贤文化节之创新大赛
	计算机兴趣课	提升技能及兴趣	不同年段的学生一起探索计算机奥秘
意志力课程	篮球课	健体、强心	培植和开掘学校特色资源，使篮球从"强体"走向"强心"。具体来说，培养学生的篮球精神，丰富学校的篮球文化，把篮球文化推向社会，赋予篮球新的时代气息，使之成为学校的特色资源，使学校篮球特色真正成为一道独特风景。全面提高学生的身体机能，发展学生各方面素质。做到人人学会打篮球，成为学生终身的运动技能
	花样跳绳课	跳出悦动人生	在全面提升学生艺术素养和提升学生体质健康的背景下，小平小学自2014年引进花样跳绳运动。花样跳绳集健身、娱乐、表演于一体，极具观赏性。同时，开展花样跳绳运动不需要多么昂贵的器材、不受场地、空间、时间的限制，表演形式各异，深受师生喜欢。"简单的一根绳子，跳出悦动的人生"。小小的跳绳，加上动听的旋律，新颖的动作，华丽的编排，就能让它生机盎然，富有活力

续表

达行课程			
课程板块	课程名称	课程主题	课程简介
意志力课程	足球课		学校为了提高校园足球的普及水平，学校立足学校实际，积极努力发掘足球人才，成立小学足球社团。目前，学校已组建了30多人的足球小社团，本社团奉行奉献、平等、互助、进步、自愿的原则，通过组织和指导社团成员活动，增加了学生校园内体育文化知识，提高了学生的身体素质，丰富了学生的课余生活，并享受运动的乐趣
	运动会	详见"希贤杯"健体大赛	

附件7

"希贤之师"评选方案

学校为创新教师评价机制，特推出"希贤之师"评选活动。每年举行一次。评比活动按学习型、研究型、智慧型、专家型四个等级进行推选，再综合选出的四组"希贤之师"候选人的师德、师能等具体情况，由全体师生选出每组最后的优胜者，获得"希贤之师"荣誉称号。学校每年举行一次颁奖大会，并由获奖教师分享自己的教育教学经验。

希贤教师的成长通过"修德""善教""雅趣"三大板块和"希贤之师"的评选来进行。

一、三大板块

希贤教师成长建设分为"修德、善教、雅趣"三大板块，主要培养具有德行高、善教学、情趣雅的教师。

成长模块	成长目标		成长内容
修德	德行高	养德活动	师德专题活动
			社区志愿服务
善教	善教学	善教两大行动	"与书为友"阅读行动
			"精教细研"科研行动
雅趣	情趣雅	养心健体活动	成立教师俱乐部
			组织娱乐活动

（一）修德板块

	主题		内　　容
养德活动	师德专题活动	师德论坛	1. 请专家做关于师德的专题报告，并与教师互动，为教师解疑； 2. 每学年确定一个大主题，每位教师轮流定期开展师德讲堂活动
		师德经验交流	结合案例分析，开展各种主题的师德经验交流会
	社区志愿服务		教师以身作则带领学生走进社区进行志愿服务

（二）善教板块

	主题		内　　容
善教两大行动	"与书为友"阅读行动	阅读内容	1. 读教育名著，理解教育。 2. 读童书，读懂儿童。 3. 读报、读新媒体文章，了解教育最新资讯
		阅读机制	1. 开展读书分享，以轮值方式利用QQ、微信分享读书、读报心得。 2. 读书沙龙，每学期针对教师队伍需要，共读一本教育教学名著。 3. 读写结合，鼓励教师将读书心得形成教育教学文章进行发表
		阅读保障	学校制定"教师阅读计划"，加大图书装备经费的投入，健全教师阅读学习的考评制度
	"精教细研"科研行动	常规备课活动	跨校学科集体备课
			校内学科小组备课
		以课磨教活动	观摩"示范课" 教师通过录像观摩或者现场观摩，走进名家课堂吸收养料，改善自身的课堂教学行为

续表

善教两大行动	"精教细研"科研行动	以课磨教活动	细磨"研讨课"	树立教学即研究的理念，开展教学"研讨课"活动，引导教师真正达到"为自己的教学进行研究，对自己的教学进行研究，在自己的教学中进行研究"的目的
			琢磨"公开课"	通过一课三评，执教者反复琢磨，备课组共同研讨，示范和引领教师研究课堂，提高教学质量，提升教师素养

（三）雅趣板块

	主题	内容
养心健体活动	成立教师俱乐部	教师们按照自己的兴趣与特长组建各种俱乐部，如毽球俱乐部、文学俱乐部、自行车俱乐部、羽毛球俱乐部、观影俱乐部等，这些俱乐部的活动由教师自发组织并安排，自行与学校工会协商各俱乐部的活动时间和活动场所
	组织娱乐活动	学校工会每月组织1项文娱活动，如娱乐类（如唱歌、观影、参加音乐会等）、体育类（如郊游、体育比赛等）、休闲类（如参观动植物园、参观博物馆等）等

附：希贤之师评选细则

教师类型	特点	具体要求	备注
学习型"希贤之师"	1. 热爱教师工作，为人师表，以身作则，具有良好的沟通协调能力和乐于合作的精神。 2. 具有合理的知识结构，同时具有广泛的相关教学知识与经验。 3. 能够认真备课、上课，具有较高的教学水平。 4. 善于捕捉教改信息，能够在教育实践中自发运用教育规律	1. 每学期至少读1本教育专著，并做好读书笔记。 2. 能够研究1个专题，并有研究成果。 3. 能够优化教学设计，每学期上1堂校级以上研讨课。 4. 能够对自己的教学进行反思，每周至少写2篇教学反思	1. 符合评比特点的教师均可根据自身实际情况参与相应类型的"希贤之师"评比活动

续表

教师类型	特点	具体要求	备注
学习型"希贤之师"	5. 善于学习，并不断地反思自己的教育教学工作，发现和确认问题，以问题引导自己在工作中进行行动研究，从而不断提高自己。 6. 经常听评课，不断汲取他人优秀的教学方法及教学手段，提高自身的教学水平。 7. 具有一定的研究能力，善于研究教学中的问题。 8. 具有一定学科命题的能力	5. 善于捕捉教学中的灵感，记录教学故事，每学期至少写1份有价值的教学案例。 6. 每周至少听课两次，每学期至少写1份有价值的评课记录。 7. 能够熟练运用现代教育手段，每学期至少设计1个优秀课件。 8. 能够在校内进行专题理论研讨	2. 参与评比的教师需在规定时间内提交符合具体要求的"教学文件包"
研究型"希贤之师"	1. 具有广泛的教学经验，能够精心进行教学设计，针对学情、教材、课程标准，研究高效的课堂。 2. 加强学习，具有更丰富的理论基础，以新课程理念指导自己的教育实践。 3. 善于进行研究与实践，将自己教育教学工作中所遇到的问题提升为研究的课题，制定研究计划进行研究。 4. 善于总结自己的教育教学经验，并开始形成自己对教育的独特理解。 5. 具有独立进行学科命题的能力	1. 能够在区级上研讨课、示范课、优质课。 2. 经常撰写论文，获区级以上优秀论文或在区级以上刊物发表。 3. 参与1项区级以上专题研究并有1项专题研究成果，或获得区级科研论文。 4. 能够经常对自己的教育教学工作进行反思，经常撰写教育案例、教学反思、教育随笔等。 5. 能够在区内进行专题理论研讨	

续表

教师类型	特点	具体要求	备注
智慧型"希贤之师"	1. 能够自觉运用教育规律，不断汲取新的课程理念，能够活用教材。 2. 有自己的关于教育的系统思考，且能在教育教学实践中对自己的教育信念进行检验。 3. 能承担一定的研究课题。 4. 积极挖掘课程资源，能够开设更高水平的课程（如校本课程、综合实践课）。 5. 能够为其他教师起到示范、指导作用	1. 能够在市级上研讨课、示范课、优质课。 2. 在教学领域内不断创新，获市级以上优秀论文或在市级以上刊物发表。 3. 能做市级以上专题理论的研讨。 4. 能够参与1项市级以上专题研究，并有1项专题研究成果，撰写市级以上科研论文	
专家型"希贤之师"	1. 已建构起合理的专业知识结构，有较强的教育艺术水平与教育智慧，对于教育过程中的突发情况能有所预料，并能自如处理。 2. 能够创造性地使用教材，创造性地设计一种开放的、有助于师生合作及学生独立探究的学习情境，在积极、主动、创造的学习活动氛围和背景中，帮助学生去发现、组织和管理知识。 3. 对教育能够进行理性思考，具有自己独特的教育感悟、经验及学习心得。 4. 能够为其他教师起到引领作用	1. 能够在省级上研讨课、示范课、优质课。 2. 获省级以上优秀论文或在省级以上刊物发表。 3. 能够参与1项省级以上专题研究，并有1项专题研究成果，撰写省级以上科研论文。 4. 形成自己的教育思想，出版自己的教育专著、教育随笔或教学感悟。 5. 在省或国内具有一定的知名度	

崇德育人　启智成材

——"和静"思想下德育模式的探讨

广州市南沙区大塘小学　张淑芬

摘要：德育工作自新课改以来愈发受到广大社会人士和教育界的重视。然而，在推崇素质教育的今天，德育教育却被摆在了一个既重视又尴尬的高点，每位教育工作者和家长都知道德育教育的重要性，却依旧在文化课教育上投入大量的时间和精力，究其原因，与当下的应试教育有着密切的关系。而德育工作的开展与学校、家庭和社会三者密不可分，本文就小学校长如何更好地营造校园德育之风提出几点创想。

关键词：和静教育；德育之风；小学德育管理；德育教学

2000年新课改以来，国家陆续发布了教育政策法规，规范了学校的教育目的、教育模块、教学目标，以及创设了新的教学形式，例如，教师开始成为教材的编撰者和再生者，在教学课堂上，教师与学生的角色发生了反转。这样的大环境非常有助于学校开展德育教育工作，也正是在这样的背景下，教育工作者更加重视学生的德育素养，并开展了相应的研究和教学。但由于应试教育的根深蒂固，一些学校依旧在德育工作的开展过程中面临着不小的阻碍，也正因如此，激发了广大教育管理者参与思考，企求更好地在校园内树立良好的德育之风。在此，本文以广州市南沙区大塘小学为例，探讨关于营造德育之风、促进美好校园创建的思考与策略。

一、"和静"思想下"崇德育人，启智成材"理念的提出

如今的小学校园，课余时间有许多活动供学生参与，以帮助学生更好地适应社会的发展。这正是德育工作得以更好开展的一个先决的良好氛围。但是在在长期的德育工作开展的过程中，我们依旧会发现，部分教师的德育意识依旧停留在新课改初期的水平上，依旧追逐着应试教育的步伐，为学生营

造出了专攻文化课教学的氛围。

应试教育虽说被较多教育工作者和家长有所看轻,但是通过我们长期的与家长进行的交流和访谈,发现这种"看轻"仅仅停留在表面上,很多家长依旧相当重视学生的考试以及升学问题。因此,德育的推进工作仍然受到不小的阻力。小学校长应该重视教师队伍德育意识建设,不断探索提高德育工作者自身素质的有效途径。

近年,大塘小学围绕全面实施素质教育,深化教育教学改革,认真落实《小学德育纲要》,以德育为突破口,全面提高教育教学质量,使学校的各项工作步入了先进的行列。我们组织教师学习《中小学德育工作规程》《教师十不行为规范》《小学生守则》《中小学生日常行为规范》,透过学习进一步明确德育工作目标和自己的职责,达到调动全体教师积极主动施行德育工作的目的,从而更好地落实《中共中央国务院关于进一步加强和改进未成年人思想道德建设的若干意见》及省、市有关文件精神,采取有效措施,进一步做好学生的思想道德建设工作,从中提出了"和静"教育的核心理念:崇德育人,启智成材。

二、"和静"思想下"崇德育人,启智成材"理念的理论渊源

以广州市南沙区大塘小学为例,该校是一所历史悠久的学校,创建于1951年。学校从建立到发展,走过一条曲折而漫长的道路,承载着黄阁大塘地域历史文化的千年古韵。

(一)学校文化立根于黄阁大塘村的地域文化

黄阁位于珠江三角洲的中心位置,大塘村位于黄阁镇的中心地带,是黄阁镇内四大村之一,村域坐落于求雨山、大仁山和鸭仔山周边地带,其地理、历史、人文风俗等都有丰富的内涵,值得充分珍惜和利用。因此,大塘小学的办学思想与学校文化提炼建设一直与黄阁大塘有着深远的渊源。

古时候,黄阁的中心地带有一个碧波荡漾、十里风清的池塘,属大塘李氏祖先所有,大塘村也因此而得名。相传,李家大塘凝聚天地之灵气,纳无数涓涓细流而能成其大,不时有彩凤栖息翱翔。最早的大塘小学也是向塘而建,历代学子在池塘边上潜心求学,孜孜不倦。那清澈明净的池塘映衬着水光山色,荡涤心灵,催人宁静而致远;那池塘的源头活水永不枯竭、永不陈腐、永不污浊,给人以力量和智慧。

昔日池塘轻烟柳絮，凤影飘逸翩跹，村乡祥瑞和谐；即使年代久远，那口清澈的大池塘早已载入历史，却永远留存在大塘村民的脑海之中——池塘诗意的环境，构成了一幅天人合一的乡土画卷。在这里，以大池塘为中心，村民们栖居生活，和睦共处，人人身心平和，与自然和谐统一，宁静致远。

（二）科学准确地定位"和静"教育主题

在典雅高洁的环境中，很自然就实现淳朴的民风代代相承，人人安居乐业，平心静气，一团和气。大塘小学接过传承区域文化的重任，从深厚的大塘村历史中寻找育人因子，确立了"和静教育"的特色定位，以此引领学校高位发展。

和静教育主要分为两部分：一是"和"，二是"静"。

儒家学派创始人孔子以"和"作为人文精神的核心。子曰："礼之用，和为贵。"（《论语·学而》）孔子认为，治国处事、礼仪制度应以"和"为价值标准。

道家学派创始人老子也提出"万物负阴而抱阳，冲气以为和"的思想，认为道蕴涵着阴阳两个相反方面，万物都包含着阴阳，阴阳相互作用而构成和。和是宇宙万物的本质以及天地万物生存的基础。

学校教育的各个方面和各种关系是一个相互联系、相互作用和相互依存的有机整体。在"和"文化的指引下，学校应该以学校发展需求与师生的自身发展需求相和谐为宗旨，创设开放的教育场所，协调并整体优化各种教育因素，打造一个和谐的人文环境。

"静"有三层含义：一是环境之"静"，二是心智之"静"，三是审美之"静"。以"静"为价值导向，大塘小学每一位师生都明确自己的职责。学校能够安静办学，不折腾，不作秀，杜绝"忙、乱、累"的状态，扎扎实实地为师生的成长服务。教师能够静心教书，潜心育人，热爱教育事业，不被名利所困扰，树立责任感，用书香涵养学生的静气。学生能够安心学习，把好好学习、提升自我作为第一任务，不随波逐流，不妄自菲薄，树立正确的"三观"，找到适合自己的道路，活出自己的价值。

三、"和静"思想下的德育模式探讨

教育管理应该为了达到德育教育水平目标，不怕麻烦，开展多元化德育教育工作。德育是思想上的教育，而不是技术上、肢体上的，因此，要重视学生的内在感受和情绪变化。然而，单一的教室环境不足以让学生拥有多元和丰富的情绪体验，所以不应该将德育教育仅仅局限在老师讲、老师教，也不仅仅发生在课堂上、校园里，而要到与德育更为紧密的社会环境当中去。

(一) 加强德育组织管理

在学校教学管理上，要加强对学校德育工作实行监督和问责机制，不能让德育教育工作只停留在表面上，而应该深入每一个学生的思维当中，化有形为无形，在高效的校园德育之风的氛围下，悄无声息地感染和影响每一个学生。

因此，建立和健全学校德育管理系统非常重要。为切实加强学校德育工作管理，要建立学校、德育处、少先队、班级的共同管理网络，并明确德育管理的任务要求，各负其责。我校成立了由校长任组长、教导主任、大队辅导员、校外辅导员、班主任及少先队干部参与的德育工作机构，实施德育工作"一把手"抓工作的方式。构成了校长亲自抓，教导主任、德育主任、大队辅导员具体分管，班主任老师时刻对学生进行教育，少先队干部参与管理的德育工作局面。

班级是学校德育工作的基本单位，班主任是班级德育工作的第一职责人。为此，学校建立了班级、学生及班主任考核制度。红领巾监督岗坚持每天检查监督学生个人卫生、入校、离校红领巾佩戴、班级及纪律等小学生一日常规的落实状况，每周一小结，对做得好的班级颁发流动红旗。

(二) 加强德育阵地建设，树立校园德育之风

德育阵地的建设是学校的窗口，是学校德育工作的重要组成部分。学校为此建立了高标准的少先队活动室、德育成果展览室等。宣传栏资料常换常新，各班教室内都张贴《中小学生守则》和《小学生日常行为规范》及国旗、名人名言和科学家画像，真正使校园的每一处地方都发挥着育人的作用，给师生们以奋进向上的力量。

大塘小学以"和静"思想为文化引领，力求让美丽校园中的每一处景观、每一个角落都深藏优美的育人意味，彰显和静教育的文化意蕴。例如，楼层的走廊文化，对教学楼的楼梯及走廊均进行了巧妙的设计。其中，二楼张贴以"礼"为内容的名人名言，三楼张贴以"勤"为内容的名人名言，四楼张贴以"志"为内容的名人名言，五楼张贴以"博"为内容的名人名言。此外，还有"金塘凤影"的文化雕塑、国学文化长廊、阅读天地、书法室、麒麟国技馆和校门的对联文化等。良好的校园德育氛围，能够帮助学校更好地开展德育教育工作，并且得到社会和家长的认可和支持。

（三）加强家校沟通，形成德育之合力

在社会的大背景下，能够更好地转变德育的惯性思维，更好地解决德育教育中的实际问题，学校和家庭两部分是最能够实现的。因此，学校不应该将全部的德育教育重责揽在自己的肩上，要进一步加强学校与家庭、教师与家长之间的密切联系，加强家长对学校工作及孩子在校情况的了解，以真正达到家校携手共同培育孩子的目的。

随着信息化时代的突飞猛进、网络平台的广泛应用，学校已经成立了家长委员会，建立了微信群，共商学校要事。各班班主任和科任老师已开通微博、微信公众平台、QQ群、校讯通等，时时跟进家庭情况，这样就更方便学校对德育工作做出更加准确和适宜的判断，更好地正确引导孩子养成良好的学习、行为习惯。同时，老师们也应该认真听取了家长对学校工作提出的建议和要求，并做了详细的记录整理，为更好地促进学校教师教育教学工作水平的提高奠定基础。

（四）加强课堂教学模式的探讨

学校要重视教师的理论学习和经验积累，重视校本培训，加强对德育的研究，组织多种形式的德育教学活动，努力为学生创造一个充满智慧与快乐的课堂。学校整合了本校教师优势资源、社区社会师资、教育资源，开展了一系列的兴趣社团课程，形成学科性课程、活动性课程和环境性课程并行的"和静"教育课程体系。学校以"培养品崇高、学有恒、体达健、行至美的大塘学子"为课程目标，创建了"尚品"校本特色课程，旨在提升学生的品德修养，其中包括：学生国旗下的讲话、专题讲座，"静纳百川"系列课程、环保实践系列课程、安全教育课程等学习，帮助树立学生的人生理想，学会与自身相处、与社会相处、与自然相处，让学生保持和谐的身心健康。

四、"和静"思想下"崇德育人，启智成材"的成效

学校根据"和静教育"主题，不断创新教育理念，探索最佳的育人模式，从而确定了先进的办学理念。旨在通过构建和静校园文化，让全体师生在和谐的校园中静心工作和学习，回归教育的本真，回归学习的初衷，让每一位大塘学子在求和尚美的过程中，不断提升，不断成长，养成良好的生活学习习惯，树立健康积极的人生价值观，为以后的人生打下坚实的基础。

（一）"和静"思想文化引领美化校园环境

学校是学生学习和成长的摇篮，优美的校园环境，在一定程度上会影响学生的心理，激发学生的内在潜能，使他们在有限的时间和空间内进行创造性的学习。校园环境对学生有着深刻的影响，故而常常被誉为"孩子的第三任老师"。在和静教育办学思想的引领下，学校应致力于巧妙布置校园景观，如"金塘凤影"文化雕塑、国学文化长廊、阅读天地、书法室、麒麟国技馆和校门的对联文化等，对学校进行科学而合理的整体规划，让校园的每一处角落都成为一道育人的风景，让全体师生在愉悦的心理状态下生活、学习，以更好地激发他们的求知欲，陶冶学生的品行。

（二）"和静"思想文化引领学校屡创佳绩

近几年来的工作经验证明，教育质量要持续发展，不但要有一个团结奉献的教师队伍，还要注重对学生良好品格的培养。正因为有了"和静"思想文化引领，有了全体师生的共同努力，有了家长们的大力支持，学校各项工作才能有序地进行，教育质量稳步提高，并取得了较好的成绩。

学校连续 7 年荣获南沙区小学教育工作一或二等奖；每个学期各年级参加南沙区期末抽测，语、数、英、科学四科总分均排列在区的前 10 名。校园文化评比获南沙区一等奖；学校乒乓球队、足球队、羽毛球队、篮球队、舞蹈队、麒麟队、科技模型队等参加各级各类比赛均获优异成绩；多个教师被评为优秀指导老师，如张东宜、黄宇平、麦艳芬、毕映霞、李凤葵、陈景辉等。

五、结束语

德育工作在近几年的发展态势越来越受到重视，这更多的是与社会上青少年因思想问题做出极端行为等事件时有发生，也与人们意识到德育的重要性有直接关系。德育工作者和教学管理者便是一个帮助学生在思想上有更高要求、摆对路子的角色。因而，德育工作在小学校园尤为重要，这同时也顺应了学生心理和人格发展的需要。营造德育之风、创建美好校园是所有小学校长在建设校园文化时的美好心愿。因此，笔者在长期的实践中提出了上述想法，希望能够跟社会各界同人一同学习和进步，帮助学生在思想上成为更优秀的人。

主要参考文献：

[1] 张聪. 以校长领导力提升学校德育品质——访东北师范大学校长助理、附属小学校长于伟[J]. 中国德育，2016（7）.

[2] 蔡其勇，李学容. 校长德育领导力的意蕴及提升[J]. 中国德育，2015（1）.

[3] 麦旺发，麦胜天，张瑞霞. 黄阁古今[M]. 北京：中国文史出版社，2005.

[4] 金甫. 运用乡土资源开发德育校本课程的探索与实践[J]. 教育科学论坛，2015（22）.

德育校本课程融入学校特色文化的实践与思考

广州市南沙区南沙小学　邹俊

摘要：德育课程一直承担着学生品德形成和社会性发展的重任，德育课程资源不应该仅仅停留在单一的说教和传统意义的品德教材内容中，而应该融合校园的育人文化和办学理念，针对本校学生的需要，结合学校办学特色，整合有效的德育资源，设计出适应本校学生且具有操作性和科学性的德育校本课程。

关键词：校园文化；德育；仁智校本课程；实践

学校文化是校本课程开发和设计的基础与灵魂。校本课程是学校文化传承和创新的途径与载体，也是学校实现办学目标和培养目标的抓手。近几年来，我校围绕校园"山海文化"，积极构建仁智德育课程体系，着眼于学生核心素养的提升，坚持丰富学生德育体验，让学校德育校本课程促进每位学生的健康成长。

一、仁智德育校本课程实施的背景

（一）仁智德育校本课程开发的文化基础

广州市南沙区南沙小学（以下简称"南沙小学"）背靠青山、地处珠江口，学校充分利用依山傍海的地域优势和良好的文化积淀，挖掘中国古老的"山水文化"所蕴藏的宝贵的现代公民思想道德素质的教育资源，进行文化育人，创造性地提出了以"仁山载物，慧海育人"的山海文化教育理念。"仁者乐山，智者乐水"，在山海文化的基础上，学校"仁智德育"应运而生。

（二）仁智德育校本课程开发的原则

德育校本课程建设的原则很多，每个学校都有制定属于自己校本建设的原则。我校在校本课程建设的过程中坚持四个原则：一是坚持统一性原则，校本课程的设计始终和学校文化高度统一，牢牢把握住"明德"这一价值观，充分挖掘山海文化的内涵；二是坚持以人为本的原则，在进行小学德育课程的校本建设时我们坚持从学生的具体情况出发，包括学生所处的年龄学段特点、认识水平、学习水平等各个方面，使校本课程建设能够符合学生德育品质的发展；三是坚持开放体验性原则，"熏陶—感悟—体验"是我校"仁智德育"范式，因此我校德育校本课程既有山海文化情境课程，又有日常文化情境中的道德规训，既有主题性文化活动体验，又有班队文化情境中的道德自主建构，从而促进受教育者道德品质的内化和道德习惯的形成，也使得课程体系更加立体；四是方向性原则，牢牢把握社会主义办学方向，遵循学生身心发展规律，落实立德树人的根本任务，构建以社会主义核心价值观为引领的课程体系。

（三）仁智德育校本课程开发的目标

课程开发的总体目标，也是南沙小学的育人目标，即"培养美德与智慧全面发展的现代小公民"。为了达成这一目标，学校细分出南沙小学学生八大核心素养。（见表1）

表1 南沙小学学生八大核心素养

围绕一个目标	追求两者合一	主抓八大素养	通过两个途径	
			课程开发主题预设	活动开展设想
全面发展	仁智合一	仁者道德修养	礼仪教育 习惯养成教育 公民意识培养	1. 围绕文明班级的评比促使养成教育常抓不懈。 2. 围绕争章夺星活动开展榜样引导教育。 3. 开展道德讲坛活动对学生礼仪、公共道德、习惯养成进行知识普及

续表1

围绕一个目标	追求两者合一	主抓八大素养	通过两个途径	
			课程开发主题预设	活动开展设想
全面发展	仁智合一	仁者	审美情趣	发现美 欣赏美 创造美	1. 鼓励每位学生拥有一项长期坚持的爱好与特长。 2. 以各类兴趣班和社团为依托开展审美教育
			国家认同	爱国主义教育 优秀传统文化教育 一带一路国家发展战略解读	1. 强化升国旗仪式礼仪教育。 2. 开展"爱国电影大家看、爱国歌曲大家唱、爱国故事大家讲"的活动。 3. 坚持开展以"走进爱国教育基地、走进南粤文化圣地"等社会实践活动
			国际理解	国际礼仪教育 宗教信仰与文化习俗 认识国际组织和国际节日	1. 以部分社团活动为契机开展跨区域、跨国家的文化交流活动。 2. 开展"走进外资企业"社会实践活动。理解不同国界的企业文化。 3. 以综合实践活动课形式开展宗教信仰与文化习俗的小课题研究
		智者	健康生活	饮食与健康 运动与健康 睡眠与健康 情绪与健康	1. 以学生体质健康检测为基础数据建立学生身心健康档案。 2. 积极开展心理健康教育活动,引导学生做情绪的主人。 3. 做好科学膳食教育活动,引导学生不偏食、不挑食
			学会学习	学习兴趣的培养 学习习惯的养成 学习领域的拓展 学习方法的优化	1. 以学科组为依托开展各类具有学科特色的活动如数学计算赛、语文读书卡等活动培养学生学习兴趣。 2. 鼓励学生阅读经典,积极营造书香校园的氛围。 3. 分年级组开展学习交流活动。 4. 鼓励志同道合的同学组建学习小社团,拓展学习领域,如航模社团、无人机操控社团等

续表1

围绕一个目标	追求两者合一	主抓八大素养	通过两个途径	
			课程开发主题预设	活动开展设想
全面发展	仁智合一	智者 服务共享	服务自己——学会独立 服务他人——学会分享 服务社会——学会感恩	1. 做好新生入学教育,培养学生独立自理能力。 2. 开展学生志愿者服务活动。 3. 开展"走进敬老院"活动
		科学创新	感受科学的力量 探索科技的奥秘 培养创新的品质	1. 以综合实践活动课为主体开展学科资源整合的实践活动课,培养学生乐于探索的科学精神。 2. 以学校科技节为平台,鼓励学生开展科技小发明、小创造活动。 3. 开展以学生动手操作、体验感悟为主的德育活动

学校整个德育校本课程就围绕这八大素养来设计。

二、仁智德育校本课程实施的途径与策略

仁智德育校本课程在实施过程中力求避免狭隘的课程认识,而是紧紧抓住德育的特点,强调与学校教育各项工作的有机渗透,重视和营造家、校、社育人共同体的打造。在具体实践中,既立足校内,又高度重视校外;既有课程教学,又有实践活动。

(一)立足国家课程,在拓展意蕴中到达新境界

国家课程是德育教育的重要阵地,课程本身的设置也与学生的生活和道德认识息息相关。为有效利用教学资源,仁智德育校本课程的实施强调立足于"品德与生活"课程和班会课,并结合山海文化特色进行了深度拓展。具体而言,开发了两套教材,以充实国家课程的内容。一是编撰了适用于三至六年级阅读使用的山海人文教育读本——《仁·智》,整个教材将学校的山海

文化教育与礼仪、美德、智慧教育进行了融合，分为仁和智两部分。（见表2）

表2 以山海人文课程——《仁·智》三年级为例

"仁"篇		
第一课 仁的定义	第二课 仁的来源	第三课 仁与爱
经典选诵"明德"二则 拓展阅读爱心课堂 学习指导：为"仁"之道 互动讨论 言行一致	经典选诵"明德"三则 拓展阅读文王的仁德 学习指导：仁是生命所需 互动讨论 言行一致	经典选诵《"明德"二则》 拓展阅读 《秦穆公亡马》 学习指导：仁是人的根本德行 互动讨论 言行一致 活动天地 护蛋总动员

"智"篇	
第四课 智的价值	第五课 求实精神
经典选诵"智慧"五则 拓展阅读鲍叔牙让位举贤 学习指导：知人者智，自知者明 互动讨论 言行一致	经典选诵"智慧"二则 拓展阅读 神农尝百草 学习指导："求实精神"解析 互动讨论 言行一致

二是编撰了一套山海文化科普类读物由以"山元素"为主的《山之行篇》和"海元素"为主的《巨轮启航》两部分组成。两本课外读物在山海校园文化下开发，很好地结合学校的特色文化，对国家课程做了补充。（见表3）

表3 学校编撰的山海文化科普类读物

《山之行篇》目录（节选）	
第一课	沉沉帝王梦　浩浩燕赵歌
第二课	厚厚三晋土　朗朗齐鲁月
第三课	柔柔湘江水　煌煌荆楚吟
第四课	悠悠吴越曲　赫赫三秦魂
第五课	蒙蒙巴蜀雨　萧萧大漠风

续表3

第六课	茫茫高原雪　清清滇黔韵
《巨轮启航》（节选）	
第一章	我国古代船舶演变及发展
第二章	近代船舶发展
第三章	现代船舶发展
第四章	未来船舶设想、展望
每个章节后都设有"分享站"环节，让学生通过说、写、画、做来回顾本章节知识，提高其语言表达能力及动手能力，同时激发他们热爱科学、勇于创新的精神。	

这些教材和读本的设计很好地实现了德育校本课程从国家课程到校本课程的无缝对接，也实现了从课本知识到情感体验的自然达成，国家课程与校本课程的有机联动在这里得到了充分的体现。

（二）融入成长计划，在心灵体验中复活新感性

从校本课程开发的角度看，课程改革的是基础教育改革的核心内容，只有通过学生的全面参与，课程开发才能由静态的设计真正走向动态的实施。学生的经历体验的过程，是学生发展最真实的过程，也是体现课程价值的过程。为此，学校在设计仁智德育校本课程的学习活动方式时，也特别强调仁智德育"体验、参与、感悟"的育人模式。力求从"单线灌输"到"多面创生"、从"成人外塑"到"儿童自塑"、从"零散的活动到"到"系列课程"。其中，主要有两个方面的尝试。

一是坚持课程开设与学生成长体验相结合。我们根据不同年级学生发展的特点，融合山海文化教育，结合三个阶段性主题：尊重感恩、诚信明礼、责任梦想，各提出了"十二个一"成长计划。（见表4）

表4　"十二个一"成长计划

"十二个一"成长计划——《绽放仁智·幸福之花》成长手册	
认知篇的两个一	一套好书、一组电影
情感篇的三个一	一次成长主题活动、一次节日纪念活动、一次公益活动
意志篇的两个一	一次合作、一次竞争

续表4

"十二个一"成长计划——《绽放仁智·幸福之花》成长手册	
实践篇的三个一	一次社团活动、一次山海之旅、一次家务劳动
成果篇的两个一	一件作品、一项本领

二是坚持课程开设与序列活动相结合。学校在德育课程开发的过程中将常规的德育主题教育（包括升旗仪式、班队校会、安全教育、心理健康、卫生礼仪、专题教育、节日活动、社区服务等）和教学类活动（书香文化节、艺术节、英语节、科技节、体育节等）融入山海文化中，形成了"知山海—爱山海—悟山海—创山海"的山海文化活动序列。山海文化活动丰富了学生视野，培养了学生自主活动的能力，使学生养成了良好的品德素养。

（三）依托星级评价，在行为自律中走向真善美

校本课程的开发和使用要求学校有完善的内部评价与改进机制，以保证校本课程的健康运行。而德育的评价历来是个难题，因此，对于德育特色校本课程，我们坚持参与性、激励性、发展性等原则，关注过程，注重学生在学习活动程中有所体验、有所感悟、有所收获，主张自我评价和他人评价、个别评价与集体评价、形成性评价与总结性评价相结合。学校开展了争章夺星活动，根据课程内容设置了明礼之星、友爱之星、智慧之星、好学之星、进步之星、自强之星、服务之星、诚实之星等，通过颁发奖章的方式，评价学生的道德表现，进一步激发学生参与德育校本课程的积极性。

三、仁智德育校本课程实施的成效与反思

基于"仁智德育"校本课程与学校山海文化的深度融合后，学校欣喜地看到了学生的核心素养在逐步形成，学校的育人环境和育人效果在逐步优化。

从学生素质呈现的维度来看，德育校本课程中的活动类课程变成了展示学生综合素养的平台。通过一个个德育活动的开展，孩子们慢慢在活动中生成了自己良好的道德品质和特长技能，学生通过课程的学习与活动的体验，增加了对校园山海文化的理解。

从学校师生发展的维度看，德育校本课程变成了学校师生连通广袤世界

的桥梁。在学校德育校本课程开发的过程中，我们秉承与时俱进和促进学校可持续发展的课程理念。比如，当下我们的校本课程就很好地将学校培养目标与南沙新区教育国际化的战略定位相衔接，开设了国际交流与国际理解方面的课程，充分利用课程资源来提高师生的国际理解水平和国际交流的能力，为学校的后续发展打下坚实的基础。

当然，校本德育课程开发是一个复杂的过程，我们在"仁智德育"校本课程的开发和实践探索中也有不少困惑。比如，如何制定更为多元有效的德育评价体系，如何让更多的家长、教师也能深入了解德育校本课程的真正意义并主动投身其中，等等，仍需要我们在实践中不断探索与完善。德育课程作为一项育人的系统工程，只要我们坚持"以生为本"，以孩子们的健康成长为己任，充分整合利用学校、家庭、社会的各种教育资源，协调各方面力量形成正向育人的合力，我们一定能培育出一朵朵娇艳绽放的"仁智"之花。

参考文献：
[1] 顾明远，孟繁华. 国际教育新理念[M]. 海口：海南出版社，2001.
[2] 张美华，徐春河，葛平兰. 浅析小学德育课程的构建与实施（实验稿）[J]. 中国校外教育，2010（5）.
[3] 王克坚. 构建具有学校特色的德育课程[J]. 上海教育，2010（20）.

核心素养背景下立本教育校本课程开发与实施

广州市番禺区大龙中学　邓正光

内容提要：课程作为落实核心素养的跑道与载体，是学校达成育人目标的核心。2016年9月，"中国学生发展核心素养"体系出炉。学校课程建设踏入深水区，让"核心素养"落地，适应学生发展的需求，立足校本实际"再出发"。本文以中国学生发展核心素养作为参照，对学校办学理念、办学目标再审视，对学校课程设计、开发再整合，让学校课程特色再彰显，真正贯彻落实核心素养明确的目标指向和积极的价值导向。

关键词：核心素养；立本教育；校本课程；课程开发

学校课程集中体现一所学校对于教育的深层理解，表达对教育理想、意义和价值的追寻。在核心素养背景下，为进一步提升学校的综合实力与办学品位，寻求契合学校实际的发展方向，我校重新审视立本教育课程体系，积极探索立本教育课程建设新思路，关注师生在校园的生活质量和幸福指数，努力创建兼具传统文化内涵与现代气息的特色校园。

一、课程理解：立本教育办学理念、目标再审视

核心素养是学生在接受相应学段的教育过程中逐步形成的适应个人终身发展和社会发展需要的必备品格和关键能力。学校办学理念、办学目标需要贴紧学生发展的核心素养观，突出如何培养学生的人文底蕴、科学精神、学会学习、健康生活、责任担当、实践创新六大素养。核心素养背景下学校要培养出能够健康发展、幸福生活、成功应对未来挑战的人，有自信、懂自尊、能自强的人，高素养、讲文明、有爱心的人，知荣辱、守诚信、敢创新的人。

核心素养对于课程改革具有统领性、引领性的作用，贯穿着学校的课

程、教学、课堂、实践活动、文化建设等诸方面，旨在促进学生能力提升和全面发展。核心素养作为课程改革的指导思想，在育人导向上更加注重学生理想信念、价值判断和选择。针对落实核心素养，学校应进行系统的课程体系顶层设计，重新定位学校育人目标，帮助学生形成适应终身发展和社会发展需要的核心能力和素养。

德国教育家斯普朗格曾说过，一个真正受了教育的人，不单能体会到学识，而且能了解经济利益的意义，欣赏美的事物，又肯为社会服务，并进而对生存的意义也能彻底体会。我们所期待的不是急功近利的教育，而是着眼于人的一生发展而奠定高远见识的固本厚基教育。"立本教育"遵循教育的本真意义和宗旨，是对以人为本、人文关怀的热切呼唤，旨在唤醒生命个体的灵性和善良品质，巩固人之为人的根基，培养身心健全的、完整的"人"。

我校坚守"以人为本、和谐发展、追求卓越"的办学理念，秉承"文质相宜、德艺并美"的校风，让"崇礼向善、守正出新"校训薪火相传，为实现"知书达礼、身心谐美"的育人目标不懈努力。学校将"礼"视为人生根基的重要内涵，由于"立本教育"极为关注生命本性和人格发展，因而这一理念是对于"礼文化"在深度和宽度上的意义升华，为优化学校的办学思想提供了重要启迪。校训是我们打开一所学校历史文化之门的钥匙，是我们眺望一所学校精神家园的窗户，是师生共同遵守的基本行为准则与道德规范，并成为激励师生积极向上的力量源泉。

所谓立本，是基于人性，从德、能、艺三方面培根固本，立做人之本、生存之本、生活之本，并通过兴文、立礼等途径，习惯成自然，最终形成文化自觉，以立人之本。学校通过一系列措施促成师生立本的过程，也是学校自身立本的过程。

立人之本首先立足于人性之善。"善"被视为价值的根源、人性的根本。教育之"育"，应该从尊重生命开始，从人性之善出发，使人性之善始终得以彰明和发扬。教育应当以引导学生成人为第一要务，以发展人性、培养人格、改善人生为根本目的，最大限度地促进学生人性美好、人格健全、人生幸福。这是教育的价值所在，也是教育的本质所在。立人之本其次依循于人性之鲜活。每个人都应该是鲜活的个体，一个鲜活的人，有着鲜活的身体、鲜活的心灵、鲜活的情感以及鲜活的思想，只有依循人性之活，其人性之善才会有彰明和发展的力量。

"立本"通过立德、立能、立艺三个层次来实现，培养学生与自然、他人、社会协同和谐的能力，促进他们全面发展与个性发展的协调统一，使他们学会做人、学会生存、学会生活，真正具备现代公民素质，使之立足于社会，这就是"立教育之本"。

二、课程设计：立本教育课程设计、开发再统整

课程建设是中小学校的核心工作。学校要围绕核心素养开发架构多元、多层、严密、立体的学校课程体系。通过优化学校课程结构以提升学生综合素养，促进全面、自主、个性化、可持续的发展；为学生提供高品质的学习生活，启迪智慧，增长知识，激发兴趣，形成能力；教育学生努力做人格健全、品德高尚、身心健康的人，做有文化修养、有人文关怀、有责任担当的人，做有全球化国际视野和民族精神的人。

核心素养将落脚点定位于"人"，超越了传统的"知识"和"技能"，是知识、技能、情感、态度和价值观在更高层次的整合与提升。在这一体系下，学会学科知识本身不是教育目的的全部，形成应用知识和技能解决生活任务的能力与价值态度才是教育的真正目的所在。

"增强整体性、强化各学段、相关学科纵向有效衔接和横向协调配合""开展跨学科主题教育教学活动，将相关学科的教育内容有机整合"将成为课程改革的方向，"课程整合"正在成为核心素养培育最为主要的路径。课程整合能够更好地服务于学生核心素养的培育，让学生和教师一起，在真实情境中，围绕生活问题，一起学习和创造知识，实现每一个人的自我成长，让他们将来有能力促成社会的良性运转，这才是课程整合的目的所在，才是"必备品格"和"关键能力"的核心所在，才是核心素养落地的终极追求所在。

我校作为完全中学，肩负着完全中学的教育使命。基础教育的三个阶段，如果说小学是补短，那么初中就是发现孩子的长处，高中是扬长避短，虽然都是基础教育，但是任务各有不同。学校给孩子的选择性上，对三个阶段各自的要求也有差异，初中要开发丰富多彩的选修课给孩子有目的的尝试，从而发现自身的长处，这要求初中要拿出20%的课时给孩子自由选择。随着孩子的年龄增长，可选择的部分应该越来越多，这样才能保证孩子全面而又个性的发展。让孩子各美其美，这样的教育才是真善美，这样才是好的教育。高中阶段学生的特点跟小学、初中有明显的不同，主要表现在两个方面：高中是学生人生观、世界观、价值观形成的关键时期；高中恰恰又是孩子职业性向分化的关键时期，初中阶段所有的课程还要统一学习，高考改革

之前高中还有文理之分，有文理之分至少承认了到高中就要分化，其实还不止文理之分，还包括体育、艺术等更多的分类，新高考方案实行后，分化就更多了。因此，开发校本课程以满足不同学生的个性发展需求，是学校义不容辞的责任。我校在传承本土文化的基础上，结合学生全面发展和个性发展的需求，构建起包含"立德""立能"和"立艺"三个核心主题的"立本教育"校本课程体系（见图1、图2），并研发出一系列相配套的校本教材，以选修课程、渗透课程、活动课程和环境课程的形式实施，全面引导学生懂得做人之德、掌握生存之技、发现生活之美，不断提高自立能力与综合素养，成为高素质的现代公民。

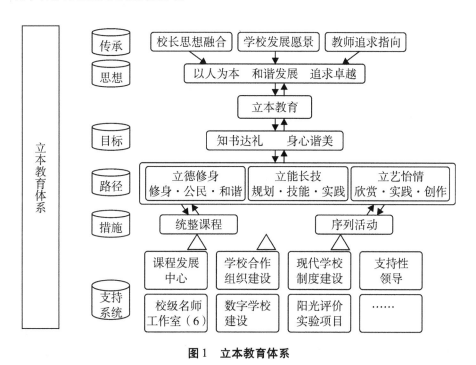

图1　立本教育体系

（一）立德课程旨在立做人之本

道德是生命的和谐，是人生的艺术。生命的和谐，是人生生理和心理——知、情、意的和谐；同时，也是我的生命与社会他人生命的和谐。而人生的艺术，就是会让生命和谐，会做人，做得痛快、漂亮。唯有道德完善，才能处理好人与人的关系，实现人与人的和谐；才能正确地对待人与自然、人与社会的关系，实现人与自然、人与社会的和谐。德立，则人可以为

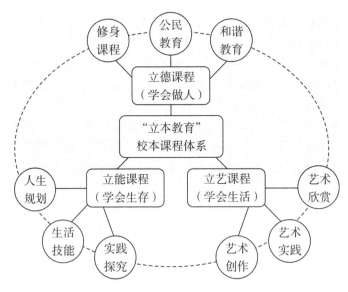

图2 立本教育校本课程体系

人,立德,即立做人之本。如感恩系列活动:感恩成长、感恩父母、感恩师长、感恩母校、感恩社会是我校感恩教育的五大载体,通过系列实践活动把感恩教育融入学生的情感中,引导学生逐渐养成感恩的心态和习惯,使感恩成为自觉的思维形式和行为方式。

(二) 立能课程旨在立生存之本

立能,要求学校进一步融合课程和教学资源,通过课堂教学和课外活动,培养学生以下五方面的生存能力:一是能掌握基本的生活技能,能独立处理日常生活琐事;二是处理好人、事、物之间的关系,学会为人处事,经营生活,保护生存环境;三是在心理上能独自承受各种压力;四是有生存之"术",至少掌握一项特长技能;五是学会应对生存危机和摆脱生存困境,善待生存挫折。通过以上五项能力的培养,帮助学生建立适合个体的生存追求,学会判断和选择正确的生存方式,提高生存的适应能力和创造能力,形成一定的劳动能力,能够合法、高效和较好地解决安身立命的问题。

(三) 立艺课程旨在立生活之本

生活,这里指的是审美的人生。立艺,从两方面实现:首先是热爱艺术。审美的人生必然崇尚艺术,热爱艺术,享受艺术。人的身心是一个和谐发展的整体,艺术能在创造中释放人的天性,促进人的认知、情感和意志互相支持、协调发展，促进人感性和理性的平衡发展，使人的生活更美。学校重视艺术素养的培养，将艺术渗透到学校教育教学的各个环节。其次是创造生活。审美的人生是创造的人生，人人要学会创造生活。创造的人生就是一个人的生命力和创造力高度发挥，甚至发挥到了极点，这样的人生就会充满意义和价值，充满生趣。教育就是帮助人创造，故教育必须立足于创造人生。创造生活，要在生活中表现出浓郁的审美人生意趣。

学校每学期开发实施选修课程、社团活动课程累计120门左右。我校"立本教育"课程分为选修课程和社团活动课程两大类，面向初一、初二、高一、高二年级同学开放。社团活动旨在丰富校园生活，开阔学生视野，培养学生的创新精神和实践能力。社团活动从四个维度开设课程：①语言人文类社团（朗诵、演讲、辩论等）；②体育艺术类社团（音乐、体育、美术等）；③探究创新类社团（动漫、机器人、三模一电等）；④实践体验类社团（手工、生活技能）。活动时间安排在每周星期三第9节课，实行定人、定时、定点、走班制教学活动。选修课程旨在开阔同学们的视野，拓展学科知识面，培养学科思维能力，提升学科素养。选修从五个维度开设课程：①学科拓展类选修课程；②特色素养类选修课程；③科技创新类选修课程；④思维培育类选修课程；⑤立本特色选修课程（立德、立能、立艺）。选修课程开课时间安排在每周星期二第9节课，实行走班制教学。

学校课程发展中心研发统领，全校教师在立本教育课程体系统领下教师自主研发选修课程、社团活动课程；学校每年投入30万元以上专项资金向社会订购课程书法课程、铜管乐课程、科技教育课程、乒乓球高考专业训练课程等；同时依托家长、校友、社区资源及热心教育的友好人士的课程赞助。选课通过网络平台来实施；课程评价方面，采用动态的形成性评价模式，即不仅关注学生学习的结果，还注重其学习与发展的过程，充分发挥评价的反馈调节功能、展示激励功能、反思总结功能、记录成长功能和积极导向功能。一方面，学校倡导互动评价的方式，使评价成为教师、学生、家长共同参与的交互活动；另一方向，提议将学生的学习态度、参与积极性、阶段性成果均纳入评价体系中，以增加评价内容的丰富度。

三、课程实施：立本教育课程特色再彰显

（一）学科融合：培养学生创新意识

当前，世界各国注重促进学科之间的相互融合，发展学生的综合能力。落实学生发展核心素养，要进一步关注课程的整体育人功能，规划基础教育

三级课程整体建设一体化方案。重视学科内、学科间的联系与整合，关注跨学科综合学习，培养跨学科、跨领域人才成长的核心素养。强调课程的整体性，指导和帮助教师以促进学生核心素养为目的，合理使用教材、有效组织课堂教学活动，以整体性的课程培育整体性的素养。

课程样例1：STEM（科学、技术、工程和数学）课程融合实验，滋养关键能力。

2017年11月，我校课题"基于STEM课程推进学校科技活动发展的研究"获广州市教育研究院立项。该项目研究的目的在于：利用新技术新设备，整合课程资源，形成基于STEM理念促进科技活动开展的模式，从而更好地培养学生的核心素养和关键能力。分析本校科技活动的现状，发掘可提升学生素养的生长点；以科技类社团、选修以及研究性学习为试点，以课程为引领，创设平台让学生进行基于问题、基于项目、基于真实环境的科技实践；在课程中融合科学、通用技术、信息技术甚至是工程元素，使学生的创意或思维得到外显、物化。对实验研究的旧生和新生进行效果研究，通过案例研究和问卷调查，对学生学习STEM课程进行前测和后测，通过SPSS检验、单向量表、双向量表，对STEM课堂教学效果以及学生学习能力进行定量评价和定性评价，检验STEM教育实施策略的有效性，并总结经验，得出研究结论和成果，反思不足，提出更好的改进策略。

为使学生掌握创客教育的基础知识，培养进行跨学科整合性学习的能力，学校立能创客中心开展创客教育及STEM教育课程，让学生通过实践提升综合素质，建设工程设计与人工智能创客实验室2个，配设计软件、加工设备、机器人及组件、专用工作环境。2018年投入145万元资金建成工程设计与人工智能创客实验室。在科技教育活动中，利用新技术新设备，学习和深化STEM课程理念和育人目标，发掘可利用的课程资源，培养学生的核心素养，形成基于STEM理念促进科技活动开展的模式。学生以项目、主题开展课程建设，形成校本课程。培养学生的核心素养，包括科学素养（科学精神、科学原理、科学方法、科学思维）、技术素养（正确使用工具的习惯、理解项目原理的能力、具备项目制作的技能、具有项目检测的意识）、工程素养（集成与融合理念、材料与结构意识、工程与系统观点、信息化与自动化思想）、数学素养（概念意识、逻辑思维、函数观点、统计思想），这是未来教育的方向，关涉综合国力，引领世界潮流，值得我们下大力气做出成效。

(二) 课程供给：满足学生个性需求

推进各种教育资源跨界融合，提供学生多样化选择的课程，可以满足学生差异性的个性化发展需求，把丰富多彩的课程资源转化为学生内在的核心素养。因此，学校课程应更加贴近学生的生活，更加注重增加国家课程和地方课程的适应性，高质量实施三级课程，全科育人、全程育人、全员育人和实践育人。

课程样例2：心理健康教育课程，促进身心谐美。

我校的心理健康教育坚持从学生的"本、心"出发，以"崇礼"达"向善"，培养"身心谐美"的三中学子。我们根据生源情况，扎实做好不同群体、不同年龄段学生的分类指导，通过常规心理教育和特色校本心理课程的实施，培养身心健康和人格健全的青少年。以个体咨询的心理状况分类，变换硬件装饰设施；以学生年龄段分类，常规心理课程与团辅活动相辅相成。针对不同年级学生特点，开发与实施"我的青春我精彩"常规心理健康课程。如初一、高一两个起始年级，我们编制了适合本校生源的心理教育活动课程。课程包含：①学习心理：学习习惯、学业规划、学习动力、学习方法等；②人际交往：同学关系、青春期心理及交往、亲子关系、沟通合作等；③自我认识：悦纳自我、自信心培养等；④心理品质、情商培养；⑤调节情绪、学会减压；⑥班级团队建设，学会小组的合作与良性竞争。常规校本课程主要以体验式活动开展，以冥想、思考、交流为主，通过老师点拨，让学生自主领悟。课堂内容切合学生实际，课堂形式新颖活跃，深受学生喜欢。

"润心四节"滋养不同年龄学生的心灵。每年通过举办"润心四节"体验活动——女生节、心理节、体育节、艺术节，让学生枯燥乏味的学习生活变得欢乐有趣，形成一种庄重而又无声的力量，温润学生的心灵。

根据不同学段学生需求，开设润心特色课程。全校普修课——"达礼立本"课程，让学生立德修身。我校德育工作以"礼"立德，通过文明礼仪教育，使学生知礼、学礼、明礼、弘礼。研发了"达礼立本"校本课程，把"学校礼仪、家庭礼仪、社会公共礼仪"等编入校本教材，使中国优秀传统文化——礼文化，深深扎根于学生成长过程中，形成"重礼仪、守礼法、行礼教、讲礼信、遵礼仪"的良好校园氛围。学校非常注重引导学生从争当"明礼"学生，到创建"尚礼"班级，最终共筑"达礼"校园。学校通过实践体验活动，让学生行"礼"。我校利用升国旗仪式，让学生向祖国行礼；利用德育基地，让学生向先烈行礼；利用敬老活动，让学生向长者行礼;利用感恩节,让学生向父母行礼;利用毕业典礼,让学生向母校行礼;利用入团仪式,让学生向组织行礼;利用成人礼仪式,让学生向自己行礼。

初中部"感恩·成长"课程,让初中部学生学会担当;高中部"生涯规划"系列课程,让高中部学生成就更好人生。在高一、高二年级开设自编校本课本《遇见更好的自己》,让学生在高中两年4个学期修满每学期10学时的人生规划课程。此必修课课程由学生发展指导中心编写教学设计,根据我校高中学生生涯特点,共计开设4个板块内容,包括开启生涯之门、探寻自我之旅、探索社会环境、打造规划之路。中心还专门开设了相关职位体验活动,如探访亲人的职业生涯、家长职业分享会、求职简历撰写讲座、职场应聘技巧讲座、模拟人才MALL、走进企业体验职场等,让学生在课堂内外、校园内外不断地认识自己,定位人生,规划高中生活,激发学习动力,更加坚定学习的目标方向,从而更积极主动学习。

根据我校生源的特点、家庭教育的差异、学生素质的参差,我们积极主动开展多样化的心理个案辅导,促进每一个学生的健康成长:①对外来务工人员子弟,主要采用心理支持的辅导方式,借助老师、同学、长辈的力量,共同帮助学生完善自身的社会支持系统,促进其健康成长;②对单亲家庭孩子,主要采用心理疏导和心理支持方式,帮助学生建立对环境和人际关系的安全感,并借助班主任和社工的力量,从家庭着手,帮助学生健全人格;③对性格偏激和冲动的孩子,主要采用改变认知和情绪辅导的方式,让他们学会合理宣泄负面情绪,懂得换位思考,建立合理认知;④对人际关系紧张的孩子,主要采用认知和行为疗法的辅导方式,比如角色扮演、空椅子等技术,帮助学生提高人际交往能力,建立人际交往信心;⑤对随班就读的特殊孩子,主要采用融合教育的方式,适当进行相关的特教训练和学业指导,帮助他们适应班级生活,让他们融入班级活动,使他们掌握一定的知识和技能。

多种教育方式,多元校本选修课程,促进各类学生健康成长。全员"导师制",让外来工孩子感受平等的温暖;开设校本选修课程,让问题学生在课程中转变;丰富社团活动,让学生各美其美;做真做实融合教育,让随班就读学生也有春天。我校是番禺区随班就读试点学校,建有设备齐全的随班就读特殊教育资源室,能够为特殊孩子提供学习辅导、心理诊断、教学支持、补偿教育、康复训练和教育评估等服务。我校还是区送教上门活动承办单位,每月为特殊孩子家庭提供活动场所,开展各类大小型的亲子活动和培训活动,帮助特殊孩子成长,为特殊孩子的父母提供心理支持和专业指导。2017年，我校承办了以"接纳、融合、发展"为主题的广州市融合教育教研活动现场会，展示了我校融合教育课堂，介绍了我校融合教育的经验，受到了广泛的好评。

（三）课程形态：挖掘隐性课程价值

每个受教育者的成长，都是在显性课程和隐性课程交互影响中进行的。校本课程是学校课程，又称学校本位课程。根据顾明远先生《教育大辞典》的解释，隐性课程也称为潜在课程、隐蔽课程等，如潜隐在校园建筑、文化设施、文化生活、校园美化和教风、学风、心理气氛等中的教育影响，其中学校的风气、文化生活、人际关系和心理气氛是校园文化的深层结构和核心内容。

课程样例3：立本教育文化课程，涵养人格气质。

（1）典雅文气的环境。学校首先是器物化的环境，其自然、设施、技术、建筑等并不是外在于人的，相反，它们都打上了人的意志的烙印，折射着人的价值追求、审美趣味、思维方式，彰显出特定的文化意味。

回归人性的环境，让校园成为承载师生美好记忆的人性化家园。大门处刻有"立本"二字的石雕庄重而夺目，"崇礼向善、守正出新"校训碑立于其左，孔子像居其右，端居学校中轴线。"世纪之光"雕塑、砺志园、艺苑、礼文化宣传栏、嘉礼长廊、宾礼长廊、墨韵琴声连廊等，步步是景、处处是文化，向全体师生传达着学校的品牌特色，使文化理念深入人心。学校建筑的特色命名与文化理念相互呼应——正礼楼、知礼楼、学礼楼、明礼楼、弘礼楼、博闻楼、敏行楼、善艺楼、雅园、嘉禾居、至诚居、砺志园、本真亭、本心亭、立本园、正心亭、孔子广场、宾礼长廊、嘉礼长廊、未来走廊、太空走廊、弘正走廊、中和走廊、悦礼讲坛等，全部渗透着"立本教育"理念的精髓，让师生每时每刻感受立本教育文化的气息。

学校主干道旁边栽种了有岭南特色的植物共计166种，百花争艳，花果飘香，把学校点缀得五彩缤纷。此外，学校的校史室、体育馆、书法室、钢琴房、舞蹈室、科技室、电子阅览室、历史室、地理园、生物园等功能场室，成为校园的靓丽风景，且为学生的个性发展提供了有力的保障。校徽、校歌、《潮声》校刊，这些文化标识也演绎了办学理念，彰显了办学特色。校园的一草一木、一池一亭、一砖一石、一器一物，莫不浸润人的情致，莫不濡染人的品格。校园弥漫着优雅的人文气息和书香意蕴，学子们徜徉花园，小憩凉亭，在浓厚的文化氛围中快乐学习、和谐生活、幸福成长。

(2) 立本教育文化节气。美妙优雅的仪式、节日和庆典，是学校文化传统的活标本，也是学校生命中最值得关注的重要时刻。像农历的二十四个节气对于农民耕作的意义一样，仪式、节日、庆典对于学校师生的生活也具有特别的价值，通过它们，师生被联结在一个共同体中，凝聚成一股向上的力量，学校的日常生活也因此被赋予了意义和目的，而不仅仅是一系列时间的堆积。"立本教育"看重那些重大的日子：开学典礼、散学典礼、毕业典礼、退队仪式、入团仪式、女生节、科技节、艺术节，新生军训，校友回校日，开学第一课，教学、招生开放日，欢迎新教师参加工作岗位，欢送退休教师并感谢他们为学校所做出的贡献，等等。每一个节日的背后，就是学校的一个传统，是学校立本教育理念的一个侧面。而一年年、一代代师生把这些重要的理念转化为行动，行动积淀为传统，再一次次地用节日、庆典的形式加以复活，郑重地对待这些教育生活中的重大日子，擦亮它们，装点它们，将使我们的教育生活不再平淡而充满神奇。

(3) 立本教育行为文化。立本教育认为，一个教室，一个生活于同一个教室中的人，应该是一群有着共同梦想、遵守能够实现那个共同梦想的卓越标准的志同道合者，他们彼此为对方的生命祝福，彼此为生命中偶然的相遇而珍惜珍重，彼此做出承诺，共同创造一个完美的教室，共同书写一段生命的传奇。教室里以小组的形式组建成小家庭，自主学习，合作探究，和谐发展，共同弘扬"明德博学、求实致远"之学风。

学习是师生共同体验和相互扶持的过程，是师生对知识共同探索、质疑和分享的过程，是师生生命共同迈向完美的过程，更是师生对教育真实诠释的过程。"立本"教育以人为本，关注学生的成长，开展丰富多彩的选修课程和社团活动，让每一个学生都有机会展现自己的特长。学校重视学生精神的培育，培养学生的理想信念、独立人格、善良心灵、高尚情操。学校精神薪火相传，涌现出一批批品学兼优的学子和校友。学校创造让师生诗意栖居的环境，师生内心美好，展现出和谐共生、积极向上的精神气质。每一个师生热爱阅读，阅读成为生活方式；每一个师生热爱运动，运动成为生活习惯；每一个师生热爱艺术，艺术成为生活情趣；每一个师生热爱实践，实践成为生活特质；每一个师生热爱生命，爱生命成为生活态度。

学生的核心素养是整个学校教育的灵魂，统整学校课程规划和建设的各个要素。一门门有质量的素养课程超越孤立的课程，建立连贯统整的关联，让学生看到事物之间的联系和规律，并把所学知识和实际生活联系起来。为此，学校和教师要做好三件事：一是立足学生发展，建立以社会主义核心价值观为中心的学生核心素养体系；二是在学生核心素养体系的框架下，进行课程设计与改进；三是基于核心素养体系，建立系统的学业质量评价标准。有鉴于此，核心素养背景下立本教育课程改革之路任务相当艰巨，学校教师的观念更新、课程实践之路会漫长而艰辛，路在前方，更在脚下。

农村薄弱学校分层走班教学的实践和反思
——象骏中学教学改革行动研究

番禺区沙湾镇象骏中学　潘桂洪

摘要：九年义务教育阶段的学生个体间无论是学生能力、学习态度，还是学习速度上都有明显差异，尤其是农村薄弱学校学生之间的差异更明显。班级授课下要使不同层次的学生在有限教学时间内在"最近发展区"得到发展存在着较大的困难，而分层走班教学能较好地解决这个问题，所以分层走班教学是班级授课制的有效补充。本文在前人的理论探索和实践成果上，结合本人的教学经验，对分层走班教学进行行动研究。

关键词：分层教学；走班教学；因材施教；最近发展区

一、学校 SWOT（企业战略）分析

（一）优势分析

1. 地域文化优势

我校地处具有 800 年历史的沙湾镇西面，东邻番禺理工职业技术学院和龙湾湿地公园，南望是充分体现了中华民族文化并具有独特人文景观的宝墨园，西接广州南站服务区。象骏中学可借用沙湾镇悠久的历史所积淀的丰厚传统文化、宝墨园的传统岭南园艺文化和番禺理工职业技术学院职业规划文化等有利阵地，能更好地创设条件重塑校园文化，提升办学品质。

2. 学校历来重视环境育人，提高学生整体素质

学校依山傍水，环境优雅，干净整洁，绿化覆盖率达 90% 以上。区域内综合实践资料得天独厚，可利用的资源多，如可利用该镇是中国民间艺术之乡、广东音乐之乡、广东飘色之乡、广东醒狮之乡、宝墨园的传统岭南建筑和番禺理工职业技术学院职业规划等资源开展丰富多彩的综合实践活动。通过校园文化建设和综合实践活动来创设学校文化氛围，使学生情操得到陶

冶，学生健康人格得到有效构建，从而全面提高学生的综合素质。

3. 学校具有良好的人文基础

学生思想淳朴，风气良好；老师团结互助，和睦相处。师生之间关系温馨和谐，师生对学校的认同感和归属感都非常高。

4. 城市化带来红利

随着广州南站服务区的发展、周边农村三旧改造以及周边楼盘的发展，我校生源得到了保障。

（二）弱势分析

1. 教师心理资本缺乏

学校在师德培养上开展了一系列工作，"不忘教育初心，牢记教育使命"，以优秀教师标准要求自己——爱岗敬业、关爱学生、刻苦钻研、严谨笃学、勇于创新、奋发进取。然而，学校教师平均年龄40岁，他们的子女都在成长期，使教师花在教学钻研时间减少，且教师教学欠缺激情，教师中存在不同程度的职业倦怠现象。职业倦怠令教师的效能降低，职业价值感降低，也会使教师积极性大减。这样，教师就不能高质量地完成教学任务，还会让学生陷入枯燥无味的学习氛围中，教师难以实现"爱岗敬业、刻苦钻研"等要求，归因就是教师心理资本的缺乏。

2. 教师整体教学水平有待进一步提高

教师年龄偏大，部分教师教学缺乏激情。由于编制限制，使新教师难以引进。如何提高教师教学水平，提升办学质量，是学校亟待解决的问题。

3. 生源素质参差不齐

我校是一所坐落于番禺区沙湾镇西部的农村初级中学，所招学生为学校周边6个自然村的孩子和积分入学的外来工子女，本地生和外来生的比例约为1∶1，学生之间的差异较大。由于生源素质参差不齐，学校难以平衡学科教学与活动教学。为了升学率而开展的教学工作容易压缩学生综合能力素质实践活动的时间与空间，不利于学生的全面发展，也使学校盲目跟随应试教育的大流而失去办学特色。

（三）面临的机遇和挑战

1. 全面提高教学质量离不开科学管理理念

为全面提高教学质量，象骏中学制定《2014—2019年发展战略》，目标是建立科学规范的管理激励机制，建设一支整体素质高、个体显特色的师资队伍，努力打造岭南地域文化特色鲜明的学校。这一战略目标的确立，正是基于学校管理科学化的发展规律与趋势。

2. 打造高效的课堂教学，创学校办学特色

全面提高教学质量，让每个学生都能在最近发展区得到发展，因材施教非常有效。对学生进行有针对性的分层走班教学，是促使全校学生共同进步的一个有力保障，也是使因材施教落到实处的一种有效的途径。建立在"研究学生、读懂学生"基础上的一切教育及其管理措施都应该是有效的，其充分尊重学生的综合评价，以学生的最近发展区为本，通过实施针对性的教育，使每一个学生在原有的基础上有所进步。

3. 探索分层走班教学模式，构建新的教学模式

加强探索分层走班教学模式，积极研究分层走班教学模式下的教学、学生分层、学生管理等模式。具体开展了以下工作：对分层走班教学模式从组班方式、师资安排、课表安排、学生管理、教学评价等方面全方位地建立制度体系，形成新的教学规范。

4. 利用学校改扩建机会，创设良好的育人环境

由于学校存在扩班场室不足、原课室外墙脱落严重和挡土墙存在严重安全隐患等问题，上级政府投入 7000 万元对学校进行改扩建，办学规模从 15 个教学班改为 24 个教学班，学校借此改扩建机会，创设良好的育人环境，从而为社会提供优质的教育资源。

二、分层走班教学的理论依据

（一）个别差异与因材施教原则

学生的个别差异是客观存在的，但存在的差异并不等于一部分学生有发展的潜能，另一部分没有发展的潜力，学生的差异只是说明他们所处的起点不同。我国古代教育家、思想家孔子提出，育人要"深其深，浅其浅，益其益，尊其尊"，即主张"因材施教，因人而异"。作为教师，要根据不同层次学生知识、能力水平等因素综合分析学生存在的差异，确定不同层次的教学目标，有针对性地进行教学，从而提高教学有效性。

（二）符合"循序渐进"的认知规律及"最近发展区"理论

苏联教育家维果茨基的"最近发展区"理论认为，每个学生都有两个发展水平，一个是现有水平，另一个是潜在水平，它们之间的区域被称为"最近发展区"。教学只有从两个层次的个体差异出发，将新开发区转化为现有的发展层次，不断创造新开发区的更高层次，才能促进学生的发展。美国学者卡罗尔（Carroll）提出，"如果提供足够的时间（或学习机会），并

且有合适的学习材料和教学环境,那么几乎所有学生都有可能实现既定目标"。

分层教学是解决统一教学要求和学生实际学习能力个体差异之间矛盾的教学策略,它也是一种基于所有学生发展的课堂教学策略。在教学过程中,它形成了一种促进各级学生不断进步的机制,开发学生的潜能、个性和综合素质。分层教学的本质是让学生在学习的"最近发展区"发展,让他们的个性得到尊重和发展,让学生获得成功的经验,充分挖掘和发展他们的潜力。

三、分层走班教学的目的意义

(一)促进教师素质的提高

分层走班教学对教师提出了新的要求。分层走班教学制度下,教师要根据教学内容、不同层次的学生精心设计课堂教学活动,为不同层次的学生选择合适的方法和手段,根据学生的实际,关注他们的进步,充分调动学生的学习积极性,营造良好的课堂教学氛围,通过有效地组织不同层次的学生的教学,确保每个学生都取得进步。教师预先为不同层次的学生设计了不同的教学目标和练习方式,使不同层次的学生能够"摘桃",获得成功的喜悦。在备课时,教师预先设计不同层次的学生问题,并做好充分的准备,使实际教学更有针对性、更有远见,从而提高了课堂教学效果。同时,学生在分层教学中提出的思考和挑战也有利于教师能力的全面提高。

(二)促进学生的发展

教师根据不同层次的学生的情况提出不同的教学要求,为每个学生找出"最近发展区",教学中对每类学生的"最近发展区"有针对性地进行教学,课堂中充分发挥学生的主体作用,促进有效学习和个性发展,使课堂教学更加丰富多彩,使师生关系更加和谐,实现"把时间还给学生","让学生走向成功",学生取得成功的喜悦能极大地调动学生的学习积极性和主动性,从而大大提高综合能力。

(三)促进学校的发展

通过分层走班教学,学生整体素质有了很大的提高。同时,分层走班教学进一步丰富了学校教学模式,学校重点研究从组班方式、师资安排、课表安排、学生管理、教学评价等方面全方位地建立分层走班教学模式的制度体系，形成了新的教学规范。

四、分层教学的实施

（一）根据学生综合水平分层

学校对学生、家长就分层走班教学的目的、意义、操作方式等内容进行讲解。教师根据学生的兴趣爱好、学习兴趣、学习能力、学习习惯、学习信心等方面做综合分析，让学生和家长一起填写学生学情分析表（见表1），同时，让学生、家长、小组和教师结合学生实际进行分析，并根据分析填写学生综合分析表（见表2）。通过学生、家长、小组和教师的分析，让学生对自己的学情有了较为全面的了解，为今后进一步的学习和发展奠定基础。

教师根据学生分析表的综合得分按一定比例进行分层，通过与不同层次的学生进行交谈，让每个学生明确自己所在的位置，并让各层次的学生确立各自的奋斗目标。

表1　学生学情分析

科目：

姓名		班级	
兴趣爱好		你的理想	
学习兴趣			
学习能力			
学习目标			
学习习惯			
学习信心			
学习方面对自己的希望			
学习方面对教师的要求			
学习方面对家长的要求			

表2　学生综合分析

姓名				班级			
项目	学习兴趣	学习能力	学习目标	学习习惯	学习信心	学习成绩	综合评价
评分依据	浓：10分； 较浓：8分； 一般：6分； 没有：4分	强：10分； 较强：8分； 一般：6分； 差：4分	提高大：10分； 有提高：8分； 不确定：6分； 没有提高：4分	好：10分； 较好：8分； 一般：6分； 不好：4分	强：10分； 较强：8分； 一般：6分； 没有：4分	按期末成绩×50%	
自评							
小组评							
教师评							
总评							

（二）知识结构分层

捷克教育家夸美纽斯明确指出："教给学生的知识，必须是青年人的年龄和心理力量所许可。"这说明，教学内容的安排要考虑教学对象的"可接受性"，因此教师进行分层走班教学前，必须对知识结构进行"分层"。为了合理地对知识结构进行"分层"，首先，在备课上下功夫，将知识结构分为"基本要求""较高要求"和"拓展要求"；其次，认真分析教材知识点；最后，对不同层的学生学习情况进行深入分析，掌握各个层次学生的学习水平，对不同层次的学生接受新知识的速度、应用的强度提出不同层次的要求。

（三）目标分层

美国心理学家佛隆指出："目标的激励作用等于目标的效价乘以期望的概率。"心理学实验也表明：有明确的、目标较无明确的、目标可省60%的时间，并且获得相同的教学效果。这说明，学习目标是学习活动的出发点和归宿点，所以我们要依据课程标准要求、教材知识结构及各个层次的学习水平来制定与各层次"最近发展区"相近的分层教学目标，从而促进学生发展，使每个学生都有奋斗目标，为学习提供动力。教学目标最低要达到课程标准基本要求的同时，又要鼓励他们向高层次发展，中档层学生要能进行较复杂的分析和应用，高层次学生要求具有自学、探索、分析问题的能力。

（四）作业分层

根据教学目标、内容、要求的不同，布置的作业也应不同，应针对不同层次的学生在不同"最近发展区"发展需要布置作业。每次作业可分为必做题（基本要求，各层次学生均可独立完成为标准）、选做题（低中层次学生可选做，而高层次学生要求完成）、拓展题（优等生经过思考才可完成）。

（五）评价分层

为更好体现学生在"最近发展区"得到发展，对学生评价时应进行分层评价，以其在原有知识水平上的进步和学习态度等综合评价学生。在"最近发展区"得到发展是衡量分层教学法是否有效的一个重要手段，学生情况不同，教学目标不同，其评价要求也应不同。在同一考试中，根据学生的层次不同，可以编制不同难度的试卷，如可以采取A、B、C三个层次的试卷或在同一试卷中编写A、B、C三个层次的试题，学生根据自身能力和水平自选。试题的评阅也按照三个层次分别规定评分标准，如C层学生用C组试题（或C层次题）进行评分，B层学生用B组试题（或C、B层次题）进行评分，A层学生用A组试题（或C、B、A层次题）进行评分。这时C层得分可能超越A、B层学生，B层得分可能超越A层学生。这样可以满足不同学生成功的需要，并通过给学生考试的自主选择权，培养学生学习的自主意识和主动发展意识。每一次测试结束后，全体教师都要对每一个层次的每一位学生都要进行认真的分析，及时跟踪，以保证每一位学生的提高和发展。

（六）走班分层教学案例

1. 2018年5月—2018年7月，初三英语、初一数学分层走班教学的形式

（1）初三英语走班教学的形式如图1所示。

课程编排，将初三（1）、（2）、（3）班的英语课编排在同一节课上，初三（4）、（5）班英语课编排在同一节课上（与前者不能同一节）。

要考虑各个老师的特长安排教师，如A层由教学经验丰富的邓伟军科长负责，B层由年轻力壮、对学生有吸引力的李诗华老师负责；C层由上课

幽默、课堂管理能力强的赖长春主任负责。

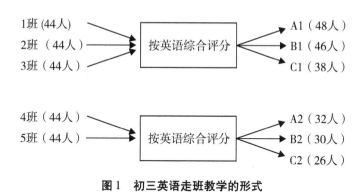

图 1　初三英语走班教学的形式

（2）初一数学走班教学的形式如图 2 所示。

图 2　初一走班教学的形式

课程编排将初一级 5 个班的数学安排在同一节课上。

教师安排：A1、B1 层由教学经验丰富的罗晓珊老师负责，由于这两层的学生自觉性强，当 A1 层学生看微课时，罗晓珊老师就在 B1 层指导学生或讲解题；当 B1 层学生看微课时，罗晓珊老师就在 A1 层指导学生或讲解题教学。B2 层由年轻力壮、对学生有耐心的林晓丹老师负责。C1 层由教学经验丰富的陈演锋科长负责。C2 层由管控能力强的潘桂洪副校长负责。

2. 2018 年 9 月 17 日至今，初二、三数学、英语全面进行走班教学的形式

（1）初三走班教学的形式如图 3 所示。

先将学生按数学和英语综合评分高低分为 A 层（96 人）和 B 层（124 人），当 A 层学生上数学课时，B 层学生上英语课；反之，当 A 层学生上英语课时，B 层学生上数学课。各个层次上课时，只按上课科目综合评分来分不同层次上课，如当 A 层学生上数学课时，学生只按数学的综合评分高低分为 A1、A2 两层学生上课，其他类同。

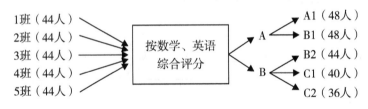

图 3　初三走班教学的形式

在课程编排时，初三级 5 个班的数学、英语课安排在同一节课上。

教师安排如下。

英语：由教学经验丰富的叶延老师负责 A1、B1 层教学，由教学经验丰富、有耐心的刘群英老师负责 A2、B2 层教学，B3 层由上课幽默、课堂管理能力强的赖长春主任负责。

数学：由教学经验丰富、有耐心的陈结洪老师负责 A1、B3 层的教学，由教学经验丰富、有耐心的欧阳秋霞老师负责 A2、B2 层，B1 层由年轻力壮、对学生有耐心的林晓丹老师负责。

（2）初二走班教学的形式。

与初三走班教学的类似，先将学生按数学和英语综合评分高低分为 A 层（140 人）和 B 层（80 人），当 A 层学生上数学课时，B 层学生上英语课；反之，当 A 层学生上英语课时，B 层学生上数学课。各个层次上课时，只按上课科目综合评分来分不同层次，如当 A 层学生上数学课时，学生只按数学的综合评分高低分为 A1（50 人）、A2（46 人）、A3（44 人）三层上课，其他类同。

课程编排：类同初三课表。

教师安排如下。

英语：由教学经验丰富的邓伟军科长负责 A1、B1 层教学，由教学经验丰富、管理能力强的潘艳贞级长负责 A2、B2 层，A3 层由年轻力壮、对学生有耐心的何嘉结老师负责。

数学：A1 层由教学经验丰富的罗晓珊老师负责，A3 层由年轻力壮、对学生有耐心的林晓丹老师负责，A2、B2 层由教学经验丰富的陈演锋科长负责，B1 层由管控能力强的潘桂洪副校长负责。

3. 2019 年 3 月 11 日至今，初一数学、英语全面进行走班教学的形式

当 A 上数学时，B 上英语，反之当 A 上英语时，B 上数学。（见图 4）

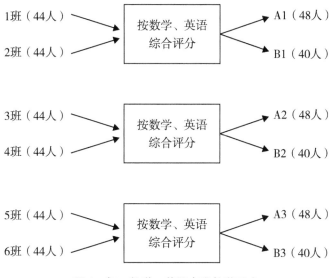

图4 初一数学、英语走班教学形式

课程编排：将初一（1）、（2）班的数学、英语课编排在同一节课上，将初一（3）、（4）班的数学、英语课编排在同一节课上，将初一（5）、（6）班的数学、英语课编排在同一节课上。

教师安排：由原任课老师担任。

为了保障走班教学顺利开展，更好地发挥它的作用，使学生真正受益，需要对各类资源进行合理配置，保留原行政班和班主任。根据各个层次学生的特点合理安科任老师，如对于成绩好的层次着重安排学科知识全面、教学能力强的老师，对基础薄弱层次的学生安排管理能力强、有耐心的教师等，并科学安排课程表。所组成的新班来自同一行政班的学生组成学习小组，并选出组长，负责该小组的管理工作。

分层教学的实施是一个动态的、变化的过程。在分层教学过程中，学生的知识结构和能力结构以及他们的生理心理特点是在不断变化的，因此，在实施分层教学中有许多不稳定因素，对于层次的划分不是一成不变的，可采用动态目标管理，根据目标完成情况进行适当的调整。学生动态目标管理有利于调动学生学习的热情和参与的积极性，更有利于激发较低层次学生的积极性和主动性。

（七）分层走班教学效果评价

1. 学生问卷调查反馈

通过让学生填写分层走班教学问卷调查表（见表3），了解学生对分层走班教学效果的总体评价。

表3 分层走班教学问卷调查

内容	标准	结果
1. 对你有帮助吗	A. 有；B. 没有；C. 不确定	
2. 你上课能听明白吗	A. 明白；B. 不明白；C. 不确定	
3. 你能积极参与课堂吗	A. 能；B. 不能；C. 不确定	
4. 你的作业能独立完成吗	A. 能；B. 不能；C. 不确定	
5. 你的能力是否有提高	A. 有；B. 没有；C. 不确定	
6. 你的信心是否有增强	A. 有；B. 没有；C. 不确定	
7. 你是否赞成	A. 赞成；B. 不赞成；C. 不确定	
其他建议		

2. 教师综合反馈学生总体情况

任课教师根据学生总体表现，从学习习惯、学习兴趣、上课参与度、上课纪律、作业独立完成情况和成绩等因素进行综合分析。

3. 成绩分析

根据统考成绩，与区（或镇）的成绩从平均分、优秀率、合格率、低分率进行比较，分析总体成绩进退情况。

综合上述因素得出分层走班教学效果。

五、分层走班教学的保障措施

为了更好地促进学校分层教学的工作开展，制定保障机制，学校从政策、资金等方面给予分层走班教学全力支持。

（一）成立领导小组

学校成立以校长为组长的学校分层教学领导小组，负责统筹规划、指导协调分层教学工作。明确各部门在开展分层教学中的工作任务和职责，按照分工切实完成各项任务,落实工作措施,形成推进分层教学工作的强大合力。

(二) 落实经费

学校在制定年度公用经费使用计划时,合理安排一定的比例,用于开展分层教学工作经费。

(三) 定期督导

邀请课堂教学的指导专家定期对分层教学的工作进行指导,加强学校教师队伍的理论研究水平,积极探索"淳·骏"文化核心理念下提升学校课堂教学效率的思路和举措,确保各项工作的科学、顺利推进。

(四) 科研带动

积极进行学校分层走班教学课题的申报,以课题研究推动学校课堂教学文化建设。定期举行分层走班教学研讨,组织教师外出学习相关经验。

六、评价

(1) 分层走班教学问卷调查统计表如表4所示。

从表4可发现,学生大部赞成分层走班教学,认为分层走班教学听得明,跟得住,学得会,有进步。

(2) 任课教师反馈认为,学生的学习态度、纪律、习惯都有很大改变:A层学生你追我赶,积极参与探索;B层学生稳打稳扎;C层学生听从以前听不明白到现在听得明白,从不听课到听课,从不做作业到独立完成作业等,总体评价认为比走班教学前有很大进步。

(3) 与区各项数据对照。

1) 2018年5月—2018年7月,初二英语、初一数学分层走班教学成绩分析。

初一数学分层走班教学后,成绩都有进步(见表5),其中平均分对照区提高了1.53分,合格率提高了4%,优秀率提高了0.6%,低分率则下降了1.27%。这些数据说明数学分层走班初有成效,而由林晓丹所教的B2层次平均分进步7分,这说明方法得当,且进步空间是很大的。但有些层次进步较小,如A1层次就值得深思。

表4　分层走班教学问卷调查统计

表5　初一数学成绩统计（2018年7月）

项目	走班前		走班后		对照
	区	校	区	校	
总人数	220	16585	220	16585	
平均分	50.33	60.5	52.26	60.9	1.53
合格率（%）	38.21	60.2	45.91	63.9	4.00
优秀率（%）	4.72	15.6	6.82	17.1	0.60
低分率（%）	18.87	16.1	20.00	18.5	-1.27

初三英语分层走班教学后，学生的成绩有降有升（见表6），其中平均分对照区减少了3.25分，合格率提高了1.5%，优秀率下降9.77%，低分率则下降了1.27%。这些数据说明英语分层走班初有成效，其中有两个指示有所进步，但优秀率下降严重，这与学科属性有一定关联，不能在短时间内改变（只进行了不足4个星期）。

表6　初三英语成绩统计（2018年7月）

项目	走班前（一模）		走班后（中考）		对照
	区	校	区	校	
总人数	220	14045	220	14045	—

续表6

项目	走班前（一模）		走班后（中考）		对照
	区	校	区	校	
平均分	58.23	70.50	88.18	103.7	-3.25
合格率（%）	42.70	62.90	50.30	69	1.50
高分率（%）	10.27	32.60	13.40	45.5	-9.77
低分率（%）	18.38	19.20	7.60	9.5	-1.08

2）2018年9月17日，初二、初三的数学、英语课全面进行走班教学成绩分析。

初二数学进行分层走班教学后，成绩都有进步（见表7），其中平均分对照区提高0.7分，合格率提高了2.89%，优秀率下降了12.22%，低分率则增加了8.23%。这些数据说明，数学分层走班虽有成效，但优秀率下降较多，这与负责A1的老师有很大关系。

表7　初二数学成绩统计（2019年2月）

项目	走班前		走班后		对照
	区	校	区	校	
总人数	212	16585	220	16585	—
平均分	50.33	60.5	51.70	61.8	0.07
合格率（%）	38.21	60.2	41.90	61	2.89
高分率（%）	4.72	15.6	20.70	43.8	-12.22
低分率（%）	18.87	16.1	29.50	18.5	8.23

初二数学进行分层走班教学后，成绩进步明显（见表8），达到设想目标，这与初三学生学习较认真和教师经验丰富有很大的关系。

表8 初三数学成绩统计（2019年2月）

项目	走班前		走班后		对照
	区	校	区	校	
总人数	212	15289	212	16585	—
平均分	60.06	63.80	83.10	82.6	4.24
合格率（%）	59.43	67.00	48.10	47.3	8.37
高分率（%）	12.26	20.40	18.20	22.9	3.44
低分率（%）	8.96	13.20	17.70	20.3	1.64

初三英语进行分层走班教学后，成绩有降有升（见表9），其中平均分对照区减少1.35分，合格率降0.59%，优秀率升0.8%，低分率则增加了8.52%。这些数据说明英语分层走班初有成效，其中两个指示有所进步，但低分率增多严重，这与学科属性有一定关联，不能短时改变。

表9 初二英语成绩统计（2019年2月）

项目	走班前		走班后		对照
	区	校	区	校	
总人数	220	16585	220	16585	—
平均分	57.35	64.40	45.70	51.4	1.35
合格率（%）	59.09	74.40	44.90	60.8	-0.59
高分率（%）	30.00	47.9	32.40	49.5	0.80
低分率（%）	8.18	11.90	25.90	21.1	8.52

初三英语进行分层走班教学后，成绩有降有升（见表10），其中平均分对照区减少1.74分，合格率升高18.07%，优秀率上升21.87%，低分率则增加了1.52%。这些数据说明英语分层走班较有成效。

表10　初三英语成绩统计（2019年2月）

项目	走班前		走班后		对照
	区	校	区	校	
总人数	212	15289	212	16585	—
平均分	44.26	48.50	64.70	67.2	1.74
合格率（%）	34.43	56.50	52.40	56.4	18.07
高分率（%）	2.83	26.70	42.30	44.3	21.87
低分率（%）	23.58	23.30	26.20	24.4	1.52

综上三个指标所述，我们认为分层走班教学对我校这类薄弱农村学校有较大的作用，它能使学生在"最近发展区"得到发展，但是，在实行中哪种方法最有效，还有待我们进一步实践。

七、分层走班教学的反思

（1）完善"走班制管理体系"。在"走班制"模式下学生之间的交往范围从原来的一个班级的四五十个学生扩大到全年级的学生，学生之间的相互影响增加了。虽然这种相互影响可以增强学生的竞争意识，但由于原有班级的教学风格和学习风格不同，学生的不良学习习惯和态度也会影响其他同学。如何解决这一矛盾是班级管理人员关心的问题。在我看来，对于浮动班的管理，教师应该对自己的班级负责，做好学生的思想工作，并及时向班主任和前任老师反映学生的表现。临时班组长和各级班组长按原班组长分组，确定班组长。加强综合管理，构建班主任（辅导班）、教师、班干部、班主任"四位一体"的班级管理模式，树立"人人都是班主任"和"全体成员负责班级管理"的新理念。加强班主任与班主任、班干部与班主任之间的管理信息沟通，防止管理中出现"真空地带"。

（2）合理配置各层次教师，明确各级教学目标，建立科学有效的学科和班级评价体系。分层教学取得显著成效的关键在于任课教师的教学和管理。因此，各个层次的教师配置应综合考虑，分析教师适合哪个岗位，并能调动每位教师的积极性。学生的学习水平固然有高有低，但各级教师的教学水平、专业素养和管理能力不应有太大差异，特别是要努力避免"好老师教好课，差老师教坏课"的不正确做法。对于学困生来说，应该考虑由具有很强管理能力的老师来教学。

（3）学生的心理问题要重视。由于分了层次，会使学生产生"我是尖子生"和"我是差生"的心理暗示。教师要做好引导工作，否则将不利于学生的成长和进步。

（4）教师要针对阶段教学效果进行自我反馈、自我调节。主要是在分层施教这一环节调整教学设计，改进教学方法和教学手段，进一步使"教"适于"学"，提高课堂教学效率。

（5）调整层好各个层次的比例，如 A 班的学生数量可较多，这样有利于提高学生学习的主动性。C 班一般有 40 名左右的学生，这些学生基础较差，再加上学习方法和态度上有问题，使得教师的教学工作很难开展，有时甚至要花大量的时间维持课堂秩序，因此 C 班的小班化可以使教师把更多精力集中在关爱后进生方面。

（6）丰富课外辅导形式，加强合作学习。如 A 层次的班级中，小部分学习能力特别优异的学生做好课外辅导；C 层次的班级中，也仍会有小部分学习基础特别差的学生依然跟不上。为此，要进行"培优补差"的工作，定好辅导时间、地点和人员，确保辅导成效，并且尽可能找一些能力较强的 A 层学生以"小教师"的形式对 C 层学生进行协助辅导，以此作为"分层走班制"教学的有效延伸和必要补充。

八、分层走班教学的困惑

（1）因教师参加教研活动、会议、请假等原因要调课时，需要调动整个年级大部分教师的课。实行的这段时间内虽然不是天天调课，但基本上平均 2 天左右就要变动一次课程，给师生带来了很大的不便，如何解决这个问题是我们需要思考的。

（2）若发生传播性疾病时，会对学校的管理带来更大的挑战。

（3）如何完善教师的评价等。

面对学生"参差不齐"的实际水平，在初中教学中正确地运用"分层走班教学"，可使学生的学习目的性更明确，自觉性更强，学习兴趣更浓厚，从而达到缩小两极分化、大面积提高教学质量的目的。同时，分层次教学也是一种新的、操作难度大的工作，有待在今后的实践中继续探讨与改进。

参考文献：

[1] 姜丽娟. 分层教学在数学教学中的应用研究［J］. 成长之路，2017

(11).
[2] 吴显锋. 初中数学中分层教学的具体应用研究 [J]. 数理化解题研究（初中版），2017（12）.
[3] 李和平. 分层教学在农村初中数字教学中的应用 [J]. 求知导刊，2017（12）.
[4] 陈玉云. 分层走班制——推进素质教育的新模式 [J]. 辽宁教育研究，2003.
[5] 张慧琪. 高中生数学应用题表征研究 [D]. 桂林：广西师范大学，2008.
[6] 巩天佐. 普通高中差异教学管理的问题与对策 [D]. 烟台：鲁东大学，2012.
[7] 毕强. 浅谈学生分层教学 [D]. 宜宾：四川宜宾县柳嘉镇初级中学校，2008.
[8] 简剑芬，陈志宏. 分层次教学的反思 [D]. 长沙：湖南师范大学外国语学院，2009.

教学工作诊断与改进规划目标细化表的研制

——以广州市番禺区职业技术学校为例

广州市番禺区职业技术学校　古建泉

摘要： 教学工作诊断与改进是一项新的学校管理举措，依据诊断要素制作的规划目标细化表是开展教学工作诊改的目标标准。本文通过对评估评价指标体系、诊断项目的结构体系和诊改规划目标细化表的功能等进行分析，旨在探讨如何根据学校的实际情况，研制具有学校特色的教学工作诊断与改进规划目标细化表的技术方法。

关键词： 诊断与改进；诊断要素；目标细化表；研制方法

教学工作诊断与改进作为一项新的学校管理举措，正在全国中职学校中试行。自"管、办、评"分离后，教育行政部门在全国职业院校中实行"教学工作诊断与改进"（以下简称"诊改"）机制，旨在引导和支持中职学校建立常态化的自主保证人才培养质量的制度与方法。广州市番禺区职业技术学校是省市两级试点校，当前的试点工作是依据上级教育部门颁布的《中等职业学校教学工作诊断与改进指导方案》（教职成司函〔2016〕37号）的相关规定，制定学校诊断工作实施方案，建立人才培养状态数据库，并根据自身办学理念、办学定位、人才培养目标，聚焦专业设置与条件、教师队伍与建设、课程体系与改革、课堂教学与实践、学校管理与制度、校企合作与创新、质量监控与成效等人才培养工作要素，查找不足与完善提高的工作过程。从诊改的内容看，虽名为"教学工作"，但实际涉及学校人才培养的全过程，涉及学校办学的方方面面。从诊改实施的路径看，诊改工作就是要完成"确定目标""聚焦要素""查找不足""完善提高"系列工作过程。从诊断的工作方针看，教育主管部门要求各校坚持"需求导向、自我保证、多元诊断、重在改进"，在共同框架下，学校要制定自己的诊改标准。因此，学校要有自己清晰的、可测量的教学工作的目标和标准，是构建具有学校特色的诊改目标（标准）体系的基础，是实施学校诊改的先导性任务。本文通过诊断项目的体系分析，旨在探讨如何根据学校的实际情况，研制具有学校特色的教学工作诊断与改进规划目标细化表的技术方法。

一、诊改规划细化表的体系分析

（一）评估评价指标体系分析

在诊改工作开展以前，中职学校的办学水平和教学质量的评价基本上通过各种评估或评价等方式来实现，如专业设置合格评估、广东省重点专业评估、重点学校评估、示范学校评估、毕业班水平评价等，这些评估评价工作的共同特点就是：事先有一套明确的且又统一的指标内涵和评分标准，各校均按照统一的标准来衡量办学水平和教育教学质量。例如，广州市中职学校毕业班评价质量标准。（见表1）

表1 广州市中等职业学校毕业班工作评价指标体系（部分）

指标内涵	评价标准
毕业、就业质量（35分）	1. 毕业率：本届学生的毕业率≥85%；（5分） 2. 职业技能证书考取率：本届学生职业技能证书考取率≥90%；（5分） 3. "双证"率：本届学生"双证"率≥90%；（5分） 4. 思想品德操行评定合格率：本届学生思想品德操行评定合格率≥90%；（5分） 5. 就业率：本届学生的就业率≥95%；（5分） 6. 对口就业率：本届学生对口就业率≥70%；（5分） 7. 学生顶岗实习专业对口率：本届学生顶岗实习专业对口率≥70%（5分）

（二）诊改规划细化表的结构分析

诊改是教育行政部门用于引导和支持中职学校建立常态化的自主保证人才培养质量的重大机制性的新举措。鉴于它是新举措，教育行政部门为了更好指地导学校开展诊改工作，在相关的诊改指导方案中，只提供"诊断项目参考"。（见表2）

表 2　诊断项目参考

诊断项目	诊断要素	诊断点提示（"办学定位"的部分）	
		规划目标	主要诊断点
1. 办学理念	1.1 办学定位	1. 学校类型和层次定位； 2. 专业设置数量与结构； 3. 在校生规模； 4. 社会服务面向、类型、规模	1. 在校生总数； 2. 升学、就业学生占比； 3. 招生专业数量、结构； 4. 各专业学生数量分布及趋势； 5. 毕业生去向分布及趋势； 6. 各类社会服务数量统计及趋势
	1.2 人才培养目标		
	1.3 素质教育		
2. 教学工作状态	2.1 专业建设状态		
	2.2 课程建设状态		
	2.3 课堂教学与实践教学状态		
3. 师资队伍建设状态	3.1 专任教师队伍建设状态		
	3.2 兼职教师队伍建设状态		
4. 资源建设状态	4.1 教学投入及基础设施建设状态		
	4.2 教学资源建设状态		
5. 需求方反馈	5.1 学生反馈		
	5.2 用人方反馈		
	5.3 其他		

由表 2 可见，诊改工作涉及学校办学和质量提升的 5 个诊断项目、13 个诊断要素，110 个诊断点（实际上涉及的诊断点达 136 个）。从诊断的项目、要素的构成来看，更多的是以诊改过程的状态为着眼点，以关注变化趋势和阶段结果为主。在整个诊断体系中，涉及数量的诊断点有 48 个，涉及比率（比例）的诊断点有 32 个，涉及变化趋势的诊断点有 12 个，涉及结构分布的诊断点有 11 个。另外，还有 18 个诊断点与情况汇报有关，8 个诊断点与成果有关，2 个诊断点与成效有关，5 个诊断点与报告有关。从各诊断点的内涵看，首次使用了"提示"两字，体现了诊断点内涵的开放性；把"规划目标"引入诊断点，为学校制定诊断标准明确了思路和方向。不管是数量指标还是定性描述的指标，均没有具体的目标标准的要求，也没有评分指标，诊断参考表只是一个"参考性"的框架。

表 3 为中职学校教学工作诊改项目主要诊断点的特征分析。

表3　中职学校教学工作诊改项目主要诊断点的特征分析

要素	数量	比率比例	趋势	结构分布	情况	成果	成效	报告	小计
1.1 办学定位	4	2	3	3	—	—	—	—	12
1.2 人才培养目标	—	5	4	—	—	—	—	—	9
1.3 素质教育	—	3	1	—	1	4	1	—	10
2.1 专业建设状态	4	1	—	1	1	1	—	—	8
2.2 课程建设状态	5	—	—	—	—	1	—	—	6
2.3 课堂教学与实践教学状态	4	5	—	—	1	—	—	—	10
3.1 专任教师队伍建设状态	6	3	—	2	—	—	—	—	13
3.2 兼职教师队伍建设状态	6	1	—	1	1	—	—	—	9
4.1 教学投入及基础设施建设状态	8	2	—	—	1	—	1	—	12
4.2 教学资源建设状态	5	—	—	1	1	—	—	—	7
5.1 校企合作状态	3	3	1	—	1	1	—	—	9
5.2 学校管理制度的建设与运行状态	1	—	—	2	6	—	—	—	9
5.3 质量监控状态	2	1	—	1	1	—	—	3	8
6.1 学生反馈	—	2	—	—	1	—	—	—	3
6.2 用人方反馈	—	4	3	—	2	—	—	—	9
6.3 其他	—	—	—	—	2	—	—	—	2
小计	48	32	12	11	18	8	2	5	136

（三）诊改规划目标细化表的功能分析

在学校工作中，目标是决定学校人才培养工作的基本方向和学校发展的理想状态。从诊改的工作流程看（见图1），目标是诊改的逻辑起点。试想，如果没有目标、没有标准，如何"设计、组织、实施"，又根据什么进行诊断、改进？这样，自然也就无法形成"8字形"质量改进螺旋。

教学工作是一个复杂的有机系统，根据系统分析的原理，关键要素通常能反映系统的运行状态和结果。因此，在教学工作目标和标准的研制过程中，可以把相关的诊断项目和要素目标化、标准化，然后再编制成《教学工作诊断与改进要素规划目标细化表》，以此为基础反映教学工作的目标链和标准链。按照"标准用于诊断、目标用于改进和引导行动"的原理，结合学校的办学实际情况，制定和完善学校的工作目标、规划目标。各职能部门对照诊断项目和要素的观察点，确定相关的定性、定量目标（标准），要求做到以定量为主、定性为补。

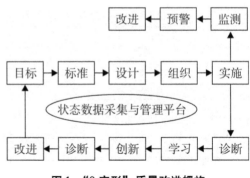

图1 "8字形"质量改进螺旋

二、诊改规划目标细化表的研制方法

（一）以系统分析为基础确定诊断项目的内涵

在诊改规划目标细化表的研究过程中，运用系统分析原理深入分析诊断项目的内涵，找到影响诊改规划目标的关键要素。

通过对省教育厅颁布的诊改相关方案中有关诊断项目的文件进行分析，可以看出每个诊断项目均具有特定含义，却又没有明确表述出来。如"办学理念"，分为"办学定位""人才培养目标"和"素质教育"3个诊断要素；每一个诊断要素又对应若干个诊断点，如"办学定位"，它的观察点分成"学校类型和层次定位""在校生规模""专业设置数量与结构""社会服务面向、类型、规模"等。通过对"办学定位"的深入分析，初步确定了学校"办学定位"的内涵、规划目标和标准。（见表4）

表4 "办学定位"的内涵、规划目标和标准

观察点	规划目标和标准
学校类型和层次定位	以全日制中职教育为主，业余培训为辅；做强中职，做优中高职衔接，努力把我校建设成为"广东特色、全国一流"的现代化综合型职业学校，升学率达到50%（由2015学年的28%，逐年增加5%）
在校生规模	学校规模4500人（计划逐年调整，由2015年的4800人规模调整到2020年的4500人，逐年递减50～100人）
专业设置数量与结构	以机电和财经商贸专业为重点，专业数量控制在14～16个以内（重点专业4个，主干专业8个，工科专业8个，文科7个）。 主干专业控制在10个以内，招生规模为2～3个班，辅助专业1～2个班，工科专业的招生相对增加，文科专业相对减少

续表 4

观察点	规划目标和标准
社会服务面向、类型、规模	毕业生主要面向广州南部新城，直接就业率从72%每年减少5%，升学率每年增加5%达到50%，就业生中到企业就业的为40%，到服务行业就业的为60%。 依托设在学校的广州市职业技能鉴定所、广州市番禺工贸职教集团、匠新教育发展公司、番禺区中职教育实训中心、番禺农校等机构，做好培训、鉴定等工作，计划年招生规模为1500人次

通过对办学定位的项目内涵分析，从职业教育内在规律角度出发，准确把握诊断项目中6项16个要素的内涵实质，是制定教学工作诊断与改进规划目标细化表的基础。

（二）以政策法规为基础确定底线标准

在诊改的项目要素中，没有具体的统一标准，是诊断区别于评估评价的重要特征之一。但在实际应用中，按照"坚守底线"的原则，对于影响办学水平的基本条件必须做到达标。具体落实到诊改规划目标细化表中，所有目标不能低于、只能优于《中等职业学校设置标准》《中等职业学校管理规程》，以及《教育部办公厅关于制订中等专业学校专业教学标准的意见》和省市有专业教学指导方案、评估评价办法的规定等文件的要求和标准。这些"要求""标准"是学校办学的基本标准，即底线目标，如学校师资队伍建设目标，新专业开设和辅助专业建设目标，校园校舍、图书阅览室的建设目标，等等。底线目标的标准值，可以从相关的政策、规范中获取。

（三）以学校的发展目标为依据确定工作标准

特色和品牌是中职学校生存和发展的基础。每一所学校均有自己的办学目标、发展目标，比如番禺职校，在"十三五"学校发展规划中，学校的办学定位是创建"广东特色、中国一流"的职业学校，因此学校各方面的工作目标标准要达到甚至优于广州市示范校的工作要求。根据学校发展目标制定相关的工作目标标准，是合理、科学、规范地制定规划目标细化表的必须遵循的基本原则，如诊断要素中涉及的学校规模、重点（示范）专业的建设标准、实训条件、专业带头人、骨干教师、班主任建设和学生质量、教育过程等相关项目，基本上按照市毕业班评价起始计分标准或满分标准作为学校的规划目标。（见表5）

表5 专任教师队伍建设状态的内涵、目标和标准

要素	目标标准
师资队伍建设规划	以上级教育主管部门各项办学方针、政策为依据，以学校"十三五"规划为目标，以系部为二级单位制定师资队伍建设规划，细化年度、学期师资队伍建设实施细则，完善各项制度，落实经费保障，努力建设一支师德高尚、职称与学历达标、专业能力强、科研能力好、结构更趋合理的专、兼职教师队伍
师资队伍数量与结构	——师生比控制在1∶20以内，专任教师占教职工总数85%以上。 ——专任专业教师占专任教师60%以上，实践教学专职指导教师数量不少于专任专业教师总人数的10%。 ——专任专业教师"双师"比例达60%以上。 ——教师专业对口率在95%以上。 ——高级职称占专任教师总人数的20%以上
师资队伍能力与水平	各专业基本师资队伍至少包含有1名专业带头人、2名骨干教师，1名高级讲师和2名讲师
师资队伍培养提高	细化计划实施，完善激励制度，多措施提升学校教师专业发展水平。 ——落实每学年教师完成72学时以上继续教育学习任务；启动新一轮综合素质提升全员培训工作，每3年至少有5～10天的系统培训。 ——做好教科研服务支撑工作，以项目为引导，支持教师每3年至少完成1篇教科研方面的论文或承担1项教改课题的研究或开展1项社会服务，设立10万元的教科研奖励基金。 ——每位专业教师每5年完成6个月的企业实践。 ——继续推进青蓝工程，重视青年教师的培养，入职3年内或升职3年内与高一级的教师结对培养。 ——重视专业技能竞赛，激励教师积极参加技能竞赛并争取获奖，设立40万元的奖励基金

此外，工作目标也可以从学校多年的教育教学过程中去寻找。这方面主要涉及学校的德育工作、学生就业和学生、社会对学校的评价等项目，由于这些项目指标难以找到政策上的规定，学校只能根据多年来的实际情况制定出学校的规划目标。（见表6）

表6 素质教育的内涵、目标和标准

观察点	规划目标和标准
学校德育目标、内容、途径	1. 我校德育目标、内容、途径：将继续深入贯彻落实教育部《中等职业学校德育大纲（2014年修订）》，全面提高德育质量。 ——目标：落实立德树人根本任务，深化德育改革，完善德育工作体系，增强学生的社会责任感、创新精神和实践能力。把德育与智育、体育、美育有机结合起来，努力构建全员、全过程、全方位育人格局，全面提升德育水平，特别是职业道德水平。 ——内容：按照学校德育系列方案，深入开展中国特色社会主义和"中国梦"的宣传教育，大力加强社会主义核心价值观教育，帮助学生树立正确的世界观、人生观和价值观。建设学生真心喜爱、终身受益的德育和思想政治理论课程。加强法治教育，增强学生法治观念，树立法治意识。 ——途径：统筹推进活动育人、实践育人、文化育人。以"匠"文化为核心、广泛开展"文明风采"竞赛和各种技能竞赛活动，以"亮闪"文化为中心，积极开展丰富多彩的校园文化和主题教育活动。一、二年级每周2节德育课，各年级每周1节主题班会；每年建设10节课的典型教学资源与案例，逐渐形成德育教学资源库。 ——毕业生的职业热爱率达80%以上，遵纪率97%以上，守时率97%，接受任务率95%，事后有反馈率80%，乐学率80%
德育工作队伍建设	2. 构建校、系、班三级管理，按每100名学生配制2.5人德育管理团队。每一系部建设1个具有专业特色的名班主任工作室
体质达标率	3. 体质实际达标率90%、优秀率达30%以上
学生违纪率控制目标	4. 在校生犯罪率为0，实际违纪率（含迟到、旷课）控制在5%以内
素质教育标志性成果	5. 坚持"高标准就业，大众创业"的原则，继续强化对学生的职业规划指导、以名师引领和示范、孵化基地实战训练的教育与培养模式，不断提高学生的自主创业意识和创业能力。高标准推进校企合作"两平台一基地"的建设与研究，运用新技术新工艺推动新兴产业及行业的创新发展。力争每学期突出1个主题，打造1~2个典型。参与社会活动学生不少于30%

续表 6

观察点	规划目标和标准
创新创业教学建设	6. 组建职业指导团队，每学年学生能获得 20 节的职业指导课和示范课
在校生操行合格控制目标	7. 操行合格率 100%

三、诊改目标细化表的运用及优化

（一）使教学工作目标和标准系统化

通过学校《教学工作诊断与改进要素规划目标细化表》的制定，使教学工作目标和标准系统化，初步形成有学校特色的教学工作的目标链和标准链。根据教育部在《关于做好中职学校教学诊断与改进工作的通知》的附件中，列出了 2009 年以来 19 个适用于诊断的规范性文件，省市教育行政部根据本地区的情况出台了相关的配套文件。在这些文件中，无论是国家还是省对学校教学工作均有不同的要求，例如专业建设的要求（见表 7）。根据调查，无论是学校层面，还是中层管理部门，在实际工作中很少去关注上级部门的相关规定。究其原因，上级部门的文件要求过于分散是重要因素。而诊改规划目标细化表根据学校的具体情况，将不同的要求统一起来，成为学校教学工作的统一的目标标准。

表 7 专业建设的要求一览

序号	文件	专业建设的要求	备注
1	中等职业学校设置标准	1. 教师：专业教师≥50%，双师≥30%，本专业中高级教师至少 2 人。 2. 设施：应有与办学规模和专业设置相适应的校园、校舍和设施。 3. 仪器设备：应当具有与专业设置相匹配、满足教学要求的实验、实习设施和仪器设备。工科类专业和医药类专业生均仪器设备价值不低于 3000 元，其他专业生均仪器设备价值不低于 2500 元。 4. 实习、实训基地：要有与所设专业相适应的校内实训基地和相对稳定的校外实习基地，能够满足学生实习、实训需要	底线标准

续表 7

序号	文件	专业建设的要求	备注
2	中等职业学校管理规程	1. 按照《中等职业学校专业目录》设置的专业，应当经学校主管部门同意，地市级以上教育行政部门核准。 2. 学校应当与行业企业紧密合作，共同建立专业建设委员会和专业教学指导委员会。 3. 学校根据国家教育行政部门发布的指导性教学文件，制订实施性教学计划。 4. 严格执行国家教育行政部门设置的公共基础课程和专业技能课程，设置必修课和选修课。 5. 学校应当积极推行学历证书与职业资格证书并举的"双证书"制度。学校应当组织学生参加职业技能鉴定，开展技能竞赛活动	工作标准
3	市专业教学指导方案	1. 师资：本专业应配备 2 名及以上具有相关专业中级以上专业技术职务的专任教师；"双师型"教师应不低于 60%；应有业务水平较高的专业带头人，并聘请一定比例（10%～30%）的行业企业技术人员和能工巧匠担任兼职教师。 2. 设施：多项功能及理实一体化教学功能的基地，包括基础实训室、专项实训室和综合实训室。实训设备配置应不低于以下标准，主要设施设备的数量按照标准班（40 人/班）配置（附表略）。 3. 应建立 2～3 个稳定的校外实训基地和若干个顶岗实习点。 4. 规定了公共基础课和专业核心课的课程、课时及对应的学段	市的底线标准
4	省重点建设专业	1. 专业设置合理，符合本省、本地区产业结构调整升级需要，就业前景及社会声誉好，在本地区、本行业同类学校中起示范、骨干作用。 2. 培养目标明确，对应岗位群清晰，课程设置合理，突出技能培养。 3. 师资队伍数量充足、结构合理、综合素质高。专业教师学历达标率不低于 90%，总数与本专业全日制学历教育在校生数之比不低于 1:35（涉及生均资源的，均按全部学生计），"双师型"教师不低于 60%。 4. 校内建有一体化教学课室 2 个以上；实验实训设备设施满足人才培养需求，生均设备值不低于 3000 元。 5. 校企合作成效显著，行业企业深度参与课程设置、教学过程、资源开发、教学评价等专业人才培养全过程，并逐步形成长效机制。 6. 专业独立开办 5 年以上（不含与其他学校合作办学时间），至少有两届毕业生，毕业生就业率 96% 以上。最近 3 年全日制学历教育在校生规模均在 300 人以上	工作标准

续表 7

序号	文件	专业建设的要求	备注
5	省双精准示范专业的基本条件	1. 为我省经济社会发展急需的重点领域，且与学校所在地区或行业重点发展的产业领域相一致。 2. 专业综合实力校内排名前 10%，是学校重点建设的主干专业。 3. 专业全日制在校生规模达到省级重点专业标准（400 人以上）。 4. 工科专业生均实训设备总值≥9021.1 元/生，文科专业生均实训设备总值≥6008.1 元/生。 5. 专业"订单"培养比例≥50%。 6. 应届毕业生初次就业率≥全省平均初次就业率（98.00%）、应届毕业生初次对口就业率≥全省平均初次对口就业率（79.00%）。 7. 专业所面向的行业产业现状及发展趋势、对中职的人才需求、同类专业建设情况对比分析，科学到位	工作目标

在诊断试点的初期，学校分别制定了《诊断与改进的制度建设框架》《专业建设合格评价标准》《学校工作目标》等，同样在诊改规划目标细化表中，将分散的各项工作目标标准进行了统一，并剔除了相互矛盾的目标和标准。

（二）诊改工作有了标准、行动有了目标

诊改规划目标细化表的首要功能是用于教学工作的诊断，旨在查摆问题，评价改进效果。根据广东省诊断方案中的"考核性诊断"要求，结合试点工作，就如何根据人才培养工作的状态数据和"教学工作诊断与改进规划目标细化表"进行诊断。我们设计了两种模式："现状描述" + "标准" + "对比结果"及"结论" = "现状描述" + "标准"的比较分析。

其中，上述模式中的"标准"，就是"诊改规划目标细化表"中列出的目标和标准。通过现状与目标标准比较分析，就能清晰地知道目标和标准与现状的差异程度，找到影响学校发展的问题和改进的方向。例如，学校在校生的规模出现递减，为了实现规模相对稳定的目标，学校在今年的工作计划中就明确提出"确保今年 1600 人的招生规模"的目标；优化专业设置，适当减少专业规模数；专业更新以专业方向更新和课程更新为主，新设专业为辅；工科专业规模适当扩大到 60% 以上，达到增加教师编制数的要求；等等。

另外，教学工作诊断与改进要素规划目标的颁布，使学校各个部门、每

一个节点上都有清晰的工作目标。有了目标，在行动上就了有了努力的方向。例如，在人才培养方案制定上，针对个别专业对口就业率偏低的问题，要求重新确定该专业对应的职业岗位，重新建构课程体系；针对校企合作成绩不显著的问题，学校加大引进校企合作项目，并在协议中增加教师参与企业实践和科研成果转化的条款要求。

（三）诊改规划细化表的动态优化

目标和标准的相对稳定，有助于学校教学工作连续、深入地开展，是学校稳定发展的基础。诊改规划目标细化表中的目标标准基本上都是预先设定，随着社会经济的发展及学校办学情况的变化，需要要对目标标准进行调整。因此，诊改规划细化表的定期动态优化，将成为一种工作常态。

诊改规划目标细化表的优化，旨在学校的办学始终合乎相关规范要求和发挥目标引领发展的作用。对规划目标细化表进行优化，实质是对原来的目标标准进行有效性和合理性的评价，特别是一些关键性的要素在未来是否能适应学校发展的要求，如果合适就保留下来，反之则要修改。在有效性方面，按照守住底线的要求，把诊改规划细化表中目标标准与近期的政策文件进行比较，例如，2018—2019学年我校对2016、2017学年制定的规划目标细化表优化时，根据中共中央办公厅、国务院办公厅印发的《关于深化教育体制机制改革的意见》，将专业能力培养目标修改为："坚持以就业为导向，着力培养学生的工匠精神、职业道德、职业技能和就业创业能力"，其中"工匠精神"的内容是新增加的。在合理性方面，主要体现在学校的工作目标和衔接目标上，例如，"学校规模"，我校定为4500人，虽然在过去的两年中职学校生源紧缺，招生不容乐观。但经学校反复研究后，认为通过努力能够达成招生目标，所以4500人的目标规模仍然保留，但考虑到学校的师资编制是与学生数和专业类别挂钩，在目前基础上理工类的专业只要增3%以上，教师编制能增30%，为此在新的修订稿中，把理工类专业学生数修订为占60%以上，作为学校规模目标中的附加目标。再如，学校要创办高水平职业学校，原有按照重点专业制定的专业建设、课程建设等方面目标标准，需要调整为最新的"双精准"示范专业的目标标准。

四、结束语

诊改规划目标细化表，源于诊断要素参考框架，融入了教育主管部门的要求和学校办学目标标准。它是教学工作诊断的一把标尺，在保持这把标尺在一定时间内相对稳定的同时，又需要根据实际进行动态微调。因此，在实际使用中要准确把握"8字形质量改进螺旋"带给我们的工作思维，根据学校的发展和在当地经济建设中扮演的角色，不断地完善诊改规划目标细化表中内涵、目标和标准。

参考文献：
[1] 杨应崧. 打造"两链"，找准诊改的起点 [N]. 中国教育报，2017 – 09 – 26（11）.
[2] 任占营. 职业院校教学工作诊断与改进制度建设的思考 [J]. 国家教育行政学报，2017（3）.
[4] 周俊. 教学"诊断与改进"：变"迎评"为"日常"[N]. 中国教育报，2016 – 10 – 25（7）.
[5] 袁洪志. 高等职业院校内部质量保障体系建设与运行实务 [M]. 南京：南京大学出版社，2017.

番禺区石碁第二中学
"家园"文化建设实践与思考

石碁二中　胡兆炽

内容摘要：凝练一种文化，增强师生校园归属感，引领师生共同成长，这是学校文化育人功能的本质体现。本文以"同兴共进"为核心理念构建家园文化，通过重塑学校理念体系、环境建设、德育活动、管理文化等手段开展家园文化建设，并取得了较好的效果，有力地促进了学校办学绩效的提升。

关键词：同兴共进；家园文化；实践

石碁二中创建于1985年，是一所公办初级中学。在各级政府的关怀下，2009年学校进行原址改建，2013年完成校舍、场地等基础工程并投入使用。全体师生勤奋朴实，为学校的发展谱写了美丽篇章。

一、建构"家园"文化的背景分析与建设目标

（一）面临的形势

与先进学校相比，我们自觉差距甚远，主要存在的问题有：师生缺乏内驱力，教师视野狭窄，自信心不足；教师专业水平不高，教学成绩波动大；骨干老师青黄不接，年轻骨干教师少；学生厌学情况时有存在，优秀生尖子生缺乏；等等。更为突出的是，学校办学30多年以来，一直没有自己鲜明的历史文化特征，办学理念体系需要做进一步提升。这些问题已严重制约学校的新发展。因此，进行新的文化建构，符合我校所面临的新的形势要求。

（二）未来的选择

近年来，我校办学条件得到了极大改善，校舍建筑宏伟、专用场室充裕、设备设施先进、信息技术发达，为我校未来的发展奠定了很好的物质基础。作为一所有了一定基础积淀、现时办学条件又得到很大改善的初级中

学,如何把握机遇与迎接挑战,已成为我们二中人所面临的严峻课题。

基于以上思考,我们提出了建构以"同兴共进"为核心理念的"家园"文化,就是将师生与学校通过"家园"的纽带紧紧联系在一起,营造出学校就是师生的"家园"、师生工作学习都是为了自己"家"、师生之间就像家人一样的和谐氛围,从而推动学校持续健康和谐发展。

二、文化内涵解读

"同兴共进"的字面意思非常简朴明了,就是一同振兴、一同进步的意思。兴,是兴办、兴建、干起来、做起来的意思,表示动作行为;同时又指兴盛、兴旺,常专指国家由衰退而复兴、蓬勃发展、兴旺发达。同兴,在这里是一同合作、振兴学校的意思。进,有前进、迈进、向前发展、成长之意。共进,在这里是师生一同进步成长的意思。

这里没有华丽的辞藻,却有教育的本真。这是石碁二中原有的色彩,全体师生团结、协作、勤奋、诚信、朴实,爱校如家,兴业以家,力往一处使,智朝一处用,共谋发展,因此成就了我们事业的辉煌。让学生静下心来读书,让教师安下心来教书,这就是办学原本应有的底线。

随着现代文明的发展以及现代教育理论的兴起,人们更清晰地认识到,教育的本质就是使人臻于至善,通过师生的不断交往、交流、合作来达到人的思维、品质、知识不断丰富、成熟。因此,真正的学校是能让师生坐下来交流思想、启迪思维、共同探索、共同成长的共同体。在这个共同体里,师生的思想与行为、学习与生活都有共同的愿景与目标,大家也为之奋斗,从而最终实现师生成长和学校的发展。

《礼记》有言"独学而无友,则孤陋寡闻也"。作为学校,全方位提供交流平台,并使之常态化,其目的就是为了克服"独学"状态。按照现代的教育理想而言,师生关系没有高下之分,而应彼此尊重、理解、关爱、民主、平等。紧密的师生组织,对促进学校发挥功能、形成合力、和谐发展是很有作用的。这也正是"家"的基本特征与精神特质。

据此,"同兴共进"是传统经验与现代理论糅合的一种文化,它既有传承又有发展,既显示了我校的历史轨迹,也符合我校未来发展的选择。

三、建设策略与实施

（一）理念文化建设——重构办学理念体系

1. 办学理念：同心协力，兴业以家

同心协力，把学校当家，以振兴家业的精神来振兴学校，振兴事业（学业）。这是一种主人翁精神，这是一种大同理念，要求学校所有人有责任，有担当，共谋发展；强调学校是大家的，一荣俱荣，一损俱损，甘苦与共。这样的办学理念培养的是一种战斗品格，凝聚的是一种团队精神，这既是一种质量追求，也是一种育人目标。

2. 办学目标：促进每一个生命成长与发展，建设校美质优的现代学校

新的课程改革的根本宗旨是"为了每一个孩子的成长，为了中华民族的复兴"。作为学校，践行这一宗旨的根本要义就是要关注每一个生命，促进每一个生命的成长与发展，包括这一生命的德、智、体、美等各个方面的发展。这是我们办学的出发点与落脚点。

美，通常有外表美与内在美之分。校美，既指校园的美丽，绿树掩映，芳草鲜美，布局合理，窗明几净，更指学校的精神美，同心同德，互爱互助，同兴共进；行为美，师生文明礼貌，文质彬彬，优雅得体；质量美，学校效率高，效益好，社会声誉好。

质优，指质量优秀。这是石碁二中原有的本色，也是二中人从前、现在乃至今后不懈追求的理想与目标，尽管现在已有，但依然可以不断发展，尤其是现在所面临的局势，更值得二中人的奋力保持与弘扬。

校美，需要质优；质优，才能校美，两者互为条件、相得益彰。而要达到校美质优的目标，其前提条件是师生个体得到成长与发展，否则校美质优就是一句空话。因此，本目标是一个完整的整体，互为条件，互为因果。

3. 校训：勤、朴、诚、恒

勤，勤奋，做事尽力，不偷懒，如"～劳、～快"。"勤者，有事则收之"（《礼记·玉藻》）。朴，朴素，原意是没有细加工的木料，喻不加修饰，如"～素、～实、～厚、～质"。后多形容"淳朴、朴实"，"敦兮其若朴"（《老子》）。诚，诚信，意谓对待人们要诚实讲信用，不搞鬼鬼祟祟的把戏和阴谋诡计。"诚者天之道也，诚之者人之道也"（《礼记·中庸》）。恒，持恒，持久，如"～心、～久、～定"。"恒者，久也"（《易·序卦传》）。

用在教育教学范畴，勤，是学习的态度，勤能补拙；朴，是学习作风，踏踏实实地学，不浮躁，不激进，一步一个脚印；诚，是学习品质，"知之为知之，不知为不知，是为知也"（《论语》）；恒，是学习的精神，坚持不懈。这是对石碁二中"同心协力，兴业以家"理念最好的阐释，也是对其生动的体现。要振兴学校，每一成员非"勤、朴、诚、恒"不可。

4. 校风：团结互助，甘苦与共

团结互助，指在人与人之间的关系中，为了实现共同的利益和目标，互相帮助、互相支持、团结协作、共同发展。在这里更多的是指师生间、同学间互相帮助、互相学习，做到谦虚谨慎，学人之长，向师长学习，向同行学习，向后生学习，向有经验、有长处的人学习。

甘，是指甘甜，在这里特指成功的快乐；苦，是指疾苦，在这里特指困境困难；甘苦与共就是彼此共同分享成功和承担困难。在这里，"成功"指的是成绩和荣誉；"困难"指的是挫折与失败。

校风是学校呈现的一种精神风貌，是学校精神的主要表象，也是办学理念的显性流露。我们倡导"团结互助，甘苦与共"的校风，出发点与落脚点就是要形成一个生命共同体。在这个共同体里要有一种意识：校进我进，校退我退；校甘我甘，校苦我苦。我们要有一种精神：无论是什么情况下都是共同面对，同担忧患，同享快乐。我们要有一种行为：共同学习，共同奋斗，一同发展。

5. 教风：严谨务实，不耻下问

严谨，本意是形容态度严肃、谨慎，细致、周全、完善，追求完美。在这里主要指教师从教的态度，严肃对待，谨慎施教。"师者，所以传道授业解惑也。"理应传之道不假，授之业不虚，解之惑不粗。务实，讲究实际、实事求是，这是中国农耕文化较早形成的一种民族精神。孔子不谈"怪、力、乱、神"，就已把目光聚焦在社会生活上。"大人不华，君子务实。"（王符《潜夫论》）这些思想，是中国文化注重现实、崇尚实干的精神实质。

严谨务实，意即要求教师从高从严要求，从实际出发，排斥虚妄，拒绝空想，逃离华而不实，追求科学、高效、实在而有活力的教育教学行为。

耻，以……为耻。问，请教。下，应有两种解释，一种是指向下，敢于向身份不如自己的人发问、请教；另一种是敢于问一些尽管很简单但又是自己不懂的问题。不耻下问，是一种难能可贵的学习态度与行为，就是要求教师放下架子，蹲下身来虚心学习。

严谨务实，不耻下问。前者是做学问的态度与精神，后者是为师为人态度与行为，彼此共生共荣，构成一个整体。这也是践行"同兴共进"办学理念的一个基本体现。

6. 学风：敏而好学，研学互补

"敏而好学"语出《论语》"敏而好学，不耻下问"。好学指喜欢学习，不怕苦不怕累，敢于挑战，孜孜以求，有道是"知之者不如好知者"，这是学生的应有特征。

研，指研究、探索、思考；学，指学习、请教、练习。研学互补，一方面是教师之间"研学"互补，侧重于备课、研讨等行为，取长补短；另一方面是师生之间"研学"互补，侧重于课堂、课后互动行为，教学相长；还指生生之间"研学"互补，课前、课间、课后一同探究、合作，能者为师，相互学习。

我们倡导"敏而好学，研学互补"的学风，意在形成一种学习共同体，强调的是师生喜欢学习、自觉学习、互相学习。

（二）环境文化——建设和谐奋进的育人环境

环境是潜在课程，有潜移默化之功能。学生的活动场所，如果洋溢着浓厚的同兴共进文化，势必会有很好的教育效果。学校环境还是向外宣传的有效载体，是一面活广告，家长、社会人士每接触一次学校，都会对学校形成深刻的印象。什么样的环境，就会有什么样的反映。为此，形成我校的同兴共进文化、改善和提升学校物质环境成了我们首要的工程。

1. 门口工程

在学校门口东侧设置理念墙，把学校的办学理念"同心协力、兴业以家"字样镶嵌墙上；在门口广场上台阶前放置大型石刻，雕刻着学校育人目标"促进每一个生命成长与发展"以及"让我们的故事更精彩"字样，充分展示了学校的办学风格与精神。

2. 园地工程

教学楼与综合楼之间有两块空地，我们将此空地分别命名为"橄榄广场"与"白兰小息"，在园地中央放置一块雕刻上"同兴共进"字样的大石头以及白兰宣传墙，在旁边设置一些石凳石台，种植一些盆景花草，营造出一种阅读与休闲的空间，让师生可读、可聊。

3. 休闲庭院

在综合楼与办公楼之间的空地上建设"同心池"，有假石山、同心小水池。旁边铺设木板，放置户外桌椅，营造休闲温馨的氛围，供师生谈心、阅读、赏景之用。

4. 外墙工程

校园正面墙体较多，在教学楼正面楼道外墙上镶嵌"在自主中求知，

在合作中提高，在探索中发展"字样；在综合楼正面楼道外墙上清晰地宣示着"促进每一个生命成长与发展，建设校美质优的现代学校"的特色发展方向；在架空层东面墙上镶嵌主题教育内容，包括社会主义核心价值观、我的中国心（国旗、国徽、国歌、地图等）、我的母校情（学校办学思想）。

5. 走廊工程

学校的建筑颇具特色，每层都有纵向连廊，我们命名为"润心长廊"。将每一层的连廊分别展示不同内容，有关于礼仪、感恩、诚信等方面的内容，以"家训"的形式加以昭示，时刻提醒与告诫师生应遵循做人的基本准则。

6. 课室工程

重新布局课室以及专用室的文化标识，使之成为学校同兴共进文化的教育场。在每间教室统一以"家园"格调进行布置，内容包括："我们的家园"宣传栏、荣誉墙、图书角、班级铭牌（内容有集体照、班级目标、班主任照片、班主任寄语等）、走廊宣传栏等，进一步凸显家园氛围。

7. 操场工程

将操场围墙设计成一组组"同兴共进"主题浮雕画，内容包括毛泽东"发展体育运动，增强人民体质"题字、中国民间传统体育活动、各种体育项目、激励性文字等，形成一条活生生的学校文化宣传带。

8. 标识工程

统一学校信封、信纸、听课本、笔记本、奖状、环保袋、宣传栏等的专有图案，把"校徽""校训"等内容彰显出来。

（三）文化德育——开展同兴共进德育

德育就是品德教育，要形成同兴共进文化，务必要在德育活动中得到体现和落实。我们知道，学校所有的教育教学行为的归口是学生，所有的教育教学效果最后都是体现于学生的发展。而在众多的评价因素上，学生的品质发展是居核心位置的，我们的"同兴共进"文化更是如此。因此，建构同兴共进文化的最佳选择是与德育工作密切结合。

"同兴共进"德育就是要形成一种合力，形成一种生命共同体。在这种教育中，需要培养学生"一荣俱荣，一损俱损"的意识，树立一种"同命运，共患难"的精神，形成一种"一人有难，八方支援"的氛围。因此，要从教育内容、方法和评价等方面进行新的建构。

1. 教育内容的建构

当我们要建构同兴共进文化时，首先要建构适合培养学生"同兴共进"

品质的教育内容，如重新认识校史，收集能够体现同兴共进的历史故事、名人名言，搜集学校能够用来教育学生的典型个案等。让所有教师都能围绕"同兴共进"这个核心理念开展主题教育，从而不断丰富教育的载体。

2. 教育方法的建构

（1）校史教育活动周。每学期开学第二周是校史教育活动周，开展"同兴共进"文化教育活动，从学校到班级都要进行相应的校史报告会、宣讲会，形式可以多样，意在让新生有初步的了解，让旧生有新的理解。

（2）文化主题活动月。每年的11月是学校文化主题活动月，通过各种形式的文艺活动彰显学校的文化内涵，形式可以是课本剧、演唱会、辩论会、书画作品、运动会等。

（3）文化主题班会。每学期每班一次学校文化主题班会，以思辨性形式为主展开对学校文化的思考和争鸣，设计的话题要有趣味性，要有冲击力，要有一定的深度，要吸引学生积极参与。

（4）文化读书沙龙。组建校级师生"同兴共进"读书会，各班组建分会，开展主体阅读，举行读书沙龙活动，吸收书本上的精神营养。

（5）文化主题社团。组建系列文化社团，如"寻宗社团"（寻访当年二中杰出人物，追寻当年的奋斗精神）；"互助社团"（以帮助学困生学习为宗旨的）；"工艺社团"（小修理、小制作、小手艺等）；"爱心社团"（定期开展献爱心活动）；等等。通过社团活动的形式推进学校文化建设，丰富学校文化内涵。

3. 教育效果的评价

教育活动的持久恒常发展，要有约束的机制，因此评价的制度还必须跟上，只有这样，学校文化建设才能不断发展。为此，学校设计并实施了《石碁二中同兴共进文化主题班会评方案》《石碁二中同兴共进文化社团活动评价方案》《石碁二中文化主题月活动班级评价方案》等，以评促建。

同时，在学校文化建构过程中，也要建立师生行为规范，设计并实施《石碁二中"同兴共进"星星榜实施方案》，由政教处负责统筹实施，与师生的一日常规相结合。

（四）课堂文化——打造同兴共进课堂

"同兴共进"文化的核心理念是培育人的合作精神，互爱互助的良好品质，让学生带着一种团队的精神，进而化作学习的活力，这是一种崇高的学习品质。因此，在课堂上，教师主要渗透"同兴共进"文化精神，建构研学共同体。这与新课程改革的理念是一致的，也就是强调自主、合作、探究的学习方式。

我校有足够的师资力量，可研究，可指导，尤其是在设计、管理、评价等方面均有一定的基础。

首先是增强师德修养，倡导爱岗敬业、有教无类、研学互补。师德是教师的魂，是做好教育教学工作的前提。开展"同兴共进"文化建设，教师必须要有爱心与责任心，否则学校文化的建构就会成为一句空话。加强师德教育，应以"己欲达而达人"的思想教育为主，引导教师积极奉献。通过"请进来，走出去"的办法，充分利用自身的资源，树立典型引领，鼓励教师争做学生欢迎的、家长放心的、群体认可的、自己满意的老师。

其次是提高教师专业素养。一是人文素养，例如，理解何为"同兴共进"文化，明白如何实践"同兴共进"文化，知道怎么判断"同兴共进"文化。二是专业技能，如怎样才能培养学生"同兴共进"的学习品质，操作上有什么技巧，评价上有哪些要点等。这部分主要是通过教师的课堂摸索，开展大量案例研究来实现，通过会诊课堂、活动研讨等形式，一边实践，一边提高。

最后是完善运行机制，建立评优制度。一是教导处研制同兴共进文化下的课堂评价方法，并以此为依据加大实践与研究力度；二是采取评优方法推进发展，每学年评选出"最具'同兴共进'文化特征的优质课例"，并给予奖励表彰。同时，围绕社"同兴共进"文化课堂教学专题，建立"三个一""六个结合""三个目标"的研训制度，简称"三六三"研训制度。具体内容如下。

1. 三个一

（1）每周至少开展一次教学课例的研究活动；

（2）每月至少开展一次主题研讨；

（3）每学期至少参与一门校本课程的开发与实施。

2. 六个结合

（1）结合"同兴共进"文化教学实践，每周写一则教学札记；

（2）结合"同兴共进"文化研究课题，每学期上一节研究课；

（3）结合"同兴共进"文化学习专题，每学期写一篇论文或案例故事；

（4）结合"同兴共进"文化学习需求，每学期精读一本教育教学专著，并写好读书笔记；

（5）结合"同兴共进"文化关注话题，每学期主持一次组内主题研讨；

（6）结合"同兴共进"文化教育特点，每学年做好一份特殊学生成长跟踪记录。

3. 三个目标

（1）通过实践，解决教学中出现的实际问题；

（2）注重课堂教学经验的总结、提炼和推广辐射；

（3）教师的认识与实践能力有不同程度的提高。

（五）管理文化——实施同兴共进管理

"同兴共进"文化的价值追求就是谋求共同发展，建构共同发展体。因此，在管理上必须渗透主人翁意识，要以"勤力同心，兴业以家"的理念来引领各项工作。我们知道，管理有刚性管理与柔性管理两种。作为学校，刚性管理不可或缺，通过制度的保障，使教育教学质量提高，这是必要的。而管理的目的就是要获得效益的最大化，如何才能获得效益的最大化，是任何一位管理者都要思考的课题。

我们认为，在管理过程中并不是一味地板着脸孔实施管理就能获得最大效益，还需要柔性润滑，尤其是学校这种知识分子扎堆的地方，更需要实施以人为本的管理理念，即要创设一种宽松的人文环境，通过人格影响人格，通过互助带动互助，通过爱心传递爱心的机制，激发教师的潜在能效，以最大的努力做好教育教学工作。这就是"同兴共进"管理的出发点，也是落脚点。因此，我们要着力构建领导之间、干群之间、教师之间、师生之间、教师与家长之间的和谐的人际关系，搭建民主、平等、尊重、理解、礼让的平台，全力打造"同兴共进"管理模式，形成巨大的集群力量。

其具体途径可以是多元的，一是修正相关的管理制度和措施，凸显人文关怀，体现民主、科学的管理规则。二是开展心贴心活动，如通过工会小组开展文艺、体育、郊游活动，使教师团队充满活力；通过爱心活动，让学生感受到学校的、教师的关怀与温暖。三是激活民主管理机制，广开言路，广集建议，充分尊重民意，发挥民意，为推进学校文化建设添砖加瓦。

四、实施效果与思考

通过以"同兴共进"为核心的"家园"文化建设，取得了一定的成果。

（1）校容校貌得到了整体性的改善，人文景观亮点纷呈，更具特色，育人功能蕴含其中，"家园"味更浓；

（2）师生精神面貌焕发出新的神采，师生关系融洽和谐，学生有礼互助，教师勤奋团结，"家园"人更亲；

（3）德育活动丰富多彩，远足拉练、消防演练、社团活动、艺术节、

运动会、陶艺拓展等项目精彩纷呈,"家园"情更深;

(4) 课堂教学模式有创新,实施了"四步研学",学生成为课堂的主人,学习效率进一步提高,"家园"果更甜;

(5) 管理上通过制定学校制度,严格按章办事,依法行政依法从教,进一步规范了教育教学行为,"家园"风更清;

(6) 为办家门口的好教育,学校整合各方资源,加强与学生家长、各村委、社区的互动,形成合力,为学校健康发展提供了有力保障,"家园"声更响。

然而,在开展以"同兴共进"为核心的"家园"文化建设中,特色文化主题建设未能得到进一步体现,特色课程开发还没有很好地进行,只停留在研究探索阶段。接下来,要不断提升"同兴共进"核心理念,巩固前期建设成果的同时,深入研发"家园"文化特色校本课程,通过特色课程的建设让"家园"文化落地生根,彰显学校办学特色,提高学校影响力,打造学校品牌。

"螺旋式观议课"：
破解备课组低效教研的方法

广州市番禺区实验中学　黄春燕

摘要：备课组是学校教学管理和教学研究的最基本单位，是教师相互学习、共同成长最直接的经验来源。但是现实中备课组教研存在重管理轻研究、重形式轻效益的集体备课、听评课校本研修活动，制约了教师的研究热情和专业发展。我校尝试"螺旋式观议课"教研模式，通过同课异构、一课多构的方式，让备课组教师对课堂教学经历"假设—实践—认识—反思—再假设—再实践—再认识—再反思"的螺旋式上升认知建构过程，破解了备课组低效教研，为构建教师成长共同体寻求了路径。

关键词：备课组教研；螺旋式观议课；成长共同体

备课组是学校教学工作基层组织，是教学指挥系统的一个重要组成部分，也是学校开展教学研究活动的基本组织单位。学科备课组是学校教研组下设的教研组织，是落实校本研究中"同伴互助"的主要团体。《教育部关于深化基础教育课程改革　进一步推进素质教育的意见》强调"大力推进以校为本的教学研究制度，促进教师的学习、研究和交流"，"教研部门要充分发挥组织协调作用，建立多种形式的教研共同体和教学合作组织"。"以校为本的教学研究，在重视教师个人学习和反思的同时，特别强调教师之间的专业切磋、协调与合作，共同分享经验，互相学习，彼此支持，共同成长"。现在，大多数学校都以备课组作为学校基层教学管理单元，肩负着常规的教学管理任务，同时，也是落实推动课程改革、校本教研、解决同年级不同层次班级实际教学问题，促进教师合作互进，提升教师实践性智慧的最有效的教研单位。本文结合我校备课组教研的现实困境与破解之道，谈谈笔者对该问题的初步认识。

一、学校备课组教研存在"低效性"

梅广稳在《谈共生型学科教研（备课）组建设》一文中概括了当下学校的学科教研（备课）组建设存在的共性问题，包括"作秀"的形式主义、被遮蔽的教师主体、低效的同伴互助。此外，我校所在的区域还存在以下问题：二胎政策后教师流动性大、备课组人员不稳定、临聘代课教师缺少相对稳定的教研文化；教师层次参差不齐，老教师职业倦怠明显，青年教师又未能担当教研主力；同一年级不同学科、同一学科不同年级的教研活动组织差异大，各学科各学段发展不均衡；教学评价未能与教研活动配合；学校组织专家到校和外出学习等影响面不大，促进教师成长力度小；集体备课内容简单，流程千篇一律，讨论深度不够，管理忽视学科差异，教师之间缺乏应有的学习意识与合作意识，对教师专业发展的影响非常有限。以上种种都无法满足"办好人民满意的教育"对学校高质量教师队伍建设的需求。

二、学校备课组教研的"低效"原因分析

（一）备课组的内容与形式无法满足教研的需求

学校的三级教研（学校、科组、备课组）演化成了行政单位，层层布置任务，按时按量完成工作，最后以考试成绩、竞赛获奖等简单方式论成效。年级备课组在现实的教学环境下最常规的备课组活动是布置教学任务，统一教学进度，落实事务分工，强调定时间、定地点、定主题、定人员，同进度、同学案、同作业、同测评等，导致只重视形式、不重视内容、忽视深度等问题。教研活动以备课组长为主角，分配工作，明确任务。而这些活动基本跟教学研究没有太大的关系。

现实中的备课组教学研究最常做的是分析如何突破教材所安排的重点和难点，如何通过训练强化学生对知识的掌握。其实，作为教师，首要任务应在于建立相对完善的课程内容，其次在于探究教学内容，最后才是关注教材内容。时代在变化，学情在变化，但是教材的变化很少。熟悉教材的教师认为，教来教去都是这些东西，自然不需要用什么教研活动来研究教材了。

（二）备课组的运作无法满足教师发展的需求

从本质上说，教师专业发展是教师个体专业不断发展的历程，是教师不断接受新知识、增长专业能力的过程。教师要成为一个成熟的专业人员，需

要通过不断的学习与探究来拓展专业内涵，提高专业水平，从而达到专业成熟的境界。如何才能在备课组教研中最大限度地满足教师专业发展的需求呢？关键在于"研究"问题。教学研究的目的是发现问题，探究问题，解决既有问题，再发现新问题，不断深入，专业知识才能不断深化。但是现实中的备课组能"研"出问题的几个活动基本都流于形式：①集体备课：一人主讲，其他人附和；一人主备，学案照搬；一种模式，人人套用。②听评课：抽签分派，完成任务；我讲你听，照抄板书；专家评课，表扬为主；虽有反思，没有改进；学生差异，成绩体现。③课题研究：职称需要，个别申报；完成任务，不再思考。如此不能满足教师发展需求的活动，注定无法激发参与者的热情与创造力。

三、破解备课组低效教研的方法："螺旋式观议课"

鉴于以上的种种问题，许多学者提出了"教师学习共同体"的观点。美国学者芬韦克（Fenwick）指出："过去十年来，教师的专业发展出现了两个非常重要的转变趋势：一是越来越试图以'教师终身学习'来代替'教师专业发展'，二是从注重教师个体学习专项通过学习共同体来促进教师学习。"

（一）破解备课组低效教研的目的：锻造高水平的校园学术共同体

学校要锻造高水平的校园学术共同体，首先要着力培养教师的两种意识：一是进取意识，二是研究意识。其次是从"学校—科组—备课组"构建三级教研系统，开展"佳作共读""专题化沙龙""研究型备课""互助式听课"等活动，营造人人参与的教研氛围。从生物学角度来看，校园的学术共同体类似于生物界的"共生"现象。梅广稳在《谈共生型学科教研（备课）组建设》中对教研活动视野中的"共生"进行了概括："即指活动主体间本着尊重多元、相互理解与共同发展之价值观，共同参与到活动和管理的过程中，通过协调、融合或矛盾、冲突，增进对他人精神价值的尊重、了解，加深对相互依存问题的认识，从而实现各自的最优化发展。"如何才能在备课组常态教学中培养教师的进取心和研究意识，如何将平时教学中所遇到的问题作为校本教研的主题，如何构建和谐、共生的备课组和学科组，我们一直在寻求路径。近两年来，我校采用了"螺旋式观议课"的备课组教研模式,找到了其中的破解之道,具体建构路径如图1所示。

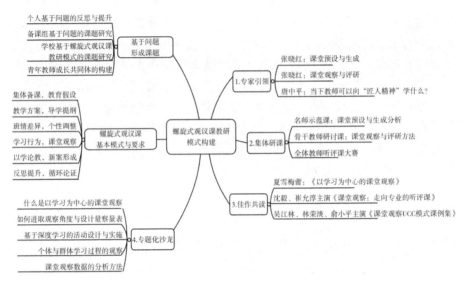

图1 "螺旋式观议课"教研模式构建

(二)破解备课组低效教研的关键:"螺旋式观议课"

"螺旋式观议课"教研模式是通过同课异构、一课多构的方式,让备课组教师对课堂教学经历"假设—实践—认识—反思—再假设—再实践—再认识—再反思"的螺旋式上升认知建构过程。具体操作如图2所示。

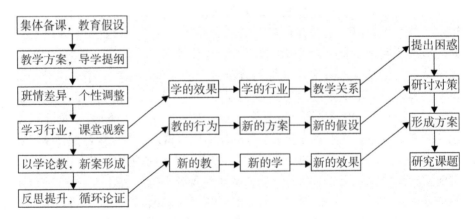

图2 螺旋式观议课教研模式的操作流程

1. **集体备课，教育假设**

课堂是一个既有学科主线又有活动的主题、既有课前预设又有课中生成的十分复杂的结构体。因此，开展观课议课活动前两周，备课组要开展集体备课，从"研读教材"及"超越教材"两个方面实现对教材的解读，教师进行教学目标设计、整合教学内容、编写导学案、关注学生的已有经验，做出教学假设、制定教学计划、预设学生活动，纵向分析相关章节，把握知识的生长点。要与研读课标紧密相连，就要删繁就简，削枝强干。

2. **教学方案，导学提纲**

集体备课时，由主备人发言，引导备课组成员从知识解析、教材加工、学情分析和目标预设四个维度入手，确定教学重点、难点，教学实施路径等课堂结构核心要素，设计导学提纲，形成导学案。

3. **班情差异，个性调整**

陶行知说："教什么和怎么教，绝不是凭空可以规定的。他们都包括人的问题，人不同，则教的东西、教的方法、教的分量、教的秩序都跟着不同了。"学生是富有个性的人，是我们教学的对象。一个班级的学生情况如何，影响到教师的整体教学，影响到教师教学内容与教学方法的选择等。有些时候，同样的方法不一定适合不同的班级。因此，教师在集体备课的基础上，要根据作为主体的学生的学情，落实"以学定教、顺学而导"。

4. **学习行为，课堂观察**（见图3）

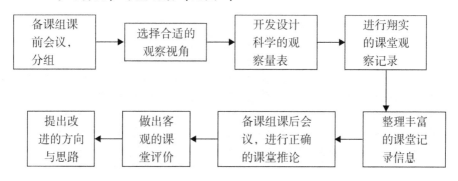

图3　课堂观察路径

提高观课议课的效度是要博采众家之长，不能以点概面。因此，我校的观课议课活动是建立在同课异构、一课多构的基础上。例如，高一语文备课组针对统一教学内容进行集体备课，由主备人形成基础学案。召开课前会议，选定一节课作为观课议课的观察课例，由上课教师进行说课，要求说课内容包含：①教学目标及达成的路径；②班级学情分析；③教学主题设计与实施方法；④教学环节设计与创新；⑤存在的教学困惑与教学假设等。备课组成员进行分工，与执教者进行交流，选定最能帮助教师解决问题的课堂教学观察点，设计观察量表。

"以学论教"需要教师观察、研究、理解学生的学习行为和学习效果，寻找提高教学质量的方法和途径。因此，观察者选择观察对象时要关注班级不同层次的学生。设计的量表要以课程理念、理论素养和教学价值为支撑，从学生的注意状态、参与状态、交往状态、思维状态、情绪状态、生成状态等方面设计量表来进行学习行为与效果的观察。

同课异构实质上是不同教师针对同一教学内容，立足于各自的教学经验，遵循教学的科学规律，在同伴的帮助下最大限度开发和利用教学资源，进行创新的教学构想，付诸实践后发现问题并就解决完问题，以期优化课堂教学的过程。因此，我们采用循环论证的上课模式。例如，高一语文备课组有6位语文老师，在同一天选择开展观课议课活动，6节语文课联排，每个语文老师都在自己的班级执教一节课，备课组其他教师全体参加观课。在其中再选出一节课例在课前会议中进行深度交流，备课组教师分组选择1～2个观察点，设计量表进行仔细的观察与课堂记录，进行数据分析，提出存在的问题，寻找解决办法，给出优化课堂教学的建议。所有的课堂教学均要求录像，以便在课后研讨时可以反复观摩。具体可见图4。

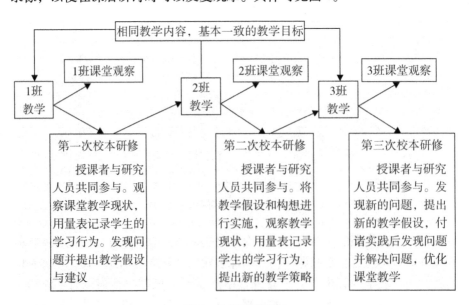

图4 校本研修路径

5. 以学论教，新案形成

在"学为中心"的课堂教学核心理念引领下，观察者要通过关注学生的学习方式、状态和效果来观察、映射、反思和总结教师的教，通过以学论教，来实现有效且高效的教学。

议课流程建议如图5所示。

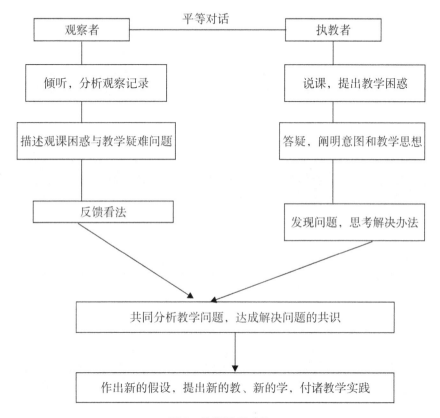

图5　议课流程建议

6. 反思提升，循环论证

通过同课异构，一课多构，教师既可以从多节课中大的环节进行对比，也可以从观察课堂小的细节进行分析，在比较和分析中发现异同。通过这种循环论证，备课组的教师对课堂教学经历了"实践—认识—再实践—再认识"的螺旋式上升认知建构过程。在这个过程中，教师既是执教者，又是观察者、反思者、改革者、实践者、发展者，其自主性、创造性得到充分的发挥，从学生喜欢学、教师擅长教的角度对原课堂教学进行再创新、再设计，形成最佳教学方案。观课议课活动也就成了教师研究教育教学规律的平台，其中的困惑就可以成为科研课题引领备课组不断深入探索，提升教师的自身素养。

四、"螺旋式观议课"模式建立了学习型备课组，构建了教师成长共同体

从实践中发现：基于以学论教，基于完整性的教学实践知识理解，以"螺旋式观议课"为路径，可以提升教师能力、实践教学变革、构建学习型备课组，提升备课组的教研效能。

（一）观课议课与传统听评课的差异

概括来说，观课议课是参与者相互提供教学信息，共同收集和感受课堂信息，在充分拥有信息的基础上，围绕共同关心的问题进行对话和反思，以改进课堂教学、促进教师专业成长的一种研修活动。表1为传统听评课与观课仪课的比较。

表1 传统听评课与观课议课的比较

项目	传统听评课	观课议课
课堂教学核心理念	教为中心	学为中心
评课方式	以教评教	以学论教
座位设置	课室后排齐坐（观察对象是教师）	分散在学生中，选定观察者（观察对象是教师与学生）
评议对象	教师为主体	学生为主体、教师为主导
教学评价	水平性评价和选拔性评价	发展性评价

续表1

项目	传统听评课	观课议课
对青年教师的培养	在传统的听评课过程中，青年教师容易出现只听不思、简单模仿的问题，导致在教学实践中逐渐迷失自我	在观课议课中，每一位教师都是参与者，提高了青年教师主动思考的积极性。坐在学生身边，青年教师可以把自己投放进课堂，近距离地观察和了解学生的学习活动，更加深入地理解教学中师生互动展开的过程，学生的主体作用发挥的方式，教师的主导作用体现的形式，有助于青年教师在观课的过程中获得对自己有价值、有帮助的思路和做法。观课议课主张平等对话，"同在共行"，增加了青年教师发言的机会，促进青年教师的深入思考。青年教师和资深教师两种彼此不同的思想互相碰撞出火花，在反复追问过程中集思广益，实现优势互补，扬长避短
关注点	教的行为	教的行为是切入点，从外在的形式借助学的行为探寻内在的教育认知，发现教与学的关系，进而通过对话交流不断选择平衡教育假设和学的行为之间真实的趋于平衡状态。在抽丝剥茧中促进教师自我发现、自我提高
评课语言	"我觉得你这个地方教得不错"，这是肯定教的行为；"我觉得你这个地方教得有问题"，这是批评教的行为；"我建议你这样教"，这是指导教的行为	"为什么要这样上？" "假如我来教，我会……" "除了这样教，你还想过怎样教？" "这个问题如果以后你再教，会有什么样的调整和改变？"

从表1可以看出，观课议课与传统的听评课相比，更有利于教师建立自信心，有利于教师的自我反思，有利于备课组营造和谐的合作关系，激发教师的研究热情，从而提高其业务水平，并体会到作为教育者的幸福感。

(二）建立学习型备课组符合学习型组织理论

美国学者彼得·圣吉在《第五项修炼》一书中提出学习型组织理论。彼得·圣吉认为，所谓学习型组织，是指通过培养弥漫于整个组织的学习气氛、充分发挥员工的创造性思维能力而建立起来的一种有机的、高度柔性的、扁平的、符合人性的、能持续发展的组织。这种组织具有持续学习的能力，具有高于个人绩效总和的综合绩效。而教师的学习型组织应具备终身学习、全员学习、团体学习、全过程学习、创新学习、自主学习等特点，每位教师都认同学校发展的共同愿景，以开放求实的心态互相切磋、学习提升，不断解决新问题，不断创造新业绩。

（三）学习型备课组的特征

构建教师的成长共同体，从学习型备课组的内涵和特征出发，应与传统备课组有多方面的差异。（见表2）

表2　学习型备课组与传统备课组的比较

项目	学习型备课组	传统备课组
人际关系	学习合作共同体	同一年级组与学科组
团队理念	共同愿景，共同发展	完成教学任务
领导者	每位成员	备课组长
学习主体	每位成员，张扬主体性	研讨课执教者、备课组长
团队管理	自我管理，相互协作	备课组长
管理模式	目标驱动，主题发展，分享资源，合作共赢	任务驱动，按计划执行
对教师专业发展的意义	增智、增能	靠自觉，大多维持原状态
活动时间与地点	所有时间，具有长期性和连贯性；无处不学，如课堂、会议、课间等	定时间、定地点
活动形式	观课议课、课题研讨、论文撰写、课程培训、团队协作、个人反思	开学讲计划，平时跟进度，期末做总结

续表 2

项目	学习型备课组	传统备课组
研讨内容	注重学习，包括专业知识，人际管理，如何突破难点、学生如何学习、如何提高效率；注重分享，包括分享学习心得，共享学习资源，分享教学困惑，寻找解决途径	专业知识、教学方法
研讨目的	将来的需要，进步的需要，发展的需要	今天的需要，教学的需要
教师的参与度	积极参与，精神振奋，关系和谐，开诚布公	任务式
成效	教师的思想观念不断更新，新的教学方法、教学技术不断推陈出新，教学和教研创新活动持续不断。教师积极向上的精神风貌，备课组成了教研组，教师获得较为充分的专业成长	完成学校安排的教学任务，开展一定的教学研讨

因此，只有建立学习型的备课组，构建教师成长共同体，才能真正抓好备课组建设，充分发挥群体的智慧和力量，才能落实和帮助教师进行有效的学习、专业的成长，最大限度地提升学校整体的教研水平。

作为学校的管理者，要以人为本，着眼于学校发展，这就需要关注教师个人成长，关注教师具体教学细节问题，关注教师课堂教学的思想和行为，更要关注教师个体发展中的共性问题和规律性问题，关注课堂上学生的学习行为以及行为习惯、创新精神、实践能力等素质培养，营造浓厚的校本教研氛围。备课组是学校教学研究的最基本单元，建设优质的备课组对于提高课堂效率、研究课堂教学、提高教师专业水平、创建优秀的教学文化、提升学术氛围有非常重要的意义。观课议课为教师改进自己的教学方法提供多种的方法选择，相互取长补短、博采众长，能够在集体研修成果的基础上，汲取对自己有益的成分，修正自身的不足，达到共同发展、共同提高的新境界。观课议课将研讨的成果不断运用到教学实践中，是一种不断修正再创造的活动，这一属性也就决定观课议课的长期性和实验性，备课组也就成了不断学习、不断改进、不断研究、不断深化、不断发展的学习型备课组。

参考文献：

[1] 陈大伟. 从一幅图看观课议课的关注 [J]. 江西教育, 2016 (12): 30-31.

[2] 赵清国. 主题式观课议课是教研文化的重建. 国家教师科研专项基金科研成果（八）: 164-165.

[3] 胡燕, 樊允浩, 李影, 等. 近十年来关于听课、评课研究的相关综述 [J]. 创新与创业教育, 2010 (5).

[4] 侯广标. 几节校内研讨课引发的思考 [J]. 教育与实践与研究 (A), 2011 (11): 53-55.

[5] 朱郁华. 如何提高议课活动的有效性 [J]. 教学与管理, 2010 (10).

[6] 尹斌. 观课议课——用心感受课堂之美 [J]. 中国校外教育, 2018 (19): 144.

[7] 王文涛. 观课议课打造团队优质高效课堂的平台 [J]. 中学地理教学参考, 2012 (8): 61-62.

[8] 张庆春. 集体研课给备课、观课、议课带来生机和活力 [J]. 宁夏教育, 2016 (Z1): 68-69.

[9] 邓李梅. 教师同伴观课议课及其诊断 [J]. 教育研究与实验, 2013 (2): 73-77.

[10] 向守万. 有效观课议课要"四步走" [J]. 教书育人·校长参考, 2018 (10) 39-40.

[11] 郭文革. 中小学校本研课磨课三要素 [J]. 教学与管理, 2018 (16): 33-35.

[12] 王文涛. 观课议课的六大关键环节 [J]. 课程与教学管理, 2011 (10): 31-33.

[13] 方燕雁. 观课议课：教研活动中教学评价的新途径 [J]. 教学月刊·中学版（教学参考）, 2016 (9): 36-40.

基于阳光评价的学校发展策略研究

——以广州市从化区神岗中学为例

黄鉴流

摘要：广州市从化区神岗中学是广州市阳光评价试验学校，开展项目工作已经两年。为配合项目的实施，学校开展了一系列的工作，并取得了初步的成效，当然在开展工作的过程中也遇到了一些问题。本文拟利用学校实施阳光评价项目之机，使用数据分析法和对比分析法，对学校的现状进行问题归因把脉，总结经验教训，提出学校教育教学发展的措施和策略，切实提高学校的教育教学质量，走可持续发展道路。

关键词：阳光评价；问题归因；发展策略

一、学校阳光评价项目的实施

（一）学校开展项目以来的工作

（1）针对阳光评价，学校成立专门机构，由校长室牵头、教务处落实，学校各部门、年级、学科都列入工作日程，层层推进，扎实开展阳光评价试验工作。

（2）选派专人参加上级部门组织的专门培训，确定以毕业年级为项目实施的重点年级，开展相关的学科培训，并对全体教师进行专项的全员培训。

（3）结合学校实际，开展了中学生励志演讲活动、徒步研学活动、经典美文诵读比赛、书香校园优秀读书郎活动、粤剧进校园等一系列的校园主题活动。

（4）开发编印了经典美文诵读校本教材、徒步国医小镇研学校本教材、粤韵神中校本教材，邀请教育专家到校开展家庭教育讲座等。

（5）我校在广州市立项的"阳光评价背景下教学过程渗透德育工作的方式与策略研究"及"创建体育特色学校与德育有机融合"两个课题，现正在开展相关的课题研究工作。

（二）开展项目过程中遇到的困难和问题

阳光评价实验在我校开展和推进，主要遇到两方面的困难。一方面，我校教师年龄偏大（平均年龄约 48 岁），存在一定程度的职业倦怠，绩效工资、岗位评聘后的新特点、新问题也影响了教职工创先争优意识。另一方面，学校处于农村地区，学生及其家长对于知识经济时代的学习动机均不强烈，主观积极因素不足。而在客观上，农村学校教学设备的软硬件资源都较为缺乏，不可避免地制约着教育教学活动的开展。

二、学校阳光评价的结果分析

（一）学校阳光评价参与概况

2017 年，从化区神岗中学共有 120 名学生报名参加阳光评价测试。其中，学生参与了阅读素养、数学能力、生物和地理测试，除了进行了非学业方面的量表测试，学生还参与了阅读素养和数学能力影响因素的问卷调查。学生学业测试内容是八年级的相关内容。

2018 年，我校共有 126 名学生报名参加阳光评价测试。其中，学生参与了阅读素养、数学能力、物理和历史测试，除了进行非学业方面的量表测试外，学生还参与了阅读素养和数学能力影响因素的问卷调查。2018 年的阳光评价除了进行学生的问卷调查外，还增加了对教师、家长和校长的问卷调查，我校共有 27 名教师、11 名家长和 2 名校长参加了问卷调查。

（二）2018 年学校阳光评价结果分析

1. 学业测试情况

学业测试情况如表 1 所示。

表 1　2018 年阳光评价学业测试汇总

地区	阅读素养测试		数学能力测试		物理测试		历史测试	
	平均分	得分率	平均分	得分率	平均分	得分率	平均分	得分率
全市	66.82	67%	62.62	63%	54.64	54%	66.28	66%
从化	57.29	57%	50.45	50%	43.98	44%	57.51	58%
直属	75.12	75%	77.30	77%	66.26	66%	74.01	74%

续表1

地区	阅读素养测试		数学能力测试		物理测试		历史测试	
	平均分	得分率	平均分	得分率	平均分	得分率	平均分	得分率
本校	60.04	60%	45.13	45%	41.90	42%	53.90	54%

在2018年阳光评价中，我校学生的阅读素养表现优于从化区平均水平，而数学能力、物理和历史测试都低于从化区平均水平，在测试中我校所有测试指标都远低于广州市和直属学校平均水平，这与我校为乡镇薄弱学校的现状是相一致的。但我校学生的阅读素养测试的表现在这次测试中表现出色，这说明我校语文学科对学生阅读素养的培养还是比较成功的。（见表2）

表2 2018年九年级阅读素养测试总体情况

地区	阅读总成绩		文本类型						能力层次		
	平均分	标准差	文学类	文学类非文言文	文学类文言文	实用类	连续性文本	非连续性文本	感悟与评价	解析与推论	筛选与整合
全市	66.82	15.89	38.41	33.91	4.50	28.41	18.51	9.90	13.38	40.98	12.46
从化	57.29	16.35	33.43	29.64	3.79	23.86	15.15	8.70	11.42	35.00	10.87
直属	75.12	13.65	42.70	37.27	5.43	32.41	21.62	10.79	15.10	46.12	13.90
本校	60.04	14.10	34.87	31.55	3.32	25.17	15.78	9.38	11.69	36.76	11.59

从"九年级阅读素养测试总体情况表"中可以看到，我校的文学类和实用类指标都与阅读水平呈正相关，次一级指标中的文学类非文言文、连续性文本和非连续性文本指标都与阅读水平呈正相关，而次一级指标中的文学类文言文就与阅读水平呈负相关。这说明我校对学生语文综合素养的培养还是比较扎实的，但对于文学类文言文方面的教学有所缺失，在今后教学中应予以重视与加强。

在阅读素养测试配套问卷中，我校学生的总阅读量与全市持平，但低于从化区平均水平及远低于直属学校平均水平，经典著作阅读量与市、区平均水平大致持平，这说明我校学生在阅读数量上与市、区学生差别不大。在阅读策略中，理解策略、记忆策略、监控策略和精致策略各项指标都低于市、区平均水平，而阅读能力也低于市、区平均水平，这说明对学生阅读策略和阅读能力的培养还需要加强。学生阅读兴趣优于从化区平均水平，学生阅读内部动机低于市、区平均水平，而阅读外部动机则高于市、区平均水平，这说明学生有阅读的兴趣，但缺乏阅读的主动性。（见表3）

表3　2018年九年级阅读素养测试配套问卷总体情况

地区	总阅读量	经典著作阅读量	阅读兴趣	阅读策略				阅读动机		阅读能力
				理解策略	记忆策略	监控策略	精致策略	阅读内部动机	阅读外部动机	
全市	2.14	1.77	2.84	2.37	2.45	2.61	2.76	3.03	2.00	2.51
从化	2.18	1.75	2.75	2.40	2.43	2.59	2.64	2.96	2.03	2.46
直属	2.38	1.85	3.08	2.39	2.55	2.71	2.93	3.20	1.93	2.68
本校	2.14	1.76	2.79	2.36	2.41	2.50	2.61	2.91	2.04	2.44

在阅读支持力方面，学校的阅读支持力高于市、区平均水平，而家庭的阅读支持力低于市、区平均水平，这说明学生的阅读主要来自学校的支持，家庭的阅读支持需要加强。在阅读频率方面，纸质阅读频率优于市、区平均水平，但数字阅读浅阅读和数字阅读深阅读指标都低于市、区平均水平，这说明我校应该继续加强学生的纸质阅读，同时应该增加软、硬件设施，提升学生的数字阅读能力。我校学生上网目的主要是网上娱乐，而不是上网学习或获得信息，对此应给予加强引导和教育。（见表4）

表4　2018年九年级阅读支持力总体情况

地区	阅读支持力		阅读频率		数字阅读程度		上网目的	
	学校的阅读支持力	家庭的阅读支持力	纸质阅读频率	数字阅读工具使用频率	数字阅读浅阅读	数字阅读深阅读	上网学习或获得信息	网上娱乐
全市	2.58	2.62	2.61	2.09	2.29	2.20	2.64	2.59
从化	2.55	2.50	2.45	2.09	2.30	2.20	2.50	2.60
直属	2.71	2.88	2.94	2.03	2.29	2.20	2.81	2.59
本校	2.62	2.37	2.68	2.09	2.26	2.18	2.63	2.63

在数学能力测试方面，从表5可知，我校学生数学能力总体成绩低于从

化区平均水平,并远低于广州市和直属学校平均水平。在知识模块中的数与代数、空间与图形、图形与几何都与学生数学能力呈正相关,在认知模式中的理解、运用、掌握都与学生数学能力呈正相关,而次一级指标统计与概率和了解则与学生数学能力呈负相关,这说明我校对学生数学能力的整体培养欠缺,但对统计与概率的教学能做好落实,也注重对学生了解方面能力的培养。

表5 2018年九年级数学能力测试总体情况

地区	数学总成绩		知识模块				认知模式			
	平均分	标准差	数与代数	空间与图形	图形与几何	统计与概率	了解	理解	运用	掌握
全市	62.62	21.00	29.06	0.61	29.88	3.08	2.44	17.06	26.98	16.15
从化	50.45	19.27	22.80	0.61	24.59	2.45	2.41	13.25	21.87	12.92
直属	77.30	19.48	36.08	0.88	36.50	3.85	2.46	20.70	34.61	19.54
本校	45.13	16.34	19.58	0.58	22.11	2.86	2.44	11.95	20.06	10.68

在数学能力影响因素方面,数学学习时间与区其他学校持平,但远低于广州市和直属学校平均水平,这说明在学业负担不太重的情况下,学生在数学方面的学习时间可相应增加。同时,我校学生的数学学习态度和学习兴趣低于市、区和直属学校平均水平。(见表6)

表6 2018年九年级数学能力测试配套问卷总体情况

地区	学习时间	学习态度	学习兴趣	学习方法策略	自我效能	思维能力
全市	1.62	3.02	2.74	2.70	2.72	2.58
从化	1.49	2.99	2.73	2.67	2.69	2.55
直属	1.93	3.10	2.76	2.84	2.83	2.71
本校	1.49	2.86	2.67	2.69	2.74	2.62

上述情况说明,下一阶段应对学生的数学学习态度进行适当干预、及时纠正,并要想方设法提升学生的学习兴趣。而数学学习方法策略、自我效能、思维能力均优于区平均水平,其中自我效能、思维能力还优于市平均水平,说明在这些方面的经验和做法可继续坚持并发扬。

2. 综合教育质量情况

从学生在六大评价内容的表现看，学生的品德与社会化水平、学业发展水平、身心发展水平、兴趣特长潜能、对学校的认同等方面表现都低于市、区和直属学校平均水平，而学业负担状况指标为3.28，则远高于市、区和直属学校平均水平。这说明了学校在学生非学业方面的培养不理想，学生的学习强度与市、区和直属学校有较大差距，学校在下一阶段应重视加强学生非学业方面的培养，并应适当提高学生的学习强度。（见表7）

表7 2018年九年级学生非学业测试总体情况

地区	品德与社会化水平	学业发展水平	身心发展水平	兴趣特长潜能	学业负担状况	对学校的认同
全市	4.14	3.94	4.1	3.88	2.96	3.82
从化	4.06	3.85	4.14	3.88	3.02	3.81
直属	4.29	4.13	4.22	4.09	2.90	4.11
本校	4.03	3.84	4.12	3.86	3.28	3.76

在23项次一级的关键指标中，大部分指标都与一级指标呈正相关。但在身体健康指标中，我校指标为4.45，高于市、区平均水平，这突显了我校学生拥有良好的身体素质，并可为我校创建体育特色学校提供参考依据。而审美修养和实践能力指标均略优于区平均水平，说明我校学生还有一定的兴趣特长潜能挖掘。在组织公民行为指标中，我校指标为3.82，高于市、区平均水平，说明我校在组织公民行为方面是得到一致认同的。（见表8）

表8 2018年九年级学生非学业测试部分指标对比

地区	身心发展水平			兴趣特长潜能				对学校的认同				
	心理健康	自我管理	身体健康	审美修养	爱好特长	实践能力	创新意识	文化认同	教学方式	师生关系	家校关系	组织公民行为
全市	4.19	3.92	4.39	3.79	3.89	3.76	4.08	3.77	3.81	3.99	3.74	3.75
从化	4.22	3.98	4.36	3.76	3.89	3.75	4.11	3.72	3.88	3.97	3.72	3.75
直属	4.30	4.05	4.49	4.02	4.17	3.96	4.24	4.21	3.97	4.22	4.06	4.09

续表 8

地区	身心发展水平			兴趣特长潜能				对学校的认同				
	心理健康	自我管理	身体健康	审美修养	爱好特长	实践能力	创新意识	文化认同	教学方式	师生关系	家校关系	组织公民行为
本校	4.20	3.98	4.45	3.79	3.77	3.78	4.08	3.71	3.79	3.88	3.67	3.82

（三）学校阳光评价纵向比较分析

从表9可知，在可比口径下，我校学生的阅读素养2018年比2017年整体上得到了提升，这归功于在去年实施阳光评价试验后，我校针对学生阅读基础差、阅读策略欠缺、课外阅读习惯不强等问题，针对性地采取了相关的措施。例如，重视课堂阅读训练，注重学生阅读方法指导；学校举办了经典美文诵读比赛，编印了经典美文诵读校本教材，并联系从化文联等相关机构，举办书香校园优秀读书郎活动；建设课室图书角，使图书名著进课堂，大力营造学生爱阅读、会阅读的良好氛围。

表9 九年级阅读素养测试成绩2017年与2018年纵向比较分析

学 校	2017年	2018年	纵向比较
从化区神岗中学	55.20	58.33	↑

（注：因2017年与2018年的测试内容和测试人群不一样，为进行宏观层面的纵向分析，表中的数据进行了分数转换。）

从表10可知，在可比口径下，我校学生的数学能力2018年比2017年整体上也得到了提升，这得益于在去年实施阳光评价试验后，我校针对学生基础知识掌握不扎实、公式定理理解不深入、答题运算不规范等问题，有针对性地采取了相关的措施。例如，重视数学基础知识的教学，重视课堂解题训练，注重学生数学审题方法指导，学校举办了数学知识比赛，全面推行学案教学，这些措施都有效地提高了学生的数学素养。

表 10　九年级数学能力测试成绩 2017 年与 2018 年纵向比较分析

学　校	2017 年	2018 年	纵向比较
从化区神岗中学	44.99	47.39	↑

（注：因 2017 年与 2018 年的测试内容和测试人群不一样，为进行宏观层面的纵向分析，表中的数据进行了分数转换。）

从表 11 可知，在可比口径下，我校学生的非学业测试 2018 年比 2017 年整体上也得到了全面的提升，这得益于在去年实施阳光评价试验后，我校针对六大评价内容和 22 项关键指标，对学生品德、学业水平、身心健康、兴趣特长、学业负担、学校认同等各个方面进行了全面细致的分析，制定了学校质量提升计划，同时制定了各项实施细则，借阳光评价试验的实施，全面推进了学校教育教学工作质量的提升。

表 11　九年级学生非学业测试 2017 年与 2018 年纵向比较分析

学　校	维度	2017 年	2018 年	纵向比较
从化区神岗中学	品德与社会化	3.93	4.03	↑
	学业发展水平	3.81	3.84	↑
	身心发展水平	3.84	4.12	↑
	兴趣特长潜能	3.62	3.86	↑
	学业负担状况	3.14	3.28	↑
	对学校的认同	3.71	3.76	↑

三、策略和建议

（一）学校实施的应对策略

我校已参与了两年的阳光评价测试实验，从 2018 年的数据来看，我校学生在学业和非学业各方面测试数据都比 2017 年有明显上升，表明我校近一年来采取的有针对性的策略已初见成效。

1. 扎实开展特色课程

学校秉承素质教育的办学理念，构建和谐校园，营造学生全面发展的氛围，突出学校的体育特色和粤剧特色。

（1）深耕学校优良传统。我校创办于1966年，在20世纪80年代，学校曾以中长跑为传统项目，以体育作为办学特色，曾被授予"广东省田径运动项目学校"等称号。近年来，我校注重秉承传统，扬长避短，打造学校的体育特色。学校从"加强领导、优化资源、严格管理、科学训练"等方面落实措施，落实好每日的大课间体育活动，利用好每学期的班际体育比赛和每年度的校运会，吸引广大学生积极参加体育活动。2018年，学校获得从化区第四届校园科技体育艺术节优秀组织奖，在从化区学校体育特色项目"一校一品"获得区一等奖，学校的体育特色渐显。

（2）深挖学校文化底蕴。着眼广州市"粤剧进校园"计划，我校结合实际，充分准备，积极争取，被确定为广州市"粤剧进校园"实验学校。两年来，学校专门开设粤剧特色课程，聘请专业教师和社团来校授课或指导，组织学生参与市、区、校各项粤剧培训和展演，并专门开设了曲艺社、书画社等社团。在广州市首届中小学校园音乐剧从化赛区比赛中，我校创作的《乡村孩子粤剧梦》获从化赛区一等奖，获广州市二等奖。同时，我校学生表演的《粤剧曲韵进校园》还参加了广州市教育局主办的"2017广州市粤剧传统教育特色学校节目展演"活动。在粤剧特色教育的传承中，粤韵已渐渐丰满了我校学生的生活，也正在擦亮着学校的名片。

2. 推行经典阅读活动

在2017年的阳光评价测试中，我校九年级学生的阅读素养测试各项指标均远低于市、区的平均水平，这也符合我校当时的教学现状。经过深入了解、集思广益，我校决定以经典美文为立足点，提升学生阅读素养。

（1）营造经典阅读氛围。由语文老师开设经典美文诵读课，教授阅读、诵读的方法与技巧，并通过早读、午读、课外活动等时间让学生积极参与经典诵读活动，各年级阅读课利用几分钟作为中华经典诗文诵读时间，各班每周以经典诵读课为载体，做好诵读工作，在学校内营造经典阅读的氛围。

（2）各类经典阅读活动。学校组织经典美文诵读校级比赛，联系从化文联等相关机构举办书香校园优秀读书郎活动。同时，我校师生还积极参加市区组织的阅读活动，在经典美文诵读活动中获得广州市三等奖；在从化区非连续性文本阅读试题命题比赛中，黄美珠等5位教师分获二、三等奖；在2018年从化区七年级学生课外阅读读书笔记收集与评选活动中，谢嘉雯等多名学生分获一、二、三等奖。

（3）编印诵读校本教材。学校根据学生实际，精挑细选，把与学生关联度大的经典美文编订成册，供学生鉴赏和诵读，以弘扬优秀传统文化，提升人文素养，陶冶学生性情。

(4) 添置图书名著。我校为每位语文老师购置了一整套的推荐阅读名著；同时，学校得到香港狮子会的捐助，建设了智慧图书馆，为每班的图书角添置了所有中学生必读和推荐阅读的名著，充实了课室图书角，方便学生阅读名著。

3. 创新思路教学相长

学校推进"质量强校工程"，狠抓教学常规管理，创新教学方法，加强教学质量监测管理，以促进良好教风与学风的形成，力保教学质量的提升。

(1) 鼓励教师进修培训。学校采取"主动请进来，走出去"，争取、创造机会让更多教师参加市或以上培训学习，帮助教师开阔视野，提升教学教研能力。学校先后安排邱向阳副主任参加卓越教学主任培训，余永良、黄鉴流两位副校长参加卓越校长培训，朱志超校长还带领初二级全体教师分批到增城大墩中学、华侨中学进行业务学习。

(2) 改革创新教法学法。阳光评价测试指标显示，我校学生的学习强度不足，所以我们在全校推行学案教学，提高学生的课堂参与度。根据初二年级人数少、学习动力不足等情况，在初二年级开展小组合作学习，增强学生学习的原动力。2018年在与兄弟学校的联考和学期考试中，我校学生的学习成绩和学科素养都得到了全面的提升。

(3) 规范教学教研工作。教务处、各科组和备课组做好了日常教学的研究、指导和管理工作。学校切实规范科组、备课组活动，落实教学常规检查，提高课堂教学的有效性，使行政领导、级长巡堂检查成为制度，校长室、教务处加大了随堂听课、检查备课、检查作业的力度，保证课堂教学的质量。鼓励教师参与、开展校本课题研究，以研促教，教研相长。2018学年我校师生参加各类教学教研比赛，获得省、市、区、镇级奖励共100多项。

4. 以德树人渗透教学

我校坚持"全员德育，活动德育，德育系列化"的德育工作思路，不断创新德育方法，提高德育的实效性。

(1) 立足主阵地，传播正能量。学校利用宣传栏、电子屏、黑板报、校园广播、《三棵棉》校报、学校微信公众号等宣传主阵地，树立学生身边的榜样，加大对正能量的宣传。学校举办的每一次活动，都会制作相应的宣传海报进行宣传；学校制作、张贴社会主义核心价值观宣传栏、中段考光荣榜、校运会宣传栏等报栏，引领学生思想朝正确的方向发展。

(2) 依托学生，完善德育评价。根据学校实际，制定实施《神岗中学班级管理的实施意见》，营造班级学先进、赶先进、树正气的氛围；设立

《班级管理奖励方案》，促进德育工作制度化和常态化；各班根据《神岗中学学生操行量化管理的实施意见》细化各班班规，通过教师＋班干部对每个学生每天的操行进行综合评价，促进了良好学风的形成。

（3）以德育人，开展实践活动。学校举行军训、徒步社会实践活动、科体艺节、乒乓球赛、羽毛球赛、班际男女子三人篮球赛、元旦文艺汇演等活动，大大丰富了学生的校园生活，活跃了校园的文化氛围，促进了学生的全面发展。

（二）学校有待改进的建议

在2018年的阳光评价中，增加的家长、教师、校长三类测试对象，通过对相关调查问卷结果的分析，为学校提供了下一步有待改进的建议。

1. 建立互信的家校关系

从表12中可以看到，家长评价的家校关系与交流意愿、交流行为、交流途径、师资水平、环境设施、日常管理、学生学业、学生压力等指标，数值都远低于市、区和直属学校平均水平，这说明家长对家校关系的整体认同度很低，需要学校急切加以改进。

表12 九年级家长评价非学业测试情况

地区	家校关系								
	本评价内容	交流意愿	交流行为	交流途径	师资水平	环境设施	日常管理	学生学业	学生压力
全市	3.34	2.45	2.53	2.63	4.09	3.95	4.09	4.04	3.95
从化	3.27	2.40	2.46	2.51	4.00	3.86	3.99	3.97	3.95
直属	3.51	2.61	2.67	2.75	4.27	4.24	4.27	4.20	4.07
本校	2.89	2.27	2.21	2.42	3.77	3.30	3.30	3.30	3.32

针对上述情况，我们提出以下改进建议。

（1）增加家校沟通交流的方式和途径（如校讯通、微信群、QQ群等），提供畅通的家校沟通平台，充分发挥家长委员会的作用，让家长畅所欲言，重建互信的家校关系。

（2）细化学生日常行为要求，狠抓学生行为习惯的养成教育；争取上级支持，改善教学硬环境，端正校园风气、营造学习氛围，增强教学软实力；加强培训，强化管理，提升教师育人水平。

（3）以生为本，因材施教，想方设法提升学生综合素养；结合各年级学生实际，适当提高学生的学习强度。

2. 加强教师的专业发展

从表13中可以看到，我校教师的专业成长指标低于市、区和直属学校平均水平，说明我校教师职业幸福感较差，欠缺自身专业的成长。在工作现状指标中，工作压力远低于市、区和直属学校平均水平，压力反应则高于市、区和直属学校平均水平，说明我校教师工作压力偏低，职业倦怠严重。但我校教师专业发展状况不错，教师的专业化理念、专业知识技能指标都远高于市、区和直属学校平均水平，说明我校教师的专业素养是值得肯定的。而校长对教师评价明显低于市、区和直属学校平均水平，说明在校长视角里，我校教师的专业发展仍十分欠缺。

表13 九年级教师非学业测试情况

学校	教师职业幸福感		工作现状				专业发展状况			师生情况（校长评）	
	职业交往	专业成长	工作要求	工作资源	工作压力源	压力反应	专业化理念	专业知识技能	专业发展行动	学生情况	教师情况
全市	3.24	3.09	3.85	2.42	3.25	3.13	4.32	4.33	2.89	4.13	4.53
从化	3.31	3.18	3.78	2.52	3.13	3.31	4.36	4.36	2.80	3.82	4.40
直属	3.22	3.09	3.90	2.31	3.26	3.07	4.41	4.30	2.95	4.45	4.48
本校	3.29	3.08	3.90	2.37	3.11	3.33	4.65	4.47	2.84	4.00	4.20

针对上述情况，我们提出以下改进建议。

（1）发挥教师专业特长，鼓励教师开展有针对性的教学研究，积极申报各级课题，以研促教，教研相长，切实提高教学质量。

（2）注重教师专业培养，积极搭建平台，"走出去，请进来"，让教师投身专业培训、交流，参与教学研讨、竞赛，开阔视野，更新观念，提升能力。

（3）重视学科组建设，树立学科"领头羊"，实施学校学科带头人、骨干教师、青年教师的培养计划，加强对骨干教师的培养，以"先进"带动"后进"。

（4）加快校园网建设，建设"学校教学资源库"，更新、添置各类教学参考书籍，完善教师阅览室，改善教学软环境。

参考文献：

［1］许燕春，周云科，赵帅祺. 学校教育现实问题与发展策略分析——基于2015年广州市景泰中学阳光评价报告［J］. 现代教育论丛，2016（3）.

［2］孟维娟. 制约农村学校教育发展的因素与对策［J］. 甘肃教育，2014（21）.

"无为而治"在学校管理中的应用

广州市南沙区鱼窝头中学　李荣森

摘要：本文通过对"无为而治"哲学思想的探讨，论述学校管理中实施"无为而治"的必要性、意义、具体做法以及注意事项，以达到提高学校管理效率的目标。

关键词：无为而治；学校管理

一、"无为而治"的基本内涵

"无为而治"是老子《道德经》哲学思想的核心和精粹。无为不是不作为，也不是消极作为，而是顺其自然，按客观规律办事，从而实现管理中的有所作为。说到底，就是大有为，而小无为，形似无为，实则有为。老子说："太上，不知有之；其次，亲而誉之；其次，畏之；其次，侮之。信不足焉，有不信焉。悠兮，其贵言。功成事遂，百姓皆谓：'我自然'。"这句话的意思就是最好的领导者，人民并不知道他的存在；其次的领导者，人民亲近他并且称赞他；再次的领导者，人民畏惧他；更次的领导者，人民轻蔑他。统治者威信不足，人民才不相信他。最好的领导者，悠闲自在，很少发号施令。事情办成功了，老百姓说："我们本来就是这样的。"

3000多年前老子《道德经》无为而治的哲学思想，经过历代思想家、政治家、哲学家的引申和发展，被历代帝王将相所推崇，当中有不少统治者因深得其要领而有幸成为一代名君而流芳百世。例如，汉朝的刘邦、唐朝的李世民、宋朝的赵康、明朝的朱元璋等，他们之所以能扬名立万，原因可能很多，但有着一个共同之处，那就是有大批名士辅佑，并且能较好地奉行"无为而治"管理理念，这不能不引起关注和重视。

中国国学，屹立于中华民族和世界文明之林几千年而不倒，在漫长的历史长河中，它积淀和形成了一整套以"德、史、子、集"为主线的中华传统文化，它渊远而流长，博大而精深，蕴含了无数先辈圣贤们永恒而不朽的人生智慧。现代社会，风云变幻、顺息万变，国学曾一度为国人所轻视甚至遗弃。值得庆幸的是，近年来，尤其是党的十八大以来，国学得以再次复活和重生，它不断在各种媒体以各种途径和方式在世人眼前涌动，越来越受到国人的尊重和重视。老子的《道德经》就是当中一颗耀眼的明珠，《道德经》里的"无为而治"的哲学思想更是一套贯通千古的黄金定律，越来越受到当今国人尤其是政要和商界的赏识和推崇。那么，"无为而治"的管理理念对于我们的教育管理工作又有何启迪呢？

二、"无为而治"的重要现实意义

（一）"无为而治"是校长从日常烦琐管理事务中释放自己的现实需要

校长是学校的灵魂，其管理水平不仅决定着学校的办学质量，更决定了学校的生存和发展。但综观现今的学校，除日常教学教育任务外，上级各部门名目繁多的培训、竞赛、检查、评估、大小会议等活动令人眼花缭乱、应接不暇。如果校长事无巨细、事必躬亲，从时间及精力上根本招架不住，在这种状况下，校长只有通过无为而治，学会抓大放小，宏观调控，才能使自己得以从日常烦琐的事务中摆脱出来，才能真正把精力放到统筹全盘、把握全局上去。因此，从这个角度说，无为而治是一种以最小的领导行为获取最大管理效率的高超的管理艺术。无为不等于无所作为，是学会取舍，是有所为、有所不为。

（二）"无为而治"是对学校部门领导和教师工作态度和工作能力的最大尊重

我们知道，校长在学校管理工作中的时间、精力及能力等是有限的，那么就要学会合理地安排事务。作为校长必须收放自如，充分发扬民主，群策群力，通过合理分工，完善制度，分清轻重，人各其用，让大家都撸起袖子干起来，做到人尽其才、物尽其用，做到人人有事做、事事有人做。如果你喜欢观看篮球比赛，你会发现，很多时候，正选球员中场比分落后的情况下，这时教练换上后备队员，比赛结果反而赢了，这种情况比比皆是。心理学告诉我们：尊重是人的基本心理需要，它具有强大的激励作用。校长通过抓大放小，科学分工，合理放权，这样既解放了自己，又让部门中层和老师们倍感尊重，充分激发了他们的工作积极性和创造性，同心协力，万众一心，众志成城，真正做到了表面"无为"，实则"无所不为"，从而推动了学校各项工作不断向前发展。

三、"无为而治"在教育管理中的运用

（一）"无为而治"要求学校在管理上要推行"以人为本"的民主管理理念

学校管理工作是一个系统工程，每天都要面对一大堆错综复杂，剪不断、理还乱的人和事，因而制度管理不可缺少，"无规矩，不成方圆"。但是，以人为本的情感管理理念也不可或缺，有些时候甚至显得相当重要。作为领导者理应顺势而为，充分利用各种途径，让学校的各项工作放在阳光下，充分发挥橱窗、公示栏、学校内部的QQ群、微信群等形式，以及工会、教代会、校监会等组织机构的桥梁纽带作用，以增强学校工作和信息的透明度，提高教职员工对学校工作的知晓度和关注度，增强主人翁精神。只有在这种和谐、融洽的校园氛围下，校长的"无为"放权，教师们才会乐意"接棒"去"有为"。实践证明，实行绩效工资之后，教师在对待学校、职业、领导、制度、认同感等方面均有所下降，因而学校管理中的情感管理、人文关怀、民主协作，就显得尤为重要。从某种意义上说，它成了学校实施"无为而治"管理模式成功与否的重要环节。

（二）"无为而治"要求学校管理者要"知人善用"

学校是个藏龙卧虎之地，德才兼备的老师比比皆是，正所谓高手在坊间。在学校里，由于教师的出身、背景、性格、爱好、专业、能力、素质、价值观等方面存在着一定的差异，作为管理者就必须独具慧眼，做一个好伯乐，去发掘千里马，为我所用，为校所用。在这里，汉高祖刘邦的一席话给了我们深刻的启迪。据司马迁的《史记》记载，刘邦当上皇帝后，在总结自己夺取天下的原因时，他坦言："夫运筹帷帐之中，决胜千里之外，吾不如子房。镇国家，抚百姓，给饷馈，不绝粮道，吾不如萧何。连百万之军，战必胜，攻必取，吾不如韩信。此三者，皆人杰也，吾能用之，此吾所以取天下也。"说白了，刘邦只是一个能力平庸的凡夫俗子，却战胜智勇双全、世家出身的项羽，使其垓下战败，四面楚歌，乌江自刎，实现了大逆转，究其主要原因是刘邦能知人善任，善纳雅言。而项羽却不听忠言，刚愎自用，结局令人扼腕。所以，知人善用对管理者来说是何等重要。作为学校管理者，必须时刻保持头脑清醒，抛开私欲，放下有色眼镜，做到"知人善用"，要有"揽天下英才为我所用"之伟大胸襟和超凡气魄，以实现学校的

可持续发展。

（三）"无为而治"还要求学校管理者要做一个出色的培训师和"裁剪师"

在日常工作中，我们都有同感，那就是有能力的人往往都很有个性。所以，作为管理者，除了独具慧眼发掘英才外，更重要的是在坚持德才兼备的原则和前提下，去用心加以培养和雕琢，扬长避短，促其成长，帮助其实现质的飞跃。在工作中，要通过不断谈心、指导、压担子、开小灶，甚至通过刻意的情境设置去试探其德行，考验其能力，磨炼其意志。过程中肯定会有不少的抵触、博弈、争议、冲突甚至多次的反复，这更是考验了管理者的培养能力、雕琢能力，尤其是容人之量。对此，笔者就深有同感。几年前，出于工作的需要，笔者力排众议，起用了一位班主任做年级长。应该说，该位老师在学科教学和班级管理方面，是完全无问题的，但他由于实在太有个性，虽然做事能力较强，但总喜欢对学校的部门工作和安排品头论足，甚至经常提出异议。因而此人群众基础好但不受中层领导们的欢迎，也不利于学校工作的开展。为此，笔者在做足了功课的情况下展开行动。在充分肯定和表扬其能力强、有个性的前提下，对其从行政大局意识、团结协作到学校管理学、人际关系的处理、正反面个案的剖析等多层次、多角度去进行深入浅出、苦口婆心地谈心、指导和说理。功夫不负有心人，不到半年时间，奇迹出现了，该位老师在班级的管理能力得到提高的同时，其团结协作能力和人际关系的处理、协调能力等方面也进步神速，给人以脱胎换骨之感。现在的他，由于当年级长工作成绩突出，通过竞岗，已晋升为学校的教导处副主任了。"玉不琢，不成器。"作为学校的管理者，要实施无为而治，必须要敢于并善于发现和培养人才，做一名出色的导师和裁剪师。既要做到"用人所长"，更要做到"容人所短"。其中，后者更能考验管理者的德行和能耐，亦非一般人所能及。

四、"无为而治"在实际运用中应注意的问题

"无为而治"是一种既传统又时尚的管理艺术，如何将3000多年前的哲学智慧融合并运用到21世纪的学校管理中去，尤其是如何把握"有为"与"无为"之间的尺度，做到"既有所为，又有所不为"的效果。既要防止火候不够，又要避免过犹不及，这就要讲究个中的"中庸之度"。在教育管理实践中，学校管理者既要让老师觉得校长在领导，但又要让老师们不觉

得校长在过多地干预其工作,当中奥妙值得深思和探讨,需要我们在教育管理实践中不断去探索、反思和提高。

以校本研修促进教师专业发展的行动研究

广州市南沙鱼窝头中学　林灿明

摘要： 近几年，随着我国新课程改革的实施，教师专业发展的水平成了学科核心素养能否顺利践行的决定性因素。通过对教师校本研修促进专业成长过程的研究，有利于找出教师成长过程中带有规律性的东西，从而可以有效地促进教师行为在较短的周期内得到优化；有助于教师对自己的成长过程有所了解，从而有效地规划自己的专业人生；有利于学校依据教师成长的规律实施管理和培训，从而更好地推动教师的专业发展，进而推动学校的健康发展。

关键词： 校本研修；专业素质；终身学习；反思；合作

"国家的希望在教育，教育的希望在教师"，习近平总书记高度关心广大教师和学生的成长发展，提出了殷切希望。习近平总书记指出，教师是立教之本、兴教之源，强调党和国家事业发展需要一支规模庞大的师德高尚、业务精湛、结构合理、充满活力的高素质专业化教师队伍，要使教师成为最受社会尊重的职业。号召广大教师做有理想信念、有道德情操、有扎实学识、有仁爱之心的好老师，做学生锤炼品格、学习知识、创新思维、奉献祖国的引路人，坚持教书与育人相统一、言传与身教相统一、潜心问道与关注社会相统一、学术自由与学术规范相统一。要提高学校的教育、教学质量，就要提高教师的专业素质，教师应该具备多方面的专业要求，概括起来主要有三个方面：专业知识、专业技能和专业情意。然而，一所学校的教师队伍建设，除了师德建设外，最重要的就是教师专业化发展的建设。学校实施校本研修促进教师专业成长管理成为学校管理的新模式。学校在帮助教师专业化成长工作中，角色也应该发生转变，即由过去的主动要求督促管理转而为教师服务创设平台，采用服务性管理策略来有效地通过校本研修促进教师的专业水平主动发展，其特征是"为了教师""教师服务""发展教师"。由于发展性教师管理能树立发展性教师观，因而能为教师创建学习型专业共同体,为教师的发展实施服务性领导,对教师实施有助于教师发展的评价,从而激发教师自身发展的潜能,使教师最终走上专业发展的道路。

一所学校发展的好坏与否和教师的专业发展密不可分。学校要发展,教师要发展,学生要发展。校长要树立科学的教师专业管理理念,有超前的教育意识,要带头搞教研教改,积极参与,使校长走进课堂、走进学生、走进教师,了解教师的工作专业困惑,解决教师专业发展的需求,与教师专业共同发展,这样才能更好地服务于教师专业化发展。在具体的工作中,学校要把校本研修的主攻方向放在课堂教学改革、优化课堂结构、提高高效课堂和加大力度关爱学生、转变学生的学习方法和技能两个重点之上。引导教师研懂教材、改进教法,与学生交流思想,建立相互信任、民主、平等、和谐的师生关系。帮助学生解决心理上的障碍,能力上的障碍,思想上的障碍,帮助他们找回自信,树立信心,相信自我,激发兴趣,培养良好的学习习惯,努力学习,走出困境。校长要引导教师把课堂还给学生,科学安排讲与学的时间分配,培养学生"自主、合作、探究"的学习方法。发挥教研组的作用,学校每学期各教研组都有教研教改的主攻方向和需要解决的问题,每一位教师都有一个主攻点和需要解决的问题,真正把教研教改落到实处,不搞形式主义,不走过场,只有教师的专业发展了、素质提高了,学校才能真正得到发展。

一、学校应如何通过校本研修促进教师专业化发展

(一)课题研究是促进教师专业化发展的基础

教师参与教育科研是提高自身素质、由"经验型"教师向"科研型"教师转变的捷径。新课程要求教师转变角色,不再做单纯的"教书匠",而要成为教育教学的"研究者",这是教师专业发展的重要途径。进行课题研究是教师参与教学教研最直接的方式。在我校实践教学中,发现相当多的老师都是靠经验来进行教学的,他们早已将课堂内容熟记于心,但往往忽略了课题研究这一步骤。孟子主张"君子深造之以道,欲其自得也"。校长作为学校发展的第一责任人,应该承担起激发教师积极参与课题研究活动的责任。课题研究的真正内容并不只是了解课程内容,还需要教师对日常教学中遇到的问题进行理论整理、研究实践、分析补充以及总结这一系列的研究活动。现在,我们经常通过一些校本课题的研讨来提高教师的课题研究能力。例如,每个学期,要求每一个学科通过观摩一个教学活动或一个案例进行研

讨，研讨活动根据教师的需要灵活确定。过去一年来，我校在教学案例校本研究活动中开展了"如何设计问题""如何进行课程单元整合""如何制定适合本班学情的教学目标""如何开展教学活动的评价"等研讨。在教学活动评价研讨活动中，我让老师们先以备课组为单位进行研讨，再经过全校性研讨，然后整理出比较全面的评价教学活动的方式，如教学内容是否与学生的实际生活有密切联系、教学目标是否适合学生的年龄特点、重难点的突破、提问是否有针对性等。这些由教师自己研讨出来的评价细则让他们提高了评价教学活动能力的同时，也学会了设计教学活动。

在日常教学实践中探索、研究、寻求解决的方法和途径，对于教师来说，就是通过教育科学研究来解决教育实践中的问题的，所以，学校要指导引领教师要紧紧围绕"学习—备课—上课—交流—反思—教科研"的主流程，用创新的思想、新要求来指导自身的教学实践，不断改变教学观念、教学方法和学习方式，通过集体备课、相互听课、集体研讨等活动方式，发现问题、解决问题，实现经验共享，进一步形成自身的教育课题研究，使每位教师在课题研究过程中不断进步。

（二）终身学习是教师专业化发展的前提

当我们还停留在工业化高速发展的时候，社会已经进入了高科技智能年代了。教师向学生传授的知识再也不能停留在过去式，而应该与时代同步，甚至更有前瞻性，这样才能符合现代人才的培养需求。党的十九大明确指出，要不断深化基础教育人才培养改革，培养学生的创新能力和实践精神。学生创新发展，教师必先作引领，这就需要教师终身学习，与时俱进。随着教育改革的飞速发展，终身学习是当今世界教育发展的潮流，也是教师专业化发展的必然选择。传统的"传道、授业、解惑"已不能满足教师职业的需要，教师已成为一个需要不断学习的职业，即我们通常所说的"活到老、学到老"。只有强化终身学习理念，才能使教师专业化成为现实并健康发展。但是，在学校工作中，我时常无意地听到个别老师在小公室抱怨说，我日常教学工作繁忙，既要备课、上课，又要批改作业、辅导学生，还要料理家务、照顾孩子，哪有闲暇时间学习？还有，我现在都差不多50岁了，也评上了高级职称，还要去奋斗吗？正是抱着这样那样的想法，很多教师教了一辈子书，到头来却仍然是个教书匠，教学水平非但没有提高，反而年纪越大，工作能力越低。而其他行业却恰恰相反，比如医疗行业，有的医生年龄越大，临床经验越丰富，业务能力一般也较高，这种年龄和水平的反差是社会上有些人对教师专业化产生质疑的根本原因。时间掌控在每一个人的手中，对每个人都是公平的，别人能做到的事，自己应该也能做到。因此，只要你有终身学习的信心和意志，总能找到学习的时间，正像原北京五中校长、特级教师吴昌顺经常对老师们说的一句话一样："你想当老师吗？一天不学习没资格，两天不学习离开讲台回家"。

每位教师应该通过不断的自我分析来认识自己，从而形成个性化的成长目标，使学习成为教师永远进步的不竭动力。终身学习不仅仅是要求教师不断扩展知识，同时还需要教师养成良好的学习习惯，积极探索新的教育问题，学习新的教学理论，真正做到以教学为己责、以学习为己任的高素质教师。除此之外，教师还要向同行学习，向学生学习，实现教学相长。学校要打造教师专业化学习氛围，开辟学习阵地，通过创建学习型学校、学习型教研组、学习型班集体，为教师提供多样化的学习平台，让终身学习成为学校每一位教师的价值追求。

（三）教学实践是教师专业化发展的根本

教学实践是指教师在学校教育中，将学习成果与教育行动结合起来的行为。教学实践是将一些教育教学方式、教学成果等融入教学中的实践活动，从点到面，实现学校全面的教学改革，以达到教学质量的提升。在教学实践的过程中，教师总是会遇到一些新的教学理论、新的模式、新的教学问题，对于这些问题，教师应将其一一记录，分析这些问题产生的原因，然后通过各种提问和设想解决存在的这些问题，做好计划安排，最后做好调查研究，通过实践，观察记录来验证自己的实践教学，并通过认真的观察，对调查研究中的变量加以控制和调整，从而保证自己教学实践的完整和准确性。教学实践的重点在课堂，学校为了配合"深度学习"教学促进工程，结合学校生源情况，在初中学段进行了课改，实行"分层走班"教学，教师应通过教学模式的转变，在教学实践中不断改进自己的教学方法和提升自我教学能力，从而达到教学相长的效果。

我校把教育科研作为校本研修的突破口和切入点，成立了以校长为组长的课题研究领导小组，建立了申报立项、过程管理、阶段总结、汇报、奖励等管理制度，形成了教科研网络。我校还参与了广州市南沙区国家级课题子课题"弘毅教育"的研究，成为该课题区级实验基地，以此为契机，建立了教师人人参与教科研的制度。在教育科研中发展自己，时时刻刻围绕课题研究努力学习，努力实践，汲取先进的教育理念和方法，树立"学而知不足，教而知困，研而知美"的学习观、工作观，这样既提高了教师的教育教学能力，又提高了教师教科研的能力。

（四）教学反思是教师专业发展的动力

教学反思，是指教师对教育教学实践的再认识、再思考，并以此来完善自己的课堂教学，进一步提高教育教学水平。教学反思的过程是教师夯实业务素质、积累教研素材、形成独特教学风格的专业化成长过程，是一种通过提高参与者的自我觉察水平来促进能力发展的途径。新课程改革改变了以往系统性的一步到位的教学模式，它要求教师必须由单一的知识传授者转变为建构知识的参与者、研究问题的发现者和解决问题的合作者。美国心理学家波斯纳指出：教师的成长＝经验＋反思。只有通过对教学行为的不断反思，总结教学的成功与失败，才能重新审视自我，发现自我，不断丰富自我素养，使有效经验得到升华，缺点和不足得到修正，教学能力和教学效益得到不断提升。思之则活，思活则深，思深则透，思透则新，思新则进。教师专业素质的提升，是建立在自我反思、自我改进实践的基础之上的。只有在反思中不断提炼、积累、升华，教师的专业素养才能日趋完善。

我校形成青年教师日反思、老教师周反思、骨干教师以反思为主的反思学习教学模式，教师可以进行材料准备、教具准备、环境准备等活动前反思，可以进行师生互动、学生表现、教师组织等活动中反思，也可以进行活动后反思，可以进行问题反思、经验反思、能力反思、策略反思等。教师的反思记录的都是他们教学实践中的真实感受及思考，真正把问题变成课题，解决教学实践中的实际问题，把课堂变成了研究的主阵地，把自己变成了学习者、研究者。这样，时时处处用新课程理念来思考自己的教学行为，使教学反思有效地促进理论与实践的结合，成为教师运用理念的催化剂，从而促进教师的专业成长。

如果教师只注重实践经验，而不去反思总结，那么实践结果就很有可能存在片面、经不起推敲等问题，从而使实践失去原有的意义，也给教师的专业化发展造成阻碍。所以，只有通过教学反思，才能优化教师的专业化发展。学校通过集体评课、磨课以及课后反思总结等多种形式结合，让教师们在教学中探究，在反思中成长。通过反思分析自己的教学究竟面临着哪些问题，哪些问题是关键性问题，如此等等。

总之，教学反思可以使教师去主动探究教学过程中出现的问题，重新思考自己的教学思路、教学原理，直到寻找到新的解决方法。在这个过程中，教师通过不断地去学习、研究、探讨，增加自己的知识量，并在实践中锻炼自己的研究能力，积累教学经验，从而促使教育教学更加专业化。

（五）教师合作是教师专业发展的保障

校本研修不是校长一个人的事情，也不是教师个人可以完成的。随着时代的发展，教学理论、教学模式、教学方法都在不断地改革和创新，面对新课程、新教材以及现代化教学设备等对教师专业化的考验，只有教师相互合作，才能使学校的校本研修得以巩固和提高，教师的专业化发展才能得以提高。教师合作教学可以使教师之间相互学习，取长补短，有利于教师专业化的提高。常见的合作教学方式有两种：磨课和课堂展示。磨课顾名思义就是磨合课堂，需要整个教室队伍参与，共同完成一节完整的课程施教。磨课是指通过备课人讲课，听课人评论，再到最后的讨论总结，其中，务必对每一个环节加强管理，使磨课达到预期效果。课堂展示则需要将教师分为各个小组，然后组织教学研究成果展示。每个教研组在安排好组长后，由组长对每个组员进行分工安排，从而在小组中建立一个良好的科学管理体系。然后开始围绕所安排的课题进行课堂设计、课堂上课、课堂发言人、问题讨论者、课堂总结等活动的排练，使各位教师都能发挥出自己的特长，并在这样的方式中取得教师专业化的培养和发展。

例如，对年轻教师的培养方面，"师徒结对"是最基本、最传统的带教方式之一。每一位有经验的骨干教师带教一名青年教师，手把手地带领刚上岗的青年教师尽快适应教育教学，师傅与徒弟之间建立起一种新型的指导、合作、共建、发展的关系。徒弟学习师傅的教育教学经验，师傅学习徒弟年轻的活动与激情，在师傅的全方位指导下，青年教师将会得到迅速成长，通过师徒间的合作、互相学习，使大家共同得到提高。

（六）人性化管理方式是教师专业发展的内驱力

学校如果总是强调规范教师的教学行为，教师的自主发展就会受到压抑，其专业水平就难以提高。学校以"研"促训，以"研"代管，让老师有事做，想做事，做好事。学校给予教师发展的自主权，但急功近利，要求教师快速发展，其结果必然是"欲速则不达"。教师专业的成长需要学校在管理方式上讲究人性化管理。人性化管理是指学校对教师的管理要讲究差异性，对青年教师和成熟型教师，对骨干教师、学科带头人和一般教师的要求是不同的。学校要研究每一位教师的教学起点和发展潜力，并要在此基础上提出专业发展的建议。人性化管理要求学校倾听教师的心声，由教师自己制定个人发展的规划。人性化管理还要求学校建立学习型的教师团队，把教师个人发展与教师群体发展相结合，把教师个人发展目标和学校发展目标有机结合。人性化的管理方式有利于调动教师的内驱力，使教师自觉地追求专业发展。

现在学校的教师除了日常教学工作外，还要应付很多与教学工作无关的烦琐的事情。学校如果硬性要求教师进行专业化学习，势必严重影响教师工作的积极性，教师的个人情感投入是促进教师专业化发展的一种手段。那么怎样做到既不影响教学秩序又让教师安心去进行专业化发展呢？我校采取了和教师协商的办法：每学期初，让教师制定好自己的专业化发展计划。通过协商式管理，教师们对学校让自己利用工作时间去学习存感激，从而减轻了思想压力，较好地解决了工作与自我增值的矛盾。作为校长，我倡导人性化管理，就要尽心尽力地为每一位教师的专业发展提供有效的服务。

（七）校本培训，专业化成长的摇篮

教师的专业发展是一个持续发展的过程，必须建立良好的外部环境和动力支持系统。立足教科研，尤其是立足学校和教师专业化校本培训模式，不仅是实现教师专业化的重要途径，也是教师专业化成长的前提。学校采用集中学习与突出重点结合的办法。

首先，我们组织各类专门的团队进行学习。加强领导、精心组织、切实抓好教师的业务理论学习，我们把计划好、布置好、开展好每次学习作为重要的一项工作，建立学习记录、中心发言、集体讨论、经验交流等制度。每一类学习在时间上相对固定，内容上相对灵活，如政治学习、小组学习，有时政介绍、时事讨论、美文朗诵。业务学习有的是业务技能的培训、有的是经验介绍，小组学习有时是组内针对某一事件的讨论，等等。通过引领教师学习理论、实践理论，将学习贯穿于广大教师的教育实践，很好地组织教师进行团队学习，赋予教师形成共同的价值，达成共同的目标，让教师们在组织中相互学习、共同提高。

其次，我们开展了一系列专题讲座。由业务副校长、骨干教师定期做专题讲座，还邀请教育教学的专家来学校给老师们作讲座。这些专题讲座对于推动教师专业化自我成长和促进具有十分重要的作用。

总之，教师专业化发展是一个终身学习、不断更新的自觉追求的过程。新课程标准要求教师积极参与课程改革，成为课程的"研究者""开发者"。教师要永远与学习做朋友，成为学习型的教师，使自己具备现代教育理念，精通教学内容，掌握现代教育技术和方法，并以积极健康的人格魅力和高超的教学技艺为学生们的发展引路。

二、结语

　　理想的教育应该是充满个性化的教育，而个性化教育需要高素质的教师。我不能说我们的教师素质不高，那不客观而且也伤感情，但是可以说确实有个别教师素质不高，或者说有个别老师在某些方面的素质不高。任何职业水平的发展都有"高原现象"。教师在其从教多年后就会逐步定型，如果不实施强有力的培训，使其职业精神、专业水平等全方位更新，通过回归进修的形式摆脱对原教育文化环境、现实利害关系、心理习惯定式等方面的功能性的固守，其职业水平将在垂直层级上停顿。这就表现为职业性格的封闭保守、职业性知能结构的僵化陈旧、思维领域的世俗功利、创造个性的萎缩凋谢等。所以，提高教师的专业化水平，走教师专业化的发展之路，不仅是教师个人成长的事情，也是学校教育改革与发展的迫切需求。

参考文献：

[1] 教育部师范教育司. 教师专业化的理论与实践 [M]. 北京：人民教育出版社，2003.

[2] 王少非. 新课程背景下的教师专业发展 [M]. 上海：华东师范大学出版社，2005.

[3] 孙晨红，张春宏，王睿. 教师专业化发展与教师成长 [M]. 哈尔滨：东北林业大学出版社，2016.

[4] 穆肃. 中小学教师终身学习能力提升的方法与实践 [M]. 广州：暨南大学出版社，2011.

[5] 漆国生. 教师教育发展的趋势与对策 [M]. 北京：北京师范大学出版社，2013.

"迁移理论"在初中德育工作中的运用

广州市越秀区育才实验学校　　林焕潮

摘要：德育是一项复杂而又艰巨的工作，对于具有新时代观念和特点的学生，德育工作应有新思路、新方法。德育工作应以初中生心理特点为基础、以心理学迁移规律为依托，让学生逐步养成做人做事的好习惯。从情感态度、人格培养、交往技能三个维度引导学生实现正迁移，形成正确的人生观和价值观，是新时期德育工作必不可少的内容。

关键词：德育；迁移；情感态度；人格培养；交往技能

《现代汉语词典》（第六版）指出："德育，指政治思想和道德品质的教育。"从狭义上讲，学校德育是指教育者有目的地培养受教育者品德的活动。而迁移，也叫学习迁移，是指一种学习的经验对另一种学习的影响。在学生的学习过程中，学生已经获得的知识、动作技能、情感和态度等，对新的学习会产生影响。凡是一种学习对另一种学习起促进作用的，称为正迁移；凡是一种学习对另一种学习起抑制作用或干扰作用的，属负迁移。在新课程背景下，德育工作要有新思路、新方法，德育工作的好坏直接关系到教育教学质量的优劣。因此，促成正迁移意义重大。

初中生大多处于12～15岁的年龄段，这一时期，是个体由不成熟的童年逐步走向成熟人生的转折期。在这个时期的初中生具有幼稚性、半成熟的特点，并具有冲动性和不稳定性。而价值观是人们用以评价事物并指导自己行为的心理价值倾向系统，是一个人思想意识的核心。对初中生而言，价值观的引导十分重要。

新时期的德育工作要求教育者必须具有新时代下的新观念，对学生的教育做到以人为本，并注重适时迁移，关注个性差异。同时，协调配合各方元素，努力发现学生的潜在能力、内在积极性与发展的可行性，使学生逐步形成正确的人生观、价值观。

一、迁移之于情感态度——抓住教育契机，借助身边的故事

在德育工作过程中运用迁移规律，可以透过多种途径促使学生自觉进行正迁移。法布斯等人认为，可使用情感定向的教养方式帮助青少年。笔者抓住教育的契机，借助情感的感染功能和调节功能，通过生活中的故事引导学生。

例如，笔者曾在课上给学生讲过歌唱家宋祖英的故事：中央电视台著名化妆师徐晶告诉记者，每次她随演员外出演出时，宋祖英总是默默地帮她提很重的化妆箱子，徐晶感谢她，可宋祖英说："这是替大家拿的，你很辛苦，大家应该感谢你。"讲完故事后，笔者告诉学生，那些成就一番事业的人都是先从好好做人开始，只有先学会了做人、学会了尊重他人并有了团队合作精神，个人才能拥有良好的发展环境，同时也会得到他人的尊重。借助此类故事，在潜移默化的引导下，学生渐渐有了变化，班上本不关心他人与集体的男生、自由散漫爱计较的女生，慢慢凝聚在了一起，形成了班级强大的向心力。学生的个人目标逐步同集体目标一致，并由此产生正确而统一的集体舆论，因而促进个人的才能和个性在集体中得到更充分的发展，实现了情感方面的正迁移。

笔者也常在课堂上与学生分享自身或学生的故事。例如，在2016届毕业生中，有一名调皮的男生，聪明机灵，做事却不够扎实，跌跌撞撞、起起伏伏后，在初三终于进入认真学习的状态并带领班上的同学每天学习到深夜。其他学生意识到了该男生的转变与进步，却并不知道该男生改变的原因与动力。在进行一番了解与梳理后，笔者将该男生树立为榜样，并在课堂上与同学们分享了该男生转变的故事。关键时刻，这种分享激励了不少学生保持住了冲刺的干劲，班级向心力越强，整体呈现的效果便越好。最终，在2016年的中考中，这个摸底考试数学排名倒数第二的班级，取得了数学年级第二名的好成绩，而该男生也进入了自己的理想高中——广雅中学。在其榜样作用的影响及教师的有意引导下，班上大部分同学也全情投入冲刺，最终收获了理想的成绩，实现了态度方面的正迁移。

教师在认知的基础上会对每个学生未来的发展潜力有所推测，这被称为教师对学生的期待。而期待的不同，也会反过来影响学生的发展。笔者借助期望值与正迁移，抓住教育契机，既培养了学生对集体的责任感、荣誉感，又培养了个人行为对他人或集体的行为负责任的人际关系准则，使德育教育

与学生原有的道德观念产生共鸣，学生自觉地把这种道德情操迁移到自己的行为中去，主动地为他人和集体做好事、谋利益。

二、迁移之于人格培养——关注学生差异，借助学生亲历的事件

个性差异指一个人在活动中表现出来的比较稳定而不同于他人的心理特征，主要表现于人的兴趣、气质、性格和能力等方面。在实施德育教育时，了解和掌握学生的心理差异，注意针对个性差异施教，做到"一把钥匙开一把锁"，才能使学生依照不同的途径、不同的条件、不同的方法达到统一的要求，才能实现人格培养过程的正迁移。

对于性格活泼的学生，教育者可设法培养其自制力；对性格内向胆小的学生，可以让其接触更多种新鲜事物，给予更多的关注和鼓励；对于目中无人、态度偏激的学生，应讲究培养其谦虚严谨、尊重他人的习惯；对于自暴自弃的学生，应用真诚去感化其心灵，帮助其树立希望，扶他们走一段，直至其能独立行走、自由奔跑。美国心理学家罗伯特·哈维格斯特的综合适应发展理论认为，要在人类社会中顺利生活，个体就必须学会自我学习、摸索。班主任是学生的心理保健者，同时也是学生的行为引导者。教师的引导固然重要，学生自己的主体作用也不容忽视。

2012届的一个学生曾给笔者留下深刻的印象。某天中午，在校园的角落，一男生抱住笔者哭了起来，经了解才得知该学生在超市偷了一瓶可乐被发现，害怕被父母知道，更怕在全校被点名批评。笔者先是肯定了他的诚实与信任，并立即带他到超市道歉并交款。返校路上，笔者鼓励学生坦诚告诉父母并认错，并私下与其父母沟通了教育方法。学生在鼓励及安抚下主动向父母认错，笔者也及时肯定了学生的行为并进行引导。在随后的一段时间里，男生仍沉浸在这件事里无法释怀，笔者适时与其沟通，了解其想法并加以引导。渐渐地，学生进步很大，课堂内外的笑容也多了。笔者依旧抓住每一个教育的契机，让学生收获了实实在在的成长，同时也让学生明白：好事学会和大家分享，坏事学会自己承担。只有学生在已有的经验上继续学习、摸索、尝试、转变，才能实现自身人格培养过程的正迁移。

中学生的心理规律决定着初中阶段的学生成长，并在中学生的成长过程中起着重要作用。中学生初中阶段的心理处于过渡期，具有半成熟、半幼稚的特点，这个阶段的学生是身心发展的突变时期，在生理方面和心理方面都存在着不少特殊矛盾，这是一个独立性和依赖性、自觉性和幼稚性并存的时

期。而每一个学生更是存在着这个时期的不稳定性和差异。尊重学生的差异，根据学生不同的特点有针对性地引导其向善向上，是笔者一直践行的德育教育理念。笔者也相信，学生经此获得的人格塑造过程，将帮助其更好地走向未来，实现正迁移。

三、迁移之于交往技能——协调各方元素，借助周遭的环境

充分调动学生的积极性，营造学生之间良好的学习与竞争氛围，是笔者一直致力的；而"移情"，让学生体验他人的情绪能力，也是笔者注重引导的。在2016届学生中，有一名取得中考成绩743分的女生，备受老师和同学的喜爱，而初一时的她，曾经深受人际关系困扰。那时的她，刚经历了小升初的失利，便在进入初中后立誓要名列前茅，这种好胜心却误打误撞地让周围的同学对她产生反感，后来她遭到了同学的误解和排斥。数学课上，察觉到异样的笔者及时了解了学生情况，并与班主任一起引导学生，既让女生学会平和对待成败得失，也让同学们学会理解、尊重他人，很快大家不仅能融洽相处，该女生还成了许多同学学习的榜样，并帮助同学一起进步。学生的不稳定性及不成熟性决定了生生之间容易产生误解，甚至冲突，他们未必能如成年人般妥当处理。而教师的引导与开解，使其化解误会矛盾，形成统一向心力，实现正迁移，则尤为关键。

笔者坚信，德育从来都不仅仅是班主任的工作。在担任科任老师的时候，笔者也细心关注学生动态，抓住每一个教育契机，促成学生与人交往技能的正迁移。德育工作不是由某一位老师独立完成的，要由相关的多位老师、人文环境、家庭、社会的互相配合、互相协作共同达成。因而要强调处理好教师集体的关系，强调协调德育教育。比如作为班主任，可以设计教师之间的"协调配合方法"，并善于调动学校、家庭、社会等多方面的力量，处理好教育学生有关人员的关系。

此外，笔者认为，要达成最大限度的正迁移，除了必须充分调动多方元素，还要及时进行反馈协调。学生要及时了解他人对自己的评价，明确自己的优缺点，通过不断地得到反馈信息，及时审视和校正自己的言行。而德育工作则应该有畅通的信息反馈渠道，以利于学生调节自己的行为习惯，扬长避短，同时积极引导学生逐步学会客观、全面地评价自己和他人，其中，家校沟通必不可少。

对于青少年来说，家庭是他们成长的源头、社会化最初的场所，也是学

生行为习惯、交往技能产生的重要场所。记得曾收到过一位家长发来的一条微信："老师，您好，我是张××的爸爸张×，我代表全家谢谢您关于孩子的家庭教育指导。如××习惯的培养立即着手抓；又如教育不是教而是长；再如课外学习的失败，不是孩子做不好，而是看到了没去做，错过了其实就是失败已经开始了……家庭教育，真不能虚晃一枪。再次感谢您！也期待您经常给我发信息指导！"看完家长的留言，笔者心中暖意渐生，深感自己小小的行为，竟对一个学生、一个家庭有着不一样的意义。

德育是个漫长而又反复的过程，多方元素之间都可能出现问题。而教育者的角色，便是进行多方元素之间的沟通，进而调解对方关系，消除误会矛盾，使关系得以改善，并在一定程度上向好的方面发展，实现交往技能的正迁移。

四、运用"心理学迁移理论"的注意事项

（一）重视"负迁移"

如前文所述，凡是一种学习对另一种学习起促进作用的，称为正迁移；凡是一种学习对另一种学习起抑制作用或干扰作用的，属负迁移。当以"心理学迁移理论"为指导开展德育工作时，当我们着手从情感态度、人格培养、交往技能三个维度引导学生实现正迁移，形成正确的人生观和价值观时，也要注意引导学生避免或减少负迁移，尽量降低行为或认知本身对自己成长造成负面影响的概率，为此同样要做好引导，不能忽视"负迁移"的影响和危害。

诸如，当一个学生处于情绪低落状态时，他选择躲开人群独处，慢慢地情绪得到了一定程度的调整，但仍未能摆脱困境，此时，老师的出现一定程度上给了他安全感，老师的安抚、开导，甚至是从不同角度的分析，或许可以在短时间内帮这个学生处理好情绪，甚至让这个学生产生强烈的信任感和感激之情，之后，这个学生从中学会了一定的东西，或道理，或为人处世之道，或看待问题更加全面，或学会了更好地调整自己的情绪。通过多年来从事德育工作，笔者发现，能够实现前者所言的正迁移固然最好，但也有不少心智不够成熟的初中生会出现以下负迁移的现象：学生在老师身上得到了渴望的关注与安全感后，下一次会选择类似，甚至更加极端的方式，以期得到关注与关爱，从而开启了另一条漫长的心理修复之路。因此，笔者认为，作为教师，我们需要更理性、更成熟、更及时地洞悉问题，适时引导，不能忽略了"负迁移"的影响。

（二）重视学生的主体作用

"正迁移"也好，"负迁移"也罢，发生"迁移"的主体都应该是学生本身，而不能由教师替代或强加。外力替代不了，而外力强加的认知和学习本身并不能起到驱动成长的作用，相反，可能会导致成长路上的"揠苗助长"，从而朝负面的方向发展。

例如，当一位学生因考试作弊被发现而认错之后，"检讨书"本身并不一定是最好的保障，出于被发现而承认的行为，或出于避免惩罚而书写的"检讨书"，并不是学生发自内心的最真实想法。往往这种外在的"认识"容易一叶障目，让人看不到本质，误以为由此事的认识可以对学生以后的诚信行为产生正迁移，实则不然，这只是"我们以为"，而非出自学生心底的内动力而产生，不一定会是教训，若没引导好，很可能会重蹈覆辙。所以，学生的主体意识很重要，不容忽视。

教学方面，有"知识与技能""过程与方法""情感态度与价值观"三个维度；德育方面，心理学的迁移理论一样可以从情感态度、人格培养、交往技能三个维度给予我们指导，并让我们在思考后得以践行，在践行中继续深思。当然，优良的环境也能产生正迁移，能有力地推动学生遵守道德规范的自觉性，因此，笔者注重形成良好的班级文化，营造良好的班级氛围，注重适时激励，不是仅仅满足于传道授业解惑，更重要的是引导学生学会做人，学会在将来能在社会立足和实现自我发展，为学生点一盏心灵的灯，照亮他们今后的路。与此同时，需要避免师生之间、生生之间产生负迁移，彼此抑制和干扰。

教育是事业，其意义在于"走心"；教育是科学，其价值在于求真。教育是一个反复的过程，在笔者的教育教学经历中，以上的故事只是沧海一粟。它们具有代表性，但无法包含每一个德育的瞬间；它们具有指导性，但不会让笔者止步不前。德育工作应当成为一种善于将文化、技能、情感、管理有机结合的"艺术工作"，为学生的一生幸福奠定基础。

在日后的教育教学活动中，笔者定将继续探索与努力，抓住每一个教育契机，带着学生一起向前走！

参考文献：

[1] 蔡笑岳. 心理学 [M]. 北京：高等教育出版社，2009.
[2] 王卫华，田秋华. 教育学纲要 [M]. 广州：中山大学出版社，2009.

［3］陈德名. 运用初中生心理规律培养学生和谐成长［J］. 中国校外教育，2008（8）.

［4］毕淑敏. 心理学教授选弟子［J］. 教师博览，2011（3）.

［5］李良. 好好读书永远不会让人吃亏［J］. 青年文摘，2016（7）.

［6］刘墉. 处世之道［J］. 读者，2016（6）.

普通高中新课程理念下的"品质课堂"的建构

广州市南沙大岗中学　张祥福

摘要： 2018年1月，教育部发布了《普通高中课程方案和语文等学科课程标准（2017年版）》。2003年印发的普通高中课程方案和课程标准实验稿，指导了10余年的高中课程改革实践，在全面推进素质教育中发挥了重要作用，但是，面对社会经济、科技文化发生的巨大变化，对人才培养提出的更高要求，还有一些不相适应和亟待改进之处。新的课程标准颁布后，特别是2018年9月开始的新一届高一就要实施，这一新生事物对我们的传统的教学课堂是一种挑战，因此，研究建构新的教学课堂模式就显得非常有必要了。

本文用独特的角度论述了"品质课堂"的特征及评价，用学校的"三导"模式作为例子，表述了如何将"品质课堂"落到实处，具有很强的可操作性和实用性。

关键词： 新标准；品质课堂；建构；"三导"模式

一、课题研究的背景及意义

2018年1月，教育部发布了《普通高中课程方案和语文等学科课程标准（2017年版）》。2003年印发的普通高中课程方案和课程标准实验稿，指导了10余年的高中课程改革实践，在全面推进素质教育中发挥了重要作用，但是，面对社会经济、科技文化发生的巨大变化，对人才培养提出的更高要求，还有一些不相适应和亟待改进之处。

新的课程标准颁布后，特别是2018年9月开始的新一届高一就要实施，这一新生事物对我们的传统的教学课堂是一种挑战，因此，研究建构新的教学课堂模式就显得非常有必要了。

普通高中课程由必修、选择性必修、选修三类课程构成。从不同学科的课程结构和课程的核心素养来看，需要我们的课堂更加开放和多样，开设的课程要更加多元。在这种挑战之下，进行课堂改进研究是很有必要的，这对新课程方案和标准的实施和落地将起着保障作用，对学校的教学改革起着推动作用，课题研究的成果将在区域内起着引领和示范作用。

二、建构我们的"品质课堂"

传统的教学理念认为，教师的任务就是"传道授业解惑"。在这种观念的影响下，我们大多采用"满堂灌"和"注入式"的教学方式，学生的学习受到很大限制，教学效果往往事倍功半。

新课程的教学观认为，教学是教师的"教"与学生"学"的统一，这种统一的实质是"交往"。新课标要求教师必须根据具体的教学情境进行创造性、主动性的劳动，创设生机勃勃的课堂教学氛围，充分调动学生的积极性和主动性，使教师和学生在课堂上焕发活力。

一方面新课程标准倡导学生自主学习、合作学习、探究学习，充分发掘学生的潜能，有力地促进学生个性发展。要成为学生学习的引导者，教师首先要成为学生最真挚的朋友，尊重他们、关心他们、爱护他们。

另一方面，新课程标准对教师提出了新的挑战，教师对整个教学活动的驾驭、调控不再是通过直接的包办代替或权威垄断，而是要更加有策略和讲求技巧和艺术，想尽一切办法使学生得到来自教师的推动力，促进学生更好地发挥自己的潜能。

改革课堂教学，创新教学方式，可以"合作学习，品质课堂"为主题，构建温馨、情趣、有效的课堂。而以"合作学习，品质课堂"为主题的课堂，具有有效与高效的统一课堂、预设与生成的辩证统一课堂、教学生态和谐平衡的课堂等特点。

（一）构建"有效与高效相统一"的课堂

有效教学的评价标准是学生的有效学习，其核心是学生的进步和发展。教学是否有效，关键是看学生的学习效果，看有多少学生在多大程度上实现了有效学习，取得了怎样的进步和发展，以及是否引发了学生继续学习的愿望。

整合、协调地实现教学的"三维目标"是学生进步和发展的基本内涵。学生的进步和发展并不只是传统教学强调的知识和技能的掌握，而是指学生在教师引导下在知识与技能、过程与方法、情感态度与价值观"三维目标"

上获得全面、整合、协调、可持续的进步和发展，其注重全面教学目标的进步和发展。如果背离或片面地实现教学目标，那么教学就只能是无效或低效的。

学生的进步和发展是通过合规律、有效果、有效益、有效率、有魅力的教学获得的。教学是否有效，既要考察教学目标的合理有效性及其实现程度，也要看这种目标的实现是怎样取得的。合规律，即教学的效果和学生的进步、发展，不是通过加班加点、题海战术、机械训练或挤占挪用学生的自主学习时间和其他学科教学时间等损害学生可持续发展的途径取得的，而是从教学规律出发，科学地运用教学方法、手段和策略实现的。

有效果，主要是指通过教学给学生带来的进步和发展。有效教学的评价标准不仅要看教师的教学行为，更要看教学后学生所获得的具体进步或发展。

有效益，不仅要求教学有效果，而且要求教学效果或结果与教学目标相吻合。

有效率，主要是指通过教学活动，让学生以较少的学习投入取得尽可能高的学习收益。学习收益包括学生学到的终身受用的知识、能力和良好的非智力因素；学习投入不仅是指时间因素，还要看学生在单位时间内的脑力负担。

有魅力，能给学生带来愉悦的心理体验，能吸引学生继续学习，自觉地去预习、复习或者拓展加深。

"合规律、有效果、有效益、有效率、有魅力"是"有效与高效的完美统一的课堂"的特质。

有效教学坚持以学生发展为本的教学目标，不仅关注学生的考试分数，更关注学生体魄的健壮、情感的丰富和社会适应性的提升，从知识和技能、过程和方法、情感态度和价值观三个维度上去促进学生个体的全方位发展，使获得知识与基本技能的过程同时成为学会学习和形成正确价值观的过程。与低效、无效教学不同，有效教学特别注重教学目标和学生发展的全面性、整体性和协调性。"三维目标"是一个完整、协调、互相联系的整体。

教学的有效性取决于教学的有效知识量。所谓教学的有效知识是指教学中学生真正理解并有助于其智慧发展的知识，是能提高学生有效知识的知识。

科学的教学内容如果传授方法不当，不能与学生的认知结构发生实质的、有机的联系，则教学的效果仍然可能很差甚至出现负效。教学效果取决于教学的有效知识量，而不是教学传授知识的多少和教学时间的长短。

（二）构建"预设与生成的辩证统一"的课堂

有效教学既是预设的，又是动态生成的，是充分预设与动态生成的辩证统一。预设是生成的前提和基础，生成是预设的超越和发展。教学是有目标、有计划的活动，预设是教学的基本要求。课堂教学如果只讲"动态生成"，而抛弃了应有的"预设"，或者远离教学目标想干什么就干什么，学生想到哪儿教师就跟到哪儿，那么这种教学实际上就在开无轨电车，是无效的动态生成。同样，只讲预设，没有动态生成，不能根据教学实际做出灵活的调整和变化，就很难以满足学生的学习需求和促进学生的发展。

提高教学的有效性，在实践中应特别注意以下三点。

第一，精心预设，为各种可能的生成做好充分的准备。

第二，有效生成要立足于文本的重点、难点进行生成。

第三，教师为课堂智慧生成的"助产士"、引领者和创造者，要做智慧课堂的创造者，机智地对待课堂中的动态生成，灵活地调整教学策略。

（三）构建"教学生态和谐平衡"的课堂

在构建"教学生态和谐平衡"的课堂中，我们要注意关注下列几个"和谐平衡"：①教学方式结构的和谐平衡；②教学思维结构的和谐平衡；③教和学的和谐平衡；④教学环境的和谐平衡。

当代教育生态学研究表明，只有当整个教学生态系统处于动态和谐和平衡时，教学才能高效优质地实现促进学生全面进步和发展的目标；才能培养出具有创新精神和富于创新能力的人才；才能有益地影响学生与文化的相互交流，相互竞争，相互包容，相互激荡，共同促进；才能培养具有国际意识、国际交往能力、国际竞争能力的国民。

三、我校的课堂教学改进

（一）"三导教学模式"的必要性与可行性

学习方式变革是新课程改革的核心。

1. "三导教学模式"是必要的

教育教学要育人。《中国学生发展核心素养》中提出，"社会性是人的本质属性。社会参与，重在强调能处理好自我与社会的关系，养成现代公民所必须遵守和履行的道德准则和行为规范，增强社会责任感，提升创新精神和实践能力，促进个人价值实现，推动社会发展进步，发展成为有理想信念、敢于担当的人"。教会学生"社会及国家的认同",是教育工作者的重要工作之一。

教育教学要授法。"教育的最大成功,是让学生学会自己学习","授人以鱼,不如授人以渔"。其实,这两句话都是强调教育的基本方法和终极方法,那就是教给学生学习知识的方法。

教育教学要为学生终身发展服务。"社会性是人的本质属性之一。"人是社会的人,是群体性生物,人脱离了社会,难于生存;人类社会脱离了人,就不构成人类社会。所以,学生作为未来的社会人,必须融入社会、参与社会,并推动社会发展。所以,我们的教育教学要为学生终身发展服务。自主学习的方式,也是要为学生终身发展服务。教育要服务于学生主体的发展,每一个学生个体都具有各自的特质、不同兴趣、不同的价值取向;不同的时代、不同的人有着不同的发展需求,同一个主体在不同的阶段也有着其重点发展方向,因此,学生的学习能力和学习方法的培养,在某种程度上重于知识的传授。有充分的时间让学生个体自主学习,也有着充裕的时间让同学们之间交流,这样才可以激发学生个体的学习兴趣、学习斗志以及学习方法的积累,有利于学生人生的个性化发展,更加有利于学生以后的创新。掌握了方法、拥有了能力,这比什么都要宝贵。

2. "三导教学模式"是可行的

"课堂教学改进"是新课程理念的体现。它的实施与推动带来了学习方式的转变和学习性质的改变,由以前老师为主导地位的教学中的学生的依赖性、外在性、强制性特点逐步地走向学生自主独立、知识内在形成、能力综合发展的特点转变,它必将转变我们的课堂教学方式,进一步促进学生的自主学习、合作学习、探究学习三种学习方式的落实。

"三导教学模式"是指教学过程中的"导学、导练、导发展","三导"有机地融合了自主、合作、探究三种学习方式,"课堂教学改进"必将符合提高学生学习能力、提升教育教学质量的客观要求。

课堂教学改革充分调动了广大师生参与教学活动的积极性。课前,教师充分钻研教材、教参和了解学生,编写导学案;学生以研究性学习方式分组自主学习导学案;课中,生生互教,教师点拨,练习训练,即时反馈;课后,分层练习巩固,及时反馈,师生相互交流。"三导"充分体现了课程改革的核心理念。

我校教师也是乐于改革的一个群体,通过开展"三导"课堂教学改革活动,必将规范我校课堂教学模式,提高课堂教学的效能。

(二)"三导"在我校的实践

按照我校"三导"教学模式，可以将我校的课堂看成以下流程。

1. 导学
（1）课前导学。

1）印发导学案，提前2天发给学生，进行提前预习指导。

2）学生根据导学案最少提前一天完成导学案自学内容。

（2）课堂导学。

第一步：目标展示，10分钟课前知识点、学习要点导学。

第二步：学生独学。

第三步：学生对学、互学。

第四步：学生群学。

第五步：组内小展示。

第六步：班内大展示。

第七步：整理学案，达标测评。

时间分配：①课前自学15分钟；②教师导入10分钟，课中独学、对学、群学、展示25分钟；③小结、检测、反馈5分钟。

2. 导练

（1）教师编制训练型学案。

（2）学生完成训练学案（①学生独立完成；②小组同伴互查纠正；③群力突破难点）。

（3）教师对学生进行达标检测或评价反馈。

导练（含练习、展示、反馈）：包括学生复习、完成基本练习，巩固双基、作业、实验操作、实际运用、实践、自测（可2~3人相互出题、批改）、改错、自结（反思、小结）。

测验：用书面或口试、实践与活动，让学生考出兴趣。教师侧重验收——检查、批改、评价（总结、评定），观察并记录学生的表现，因材施教、着重辅导学困生。

3. 导发展

广义方面，指引导学生的全域发展。即以学生的发展为本，注重学生的德智体全面发展和可持续发展。学生是发展的主体，要充分引导、发挥学生自身潜在能力的倾向，最大限度地挖掘学生自身潜能，实现知、情、意、行的全域发展。

狭义方面，指引导学生课堂教学中的学力发展。这个学力发展主要包括基础学力、发展性学力和创造性学力三个方面。

基础学力的核心首先是学习态度，是否肯学、爱学是决定学业成败的关键；其次是学习能力，学生要能够自学、善于学习；最后是必要的知识与技能，作为态度与能力的载体，它也是使学生终身受益的。

发展性学力是指学习主体为主动适应迅速发展的未来社会所必须具备的自我可持续发展的态度、能力与知识的集合，包括终身学习的观念、不断进取的精神、克服困难的毅力、主动发展的学习能力和生存能力，并包括具有作为发展能力载体价值的再生性强的知识，特别强调有很强的自学能力和良好的心理调控能力。

创造性学力是指适应知识经济时代需要的学习主体应具备的探求态度、批判与创新能力，以及开放而多维性的知识的集合，包括以创新精神进行探究、求真、求实的科学精神，能用批判眼光进行学习与理解的具有创造性思维和创造性行为特征的能力，以及对知识开放性、多维性的认识。

（三）"三导"教学模式"导学案"的集智形成

我校根据年级和学科人员构成，实行科组集智备课，形成各科结构相对稳定而又各具特色、符合本科实际的"导学案"。

集智备课的基本程序是：个人主备—集体集智研讨—个性修改—形成定案。

1. 个人主备——形成初案

备课组长根据教学内容进行详细分工，安排好每位教师的主备任务，每位教师根据学生的实际写出导学案初稿。备课中，要求教师认真把握课程标准和考试说明，弄清所备内容的学习目标、重点难点，精心设计导和学的教学情境，设计突破重点、难点的学习方法和教学方法，精选导练习检测题。初步形成融入自己教学思想和学生实际的初案。

2. 集体研讨——形成共案

集体集智研讨是备课过程中至关重要的一步，其目的就是为了发挥科级团队优势、集思广益、博采众长，形成符合班级学生实际的最优共案。在每周备课组活动中，首先由主备人作中心发言，对下一周的导学案进行解读，并提出导学案的修改意见和具体使用方法，然后进行集体集智研讨。主备人综合集体的意见，对设计的导学案进行二次修改，形成具有集体智慧的年级导学共案。

3. 个性修改——形成特案

集体集智研讨后的导学案在使用前，任课教师要根据本班学生的认知基础、层次差异和学识水平，结合自己的教学风格再度思考，再次优化，在众人智慧的基础上归纳、提升、再创新，将自己具体的教学思路和方法，特别是具体的操作层面上的方法、技巧写入导学案，将导、学案真正一体化。形成集众家之长，又兼有个人特色的导学案，以更好地提高教学实效。

4. 课后反思——形成定案

课后反思就是通过自我反思，明白教学中的得失，写出以后改进的建议，达到改进教学实践、提高课堂教学实效和提高教师专业素养的目的。导学案主备人通过搜集其他教师使用后的反馈意见，归纳、整理和改进导学案，最后形成定案。

（四）"三导教学模式"的效益分析

1. 2018—2019 学年度第一学期期末考试成绩定量分析

（1）高一年级情况。

高一年级全区 1987 人，我校 240 人，按 13%、50%、70%、90% 分成四段，按我校在四段所占人数，进行效益分析结果如表 1～表 3 所示。

表1　高一各科接手时的情况　（单位：人）

比例	条件	语文	数学	英语	物理	化学	生物	政治	历史	地理	总分
50%	⇐994	73	82	64	69	69	73	88	80	80	35
70%	⇐1391	136	130	118	120	132	127	136	135	135	69
90%	⇐1788	199	200	198	197	202	200	213	206	205	220
13%	⇐258	6	9	3	12	12	12	5	8	8	3

表2　高一各科在2018—2019学年度第一学期期末考试情况　（单位：人）

比例	条件	语文	数学	英语	物理	化学	生物	政治	历史	地理	总分
50%	⇐994	71	87	63	46	57	86	61	75	78	52
70%	⇐1391	126	146	111	107	108	137	113	128	132	98
90%	⇐1788	201	219	193	186	190	205	189	200	200	184
13%	⇐258	10	12	7	7	6	12	5	17	14	7

表 3 对比后达成度

比例	条件	语文	数学	英语	物理	化学	生物	政治	历史	地理	总分
50%	⇐994	97%	106%	98%	67%	83%	117%	69%	94%	98%	149%
70%	⇐1391	93%	112%	94%	89%	82%	108%	83%	95%	98%	142%
90%	⇐1788	101%	110%	97%	94%	94%	103%	89%	97%	98%	84%
13%	⇐258	167%	133%	233%	58%	50%	100%	100%	213%	175%	233%

大部分学科的前13%的数据是非常好的（只有物理和化学稍差），其中数学和生物两个学科更为突出，将后面的隐藏的都不同程度地上升到了上一级区间。这一数据说明，我校的这一模式能够将不同层面的学生往更好的层次推进，从而提高学生的成绩与素质。

（2）高一年级情况。

高二年级全区1737人，理科1088人，文科649人，我校309人，理科154人，文科155人（其中文科中有50多位艺术生）。按13%、50%、70%、90%分成四段，按我校在四段所占人数，进行效益分析，结果如表4~表6所示。

表 4 整体情况（高二理55%＋文40%作为50%，理75%＋文65%作为70%的参考）

（单位：人）

比例	条件	入学总分	高一下末	比例	高二上末	比例
50%	⇐874	37	54	146%	52	141%
70%	⇐1223	150	127	85%	123	82%
90%	⇐1573	296	246	83%	231	78%

表 5 文理科 （单位：人）

比例	条件	语文	数学	英语	物理	化学	生物	总分	
15%	⇐163	5	6	8	6	6	1	4	理科生分析
55%	⇐600	69	34	42	31	33	30	28	
75%	⇐816	104	70	79	59	62	55	55	
90%	⇐980	134	111	122	101	112	111	96	

续表 5

比例	条件	语文	数学	英语	政治	历史	地理	总分	
10%	⇐65	7	2	6	8	5	5	2	文科生分析
40%	⇐260	45	32	49	30	23	38	24	
65%	⇐422	82	82	93	72	66	82	68	
90%	⇐584	137	139	131	138	127	128	135	

表 6 达成度

比例	条件	语文	数学	英语	物理	化学	生物	总分	
15%	⇐163	3.2%	3.9%	5.2%	3.9%	3.9%	0.6%	2.6%	理科生分析
18.2%	55%	⇐600	44.8%	22.1%	27.3%	20.1%	21.4%	19.5%	
35.7%	75%	⇐816	67.5%	45.5%	51.3%	38.3%	40.3%	35.7%	
62.3%	90%	⇐980	87.0%	72.1%	79.2%	65.6%	72.7%	72.1%	
比例	条件	语文	数学	英语	政治	历史	地理	总分	
10%	⇐65	4.5%	1.3%	3.9%	5.2%	3.2%	3.2%	1.3%	文科生分析
40%	⇐260	29.2%	20.8%	31.8%	19.5%	14.9%	24.7%	15.6%	
65%	⇐422	53.2%	53.2%	60.4%	46.8%	42.9%	53.2%	44.2%	
90%	⇐584	89.0%	90.3%	85.1%	89.6%	82.5%	83.1%	87.7%	

从高二的整体情况来看，由高一下学期末到高二的上学期末的数据可以得出，90%的学生数量减少，而70%和50%的人数增加，这说明了我校的这一模式可以将后面的隐藏的都不同程度地上升到了上一级区间。这一数据也说明了，我校的这一模式能够将不同层面的学生往更好的层次推进，从而提高学生的成绩与素质。

2. 课堂观察定性分析

（1）笔者的课堂观察。

我作为一名数学教师，有幸于2018年4月20日听了一节历史课，是高一年级陈瑞珍老师的历史公开课，课题是"对外开放格局的初步形成"。

我不敢评论本节课的内容安排是否合理、恰当、科学，仅从课堂操作来谈谈我们的教育到底是为了什么。我觉得，本节课是"传道、授业、解惑"的可圈可点的一节课。

该节课的大致教学流程如下。

新课导入：歌曲《春天的故事》导入，激发学生兴趣。

第一环节，开放之本：解读对外开放概念。

第二环节，开放之因：通过材料分析我国对外开放的原因（背景），从国际国内两个角度分析，培养学生合作讨论、分析和归纳能力。

第三环节，开放之路：通过自主学习，课件展示，掌握对外开放形成的过程（试点—扩展—新发展），从而分析对外开放格局和特点。

第四环节，开放之利：①通过最新时事材料分析对外开放的意义和影响，培养学生小组合作、理解和归纳能力；②小组代表分享南沙对外开放成果展（PPT）。

第五环节，开放展望：结合博鳌亚洲论坛和南沙对外开放战略，说明我国全面扩大对外开放的战略，进一步促进经济的发展。

本节课的一大特点是，借助"对外开放格局的初步形成"的内容，引导学生关注国家大事，从而关注家乡的变化，并从家乡的变化感受对外开放给我们的生活所带来的影响和深远意义。从材料的展现、材料的阅读到材料的分析都围绕国家的开放这一角度。背景的分析既有国际的，也有国内的，角度全面。变化既有家乡的，也有全国各地的，既有小家，也有大家，更有国家，通过这些变化，让全体学生更加热爱自己的家乡与国家。

《中国学生发展核心素养》中提出，"社会性是人的本质属性。社会参与，重在强调能处理好自我与社会的关系，养成现代公民所必须遵守和履行的道德准则和行为规范，增强社会责任感，提升创新精神和实践能力，促进个人价值实现，推动社会发展进步，发展成为有理想信念、敢于担当的人"。

教会学生"社会及国家的认同"，是作为我们教育工作者的重要工作之一。必须让学生了解我们的社会以及我们社会所发生的一切，从而增强社会责任感和做人的担当，让学生了解社会的同时，还对他们进行了社会主义制度的教育。

教会学生"社会及国家的认同"，是作为我们教育工作者的课堂教学必须始终贯穿的工作之一。课堂教学应该是始终如一地用好书本资源、社会资源、现实资源、正面资源。本节课正是如此。用好了书本的资源，书是人类进步的阶梯，很多资料和事实，在课堂中是依照了书上知识和内容，没有背离书本；用好了社会资源，现实资源，课堂以歌曲《春天的故事》导入，和现实正热门的"雄安新区"，以及正在开放和开发成功的经济特区；用好了正能量资源，在分析对外开放的意义和影响时，采取了的方法是摒弃了消极的方面，引导学生进行了积极方面的总结。学生正处在思想的未成熟期，在与包括社会、同学、朋友、家庭的接触中，会有各种思想的碰撞，但是，能引导学生走向正确思想的人，确实很少，他们只提供谈话与交流，不提供对错判断，因此家庭教育和学校的课堂教育就承担了此种功能。只有树立了正确的世界观，才能有正确的方法论，才能有各自的正确行为，才会有良好的社会秩序及正确的社会道德观。

"教育的最大成功，是让学生学会自己学习"，"授人以鱼，不如授人以渔"。其实，这两句话都是强调教育的基本方法和终极方法，那就是教给学生予学习知识的方法。强调的是方法，这也是本节课的另外一个特点。

从分析开放形成的过程来看，教师除知识讲授以外，还很注意材料分析的方法。第一是时间特点，第二是地理位置的特点，第三是政治与经济的特点，等等，这样给学生所带来的分析思路是清晰的、有条理的，从点到线，再由线到面，再由面到片，从而形成了我国的开放大格局。既符合学生的思维也符合辩证的方法，符合了由理论到实践，再由实践上升到新的理论，再由新的实践来证明它，无形之中，让学生接受了辩证的思维。

那么，怎么证明我国对外开放是成功的呢？如何教给学生从何种角度考查呢？这也是本节课陈老师用心的一个地方。一方面，用书本上的知识（他人的）证明我国对外开放是成功的；另一方面，陈老师也让全体学生用现实的、身边的成果来证明（小组代表分享南沙对外开放的成果）。这样一来，我国对外开放的意义和影响，就自然地形成于学生心中。学生在以后分析某一事情的意义和影响时，就可以采取相应的方法，这样下来的一节课所带来的效果是不可估量的。

从教学流程来看，本节课还让学生了解另外一个观察问题的思路。由"开放之本"到"开放之因"到"开放之路"到"开放之利"再到"开放展望"的教学过程，其实包含了一个观察问题的思路历程，或者说是一个观察问题的方法。首先要了解"是什么"，了解"为什么"，然后了解"干了什么"，最后了解"怎么办"。也即了解表面现象，了解背后的原因，了解实际过程，最后想出对策。可以想象，如果学生在学校的学习生活中长期受到此种训练，那么，他们在以后处理事情方面一定可以做到有条不紊、心中有数、做事有法。这对于中国公民的理性思维的培养是有一定作用的。

"社会性是人的本质属性之一。"人是社会的人，是群体性生物，人脱离了社会，难于生存；人类社会脱离了人，就不构成人类社会。学生作为未来的社会人，必须融入社会、参与社会、并推动社会发展。所以，为学生终身发展服务成了本节课的另一个特点。

本节课采取了小组合作式的学习方式。人们常说，小学校大社会，小组何尝不是小社会。小组内有分工、有合作、有交流、有讨论、有思维碰撞，在这个过程中小组内的个体，其实就是人融入社会的一个缩影，在这当中有自身角色的分工与担当，也有合作与监督，更有合作与共享，当然，也还有表达与倾听。角色的扮演、群体的作用、内部个体的依赖等，都将为学生走进社会提供了一定的条件与准备。

人是社会的人，所以人必须关心自己所生存的社会。小组代表分享"南沙对外开放成果展"，既是个体的表达也是关心自己生存的社会。学生个体要表达出"南沙对外开放成果展"，学生肯定要先了解有哪些成果，而得到这些"成果"无非是通过同伴介绍或是自己亲自收集，这个工作的实现，其实是要求我们的学生在参与社会和了解社会，而在收集成果的过程中学生们必然要走向社会或者说是融入社会，这个是为学生今后融入社会搭桥铺路所做的隐性工作。

自主学习的方式，也是要为学生终身发展服务。教育要服务于学生主体的发展，每一个学生个体都具有各自的特质、不同兴趣、不同的价值取向；不同的时代、不同的人有着不同的发展需求，同一个主体在不同的阶段也有着其重点发展方向，因此，对于学生的学习能力和学习方法的培养，在某种程度上重于知识的传授。本节课有充分的时间让学生个体自主学习，也有着充裕的时间让同学们之间交流，这样可以激发学生个体的学习兴趣、学习斗志以及学习方法的积累，有利于他们人生的个性化发展，更加有利于学生以后的创新。掌握了方法、拥有了能力，这比什么都要宝贵。

（2）他人对我校的课堂观察。

大岗中学的课堂改进是返璞归真的胜利，基于"成就教育"的追求，大岗中学积极践行新课程改革，立足于"以学生发展为本"的质量观，以教学的"有效性"为着力点，以"大器有成，刚正有为"先进理念为指引，以科学管理为支撑，以提高质量为生命，以特色创新为动力，以教风学风为抓手，让学校教育回归"育人"的原本，尊重学生差异，激发师生潜能，整合教育资源，实施"三导教学模式"课堂教学改革，打造"导学、导练、导发展"的"导学型课堂"，最大限度地促进学生发展、教师发展，最终实现学校教育的整体优化和发展。教师的专业化发展给学校注入了较强的活力，高考取得了"低进高出"的显著成绩。在大岗中学看来，今天的教育缺失的不是理论、理念，而恰恰是方法、操作。教学改革，观念先行没有错，但最重要的还是要落实到行动上，行动必然要通过形式来体现。任何先进的教育教学理念，不落实到具体的行动上，就好比是车展上的"概念车",只能是一种理想的乌托邦。大岗中学以"改"促进"新名校""新名师"的破茧化蝶,用"新课堂"为学校注入"新血液"。"三导"模式是课堂操作的抓手,是高效课堂的基本规范。模式是课堂产品的"生产标准",模式是课堂评价的"短兵器"。大岗中学的课堂改进是学习小组"独学、对学、群学",小组学习决定着高效课堂的成败。如何分组、怎么结对?组与组有什么关系,组内对子是什么关系?怎样组织对子测评?对子与对子是什么关系?这些问题都已基本得到解决。大岗中学的课堂改进是群体展示从"死课堂"到"活课堂",展示环节是解决学生学习内驱力的最好手段,是一把"金钥匙"。展示还是学习成果的最直接检验方式,是教师进行学情调查的直接途径,是教师课堂决策的依据,是学生获得学习情感支持的化学分子,是课堂抵达"知识超市、生命狂欢"的保证。大岗中学的课堂改进是有效导练从"死课堂"到"活课堂","导练"不只是笔试。当堂训练不仅仅只是学生做一张试卷,各学科或同一学科的不同内容测试方法是不同的。例如动脑、动口、动手实验都是测试。而达标测评作为一种反馈手段,保证了课改效果的达成。

四、"品质课堂"的几点思考

我们的教育到底是为了什么?至少,有三个方面要考虑:首先,教书必须育人;其次,教书须教方法;最后,教师还要为学生以后的终身发展提供必要的隐性服务与保障。所谓"春风化雨,润物无声",教育工作是一件细活,须整体考虑、长远考虑。

其一,统一思想,冷静看、齐心办、形成合力向前闯;其二,要正确处理好传承与发展、改革与创新的关系;其三,统一的"品质课堂"也不能排斥教育的"特色化课堂"。

适合的教育,才是最好的教育。这种追求,我们一直在路上。

构建基于微课的课堂教学模式，培养学生的语文读写能力

广州市番禺区钟村中学　谭雯

摘要： 教育部在《全面深化课程改革　落实立德树人根本任务的意见》中提出"核心素养"的观点，新一轮课程改革对语文课堂教学提出了新的要求——应致力于学生语文读写能力的形成与发展，充分发挥语文课程的育人功能。语文学习是为了让学生能更好地适应将来的学习、工作以及生活，简而言之就是要在培养学生的读写能力方面下功夫。微课是教育信息化的弄潮儿，但"微课"与"语文读写能力"两者交集较少，笔者在开展语文课堂应用微课实验的基础上，针对学校语文课堂教学现状提出构建基于微课培养学生语文读写能力的课堂教学模式的研究方案，对微课在培养学生语文读写能力的课堂教学中的有效运用进行了探索。

关键词： 微课；读写能力；课堂教学模式

《教育信息化十年发展规划（2011—2020年）》指出，教育信息化的发展要以教育理念创新为先导，以优质教育资源和信息化学习环境建设为基础，以学习方式和教育模式创新为核心。这为我们的教育教学提供了方向性指引。在这个背景下，随着移动通信技术、社交媒体的兴盛发展，以微博、微信、微电影、微小说为表现形式的"微时代"已全面进入大众生活，微课也应运而生。另外，初中语文课程改革要致力于每个学生语文素养的形成与发展。《初中语文新课标》指出："语文教学的过程是学生读写听说不断实践的过程，是学生在语文实践中受到熏陶感染的过程。"阅读与写作是两种重要的语文素养与能力。在学生充分感知文本的基础上，抓住阅读教学最核心的东西——读写结合，真正做到"以读促写，以写促读"，让学生创造性地学习，促进学生多种能力的发展，因此，"读写结合"是提高语文读写能力的重要途径。近几年，广州市中考作文题目都是以配大阅读作文的形式出现的，而笔者所在学校地处城乡接合部，学生学习能力参差不齐，家庭教育方面存在缺失。针对实际校情、学情，探索、研究基于微课的培养学生读

写能力的课堂教学模式迫在眉睫。同时，以此来以点带面，促进高效课堂的建设，提高学校的教育教学质量。

一、微课的含义及研究现状

微课程即以微视频为中心的新型教学资源，微课程的核心内容是短小精悍的课堂知识点教学视频，围绕该教学知识点的资源单元还包含其他与课堂教学环节类似配套支持资源，主要有知识点框架设计，教学思路阐述、教学素材的收集与安排，可供独立下载的视频中的课件，课后深化学习的练习与测试以及师生互动，等等。

微课程的最早形式见于英国纳皮尔大学 TPKEE 和美国北爱荷华大学 Leroyamagrew 提出的 60s 课程，国外近年来着重开展了基于网络的微课程资源建设，其中最成功的案例是可汗学院。可汗学院的成功经验，使人们看到了微课程应用的广阔前景。为此，微课程成了研究与实践的热点。

国内关于微课的研究始于 2011 年，对于此课题真正规模化的研究也只是近 3 年的事情。从 2011 年和 2012 年每年仅有 1 篇学术论文，到 2016 年增值上万篇，说明关于微课的研究逐渐成为高校学者和专家研究的热点课题，相关理论涵盖了基于微课的概念和特征、微课的设计与开发研究、微课的应用研究等众多方向。但关于微课教学设计模式与策略的研究不多。通过文献阅读可以发现，多数微课资源，是单向连续播放的微视频，而没有从初中语文学科核心素养——"读写能力"的角度进行资源的整体设计，缺乏教师利用微课在初中语文学科核心素养——"读写能力"方面的应用的研究。

2015 年，教育部印发了关于核心素养的重要文件《关于全面深化课程改革 落实立德树人根本任务的意见》（以下简称《意见》）。在《意见》中，"核心素养"被置于深化课程改革、落实立德树人目标的基础地位。核心素养指导、引领、辐射学科课程教学，彰显学科教学的育人价值，使其为人的终身发展服务，将"教学"升华为"教育"。由于培养语文读写能力顺应了教育改革需求，所以得到了大面积推广实践。经过文献检索，我们发现现有大量与语文读写能力相关的操作文献。

本研究于 2018 年 12 月检索了中国知网和中国期刊全文数据库，以"主题"输了关键词 = 微课 or 语文学科核心素养 or 语文读写能力，通过简单检索得到，"微课"共有记录 27090 条，"初中语文学科核心素养"共有记录 40 条，"语文读写能力"共有记录 15556 条。经过遴选，排除报道性消息和一文多发，以及与3个关键词并含度不高的文献与文章，最后选择文献30篇，本研究同时检索了相关的出版专著，获取了相关度高的20部，详见文后的参考文献。

其中对"微课"and"语文学科核心素养"and"语文读写能力"的检索记录为0条，而"微课"and"读写能力"的检索记录为1604条。"微课"and"语文阅读能力"的检索记录为18条，"微课"and"语文写作"的检索记录为3条。

综上所述，关于"微课"或"语文读写能力"的研究，在国内外都有很多理论性和操作性的文献，但在我国极少见到将"微课"与"语文读写能力"或"初中语文学科核心素养"这几者相结合进行研究的相关研究文献，因此在这方面进行有益的尝试就很有研究的价值。

二、基于微课培养学生语文读写能力的理论依据

（一）建构主义学习理论

学习者在教师的指导下，在一定情景下根据自身的知识结构主动地从外界进行知识的获取，从而建构自己的知识体系。培养学生的多元智能。

现代教育原理认为，教学过程是教与学双边互动的过程。教学是教与学的统一，教为学而存在，学又要靠教来引导，两者相互依存，相互作用。研究性学习作为一种教学模式较之于传统的教学模式的优势就在于"教学相长"，教师在这个过程中同学生一起经历了一个自主建构的过程，并有目的、有组织地引导教学活动的开展。由此可见，教师的主导作用不可忽视。语文课本上的文章，大都是精选名家的经典之作，其语言、格式、表达方法等都是学生学习的最好典范。作为教师，在教学中除了引导学生掌握字词，理解课文内容，进行思想教育外，还应着力培养、提高学生的阅读与写作能力。

（二）微时代下的微学习理论

视频类学习资源已经兴起并广泛应用了，学习认知注意力碎片化，在有技术支撑的互联网下的碎片化学习环境中进行碎片化学习是当下学习的必然趋势。微课作为一种新型教学方式，消除了以往课堂只能一次听讲的局限性，建立了多次学习的平台。微课的介入与融合使得语文课堂教学灵动鲜活，趣味盎然。现代化的信息技术手段给课堂教学带来了机遇与挑战，应积

极研究、实验，取其精华，让微课更好地服务于教学。

三、基于微课培养学生语文读写能力的作用与创新

"听、说、读、写"是语文学习中的四大能力，而阅读与写作则是语文教学中的重点与难点。阅读是第一位的，它是语文课堂的生命线。只有从阅读中才能学到切实可行的写作方法，在阅读教学中不可忽视写作方法的指导。因此，读写结合是突破语文阅读写作教学难点的重要方法。但是，对于一线语文老师迫切期待的如何提供学生"读写结合"的综合解决方案，如阅读指导、活动设计、交流拓展、反馈评价等的研究，现阶段还很缺乏。随着信息技术的迅猛发展，教师的教学理念、教学方式以及学生的学习方式都发生了极大的变化。"微课"与"中学语文阅读"的研究，尽管目前已经引起了学者们积极的关注，但对微课研究仍然停留在理念和意义的探讨，有些应用方面的研究也仅偏重于高校教育方面。目前，我国微课资源的应用较少从中学语文"读写结合"阅读教学的角度出发，很少将"微课"与"提高初中语文'读写能力'"这两者相结合进行的研究及相关研究文献，可以说这在基础教育阶段的实证研究还是一个空白。因此，将微课运用于中学语文"读写结合"教学中，可以突破传统的教学模式。

四、基于微课培养学生语文读写能力的课堂教学模式的研究内容和目标

（1）调查研究初中语文"读写结合"阅读课教学的现状。通过案例研究，分析阅读教学中影响初中语文学科核心素养"读写能力"的基本要素；根据要素自编问卷，并实施调查和统计分析，从而提出"基于微课培养学生语文读写能力"案例研究的实践方案，为提高初中语文阅读写作的学习效率打下基础。

（2）研究制定"基于微课培养学生语文读写能力的课堂教学模式"的案例研究的原则、方法和流程，研究运用微课提高初中语文学科核心素养"读写能力"的途径，从教与学的相互关系及其发展出发，形成有效的"基于微课培养学生语文读写能力的课堂教学模式"的实践体系。

（3）研究"基于微课培养学生语文读写能力的课堂教学模式"实践方案的实施效果。在课堂教学中积极实施"基于微课的课堂教学模式"，积极

转变师生的教与学方式，提高初中语文阅读写作教学的效果。

（4）研究初中语文"读写结合"系列微课资源的应用与推广。为提高学校教学质量提供有价值的分析数据，为提高中学语文阅读写作的教学效率，并为减轻负担提供智能辅助工具。

五、基于微课培养学生语文读写能力的课堂教学模式的研究方法和预期价值

研究方法主要有文献研究法、调查研究法、行动研究法、个案研究法、经验总结法。通过对大量理论文献的查阅，提取相关理论内容和要点，找出常规语文课堂阅读与写作教学中存在的不足，对运用"微课"尝试教学的大量数据进行汇总分析，总结出一套适合初中学生语文基于微课的读写教学方法，并在教学实践中不断反馈、反思、改进，使该教学方法能促进学生全面发展，激发学生语文学习阅读与写作的热情，充分发挥学生的学习能动性，有助于学生创新思维的发展。

阅读与写作是语文教学中的重点与难点，而读写结合是突破语文阅读写作教学难点的重要方法。将微课运用于中学语文"读写结合"教学中，可以突破传统的教学模式，是适应微时代下微学习方式的不错的选择，并有望借此解决传统教学遇到的问题，提高语文教学效率和有利于新课程教育的发展。

六、基于微课培养学生语文读写能力的课堂教学模式的研究过程

（一）开展前期调研，确定形式

通过问卷调查并参考国内外运用微课的先进经验，我们根据课堂环节的不同，把微课的形式设计为：课前预习、新课导入、知识讲解、小结拓展及练习巩固等。

课前预习：教师根据学生已有的知识基础和新知识所需的衔接知识点，设计制作相关微课，让学生在课前先看此微课进行预习，为新课做好准备。

新课导入：教师根据新课知识点设计新颖的问题，通过微课来吸引学生的注意力，激发其学习兴趣，在上课中设计此环节让学生观看视频。

知识讲解：教师用微课对本节课的重点、难点进行点拨，用典型例题引导学生探究，在学生自主探究或合作探究后一起观看视频加深对知识点的

理解。

小结拓展：引导学生总结本节课的学习重点，让其将知识与技能纳入已有的知识体系，再以微课的形式设计适应不同层次学生需求的拓展延伸练习。

练习巩固：教师设计少而精的习题并制作好微课，用于巩固本节知识。

（二）设计原则和过程推进

微课资源设计遵循三个原则：①选题有意义。根据课程标准的要求，结合本校具体教学需要、学生情况的实际，选择适用来制作微课资源的知识点。微课资源创作选题选取需要教师讲解的内容，一般选择教学内容的重点难点来设计微课资源，一个微课资源只讲解一个知识点。②教学方式简便。教师讲解语言简洁清晰，能幽默一些更好，把知识点的讲解化难为易，便于学生记忆和理解。③内容利于激发学生的学习兴趣。

教学内容的设计策略有：①任务驱动，设置不同层次的任务，由易到难，激发学生完成的动力；②问题导向，把讲授内容转化成学生思考的问题，创设一个问题情景，让学生发现问题，激发学生学习的兴趣；③可视化教学，把教学内容运用多媒体形式进行演示，直观形象，简单易懂，更容易记忆；④交互式教学，微课资源不是单纯展示教学内容，可以设计一些互动的练习、问答，激发学生的思考，更有利于掌握知识点。

微课制作技术可分为：①手机＋白纸；②录屏软件＋PPT；③DV拍摄。根据开发技术、适用范围的不同，将微课资源分成不同的类型来进行设计，在具体的微课资源开发过程中，三种方式亦可混合应用。较多教师选择录屏软件＋PPT方式，因为录屏技术相对较为简便易操作。部分教师选择拍摄类，学校还建立了专门的微课室，拍摄效果和收音效果都非常好。

（三）微课资源开发的模块

随着信息技术的迅猛发展，教师的理念、教学方式以及学生的学习方式都发生了极大的改变。将微课运用于初中语文读写结合教学中，突破了初中语文课堂的普通教学模式的桎梏。本研究系列的微课资源首先是从提高初中语文课堂读写教学有效性角度出发进行资源的整体设计，整合课题组成员精心设计微课资源，适合不同层次学生，学生可自主选择感兴趣、需要的微课资源进行学习，提高学习效率。因此，本研究着重根据初中语文读写知识点设计微课资源。微课资源库每个知识点的微课资源包括的模块为：微教案、微课件、微练习、微课资源、微反思。

七、基于微课培养学生语文读写能力的课堂教学模式校本微课资源的开发

不同区域、不同学校的学生整体水平存在着差异，这种差异导致同一种微课资源可能只适合一部分学生学习。如果使用本校教师开发的微课资源，就会更适合本校学生的学情，就能更好地达到预期的效果。

我们借助校园网络环境，将微课以视频资源的形式搭载到为微课室设置的网上平台上。这将革新传统的教学方式，突破语文读写教学存在的瓶颈，使得语文电子书包的资源应用更具有针对性和实效性。微课的优点很明显，就是课例简单，学习内容与目标明确，学习和研究时间节约，教师可以从微课中受到启发，有些甚至可以直接运用或者迁移到自己的课堂教学之中；微课资源平台可以让教师很好地建立和管理自己的微课资源，教师上传、修改、删除微课资源及时迅速，同时网站管理员也可以及时对平台进行资源的维护和管理，有效地避免资源的繁杂无章和冗余；微课资源平台为学生提供自主学习的机会，让学生能够不受时间、地点的限制，灵活而有目标地完成学习任务。

八、基于微课培养学生语文读写能力的课堂教学模式实践体系的构建

（一）"基于微课培养学生语文读写能力的课堂教学模式"的理论体系

移动学习是指通过教学技术的演化而产生的前所未有的体验和机会，它通过即时的、随需所应地访问个性化的世界而实现随时、随地进行学习。运用这些辅助资源可以创造知识、满足好奇心、与他人合作，获得以其他方式不可积累到的经验。移动技术与教育的结合，无疑为教育带来了重大的转变。

个性化学习是指针对学生个性特点和发展潜能采取恰当的方法、手段、内容、起点、进程、评价方式，促使学生各方面获得充分、自由、和谐的发展过程。个性化学习强调学习资源的动态性与生成性，强调学习资源的网络化，因为基于信息技术提供的学习资源更能够尊重学习者的兴趣、特点、能力与学习方式。

协作学习理论侧重"以学生为主体"的理念。协作学习理论中小组成

员均拥有共同的学习目标，并共同为此目标开展工作、进行合作交流。其强调的是各个小组中的组员即个体，评价的目标则是每个小组中的个人表现。教师在课上指导学生组建协作学习小组，并创设特定的问题情境，帮助每小组分析组员情况，根据实际情况进行角色与权力的分配，给学生充足的时间进行协作探究式学习。在此过程中，教师观察各组的活动开展情况，提供及时的协调与管理，并最终通过课堂表现以及协作学习的成果引导学生进行同伴协作评价、自我评价。另外，在课堂活动中，学生在学习时遇到一些难以解决的问题时，可以自主组成协作学习小组，组间互相交流学习经验，共同思考解决问题，交互思想，共同完成对新知识的建构和解析。

（二）"基于微课培养学生语文读写能力的课堂教学模式"的教学流程

1. **自主协作学习流程**

（1）教学环节。自主协作学习模式以发挥学生的学习自主性、协作性为主要特征（见图1）。教师利用平台，制定学习任务，创设学习情境，并在推送的任务（研学案）中，提示方法、提供"优质微课资源"，帮助学生自主学习，帮助并促进学生完成新知识的意义建构。学生通过平台实现"自主学习""协作学习"，如有疑问，可以通过"辅导答疑"模块向老师和其他同学提问，其后通过在线检测进行反馈提高。

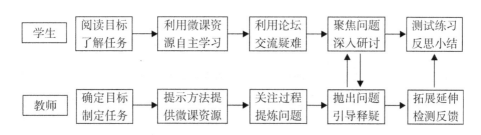

图1　自主协作学习模式基本框架

（2）教学评价。在本教学模式中，强调学生利用技术手段进行自主协作学习，增强课堂上对于研学案研究的体验。由于受到教学时间的限制，在课前和课中有可能不适宜进行教学评价，但是可以在线检测开展教学评价，完成总结性教学评价。

2. **以写促读展示流程**

（1）教学环节。以写促读展示模式则是教师进入"在线作业"模块，针对不同层次的学生布置个性化的品读任务，同时提供"优质微课资源"

和指导评价;学生进入"我的作业"模块完成习作,借助"互动讨论"平台跟帖、互评,在师生互动中完成佳作的汇编。

(2)教学评价。在阅读课堂中开展写作,重点是以写促读的方式帮助学生更好地理解课文内容,因此,在本类课堂中适宜在写作完成后开展形成性评价,鼓励学生阅读其他同学的写作作品,积极开展学生互评,在互相点评中感知他人对文章的领悟,欣赏其他同学的优秀作品,学习课文和其他同学优秀的分析课文、撰写文章的方法。(见图2)

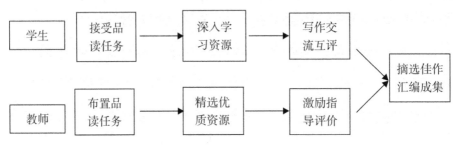

图2 以写促读展示模式基本框架

九、基于微课培养学生语文读写能力的课堂教学模式的研究成果

第一,形成有效的实践体系。"基于微课培养学生语文读写能力的课堂教学模式"的两种有效的教学流程对传统语文读写教学起到了良性的促进作用,能够有效地提高初中语文读写教学课堂的教学效率。

第二,促进了教师的专业发展。"基于微课培养学生语文读写能力的课堂教学模式"要求教师在课前准备充足的教学(微课)资源,课中师生之间、生生之间的交流和探讨需要教师做好预设,课后教师需要"辅导答疑"和"激励评价",这些环节都让我们的教师在探讨中前行,在研究中成长。据不完全统计,参与课堂教学模式实验的老师在近两年课堂教学评比和教学技能比赛中成绩斐然,邓惠娜老师的电子书包实验课"《海底两万里》:科学与幻想之旅"获2015—2016年度广州市"一师一优课、一课一名师"市级优课、2017年广州市中小学阅读展示优秀案例评选三等奖(市级),邓惠娜老师的"基于微课语文电子书包课典型课例"获2016年番禺区"基于新技术支持下个性化学习的课堂教学大赛"三等奖,何少绮老师的课例"送东阳马生序"获2016—2017年度番禺区"一师一优课、一课一名师活动区级优课",李雪珍老师的微课"计算机工作原理"在2016年番禺区多媒体教育软件评奖活动获中学组微课类三等奖。

第三,提高了学生的读写能力。笔者设计了一份调查问卷,在实验的前后对参与学生进行了调查(见表1)。结果发现,"基于微课培养学生语文读写能力的课堂教学模式"以丰富多彩的微课资源为独特的趣味学习方式,很大程度上提高了学生的学习积极性,激发了学生的阅读兴趣,培养了学生良好的阅读习惯,让学生更好地掌握了写作的技巧和方法,甚至爱上了作文。

表1 学生问卷调查对比分析

1. 你喜欢读课外书吗?(　　)	实验前	实验后
A. 非常喜欢	28%	31%
B. 比较喜欢	42%	43%
C. 一般	18%	17%
D. 不喜欢	12%	9%
2. 你是否经常读课外书?(　　)	实验前	实验后
A. 经常读	18%	23%
B. 有时读	42%	42%
C. 在老师、家长要求下读	35%	30%
D. 从来不读	5%	5%

续表1

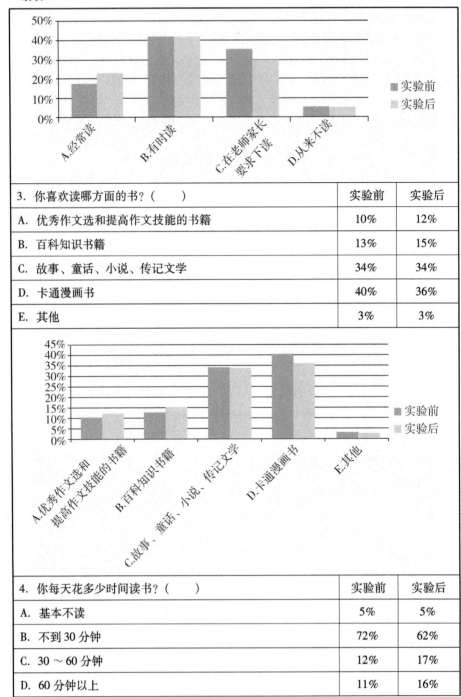

3. 你喜欢读哪方面的书？（ ）	实验前	实验后
A. 优秀作文选和提高作文技能的书籍	10%	12%
B. 百科知识书籍	13%	15%
C. 故事、童话、小说、传记文学	34%	34%
D. 卡通漫画书	40%	36%
E. 其他	3%	3%

4. 你每天花多少时间读书？（ ）	实验前	实验后
A. 基本不读	5%	5%
B. 不到30分钟	72%	62%
C. 30～60分钟	12%	17%
D. 60分钟以上	11%	16%

续表1

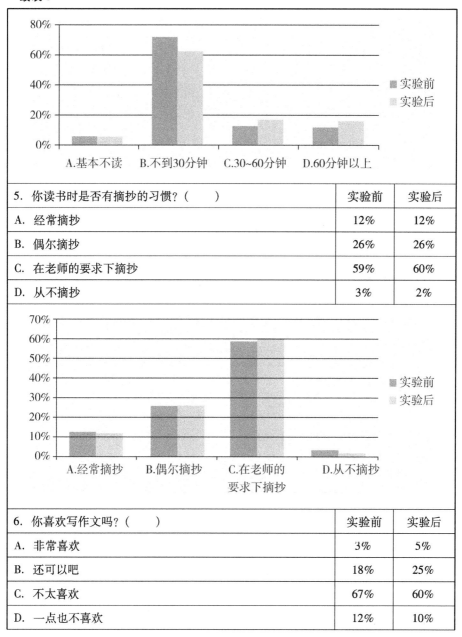

5. 你读书时是否有摘抄的习惯？（　　）	实验前	实验后
A. 经常摘抄	12%	12%
B. 偶尔摘抄	26%	26%
C. 在老师的要求下摘抄	59%	60%
D. 从不摘抄	3%	2%

6. 你喜欢写作文吗？（　　）	实验前	实验后
A. 非常喜欢	3%	5%
B. 还可以吧	18%	25%
C. 不太喜欢	67%	60%
D. 一点也不喜欢	12%	10%

续表 1

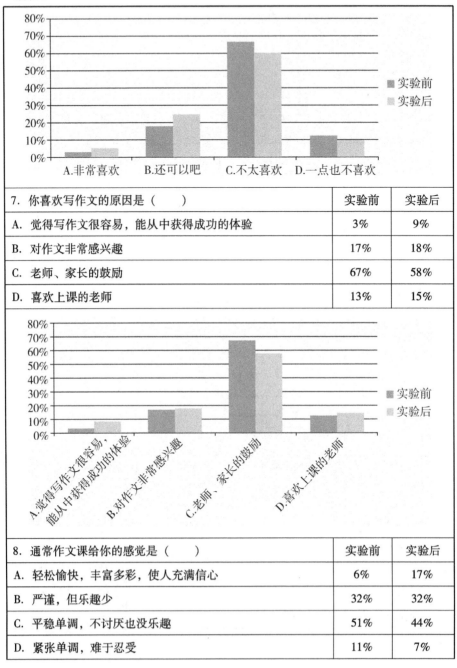

7. 你喜欢写作文的原因是（　　）	实验前	实验后
A. 觉得写作文很容易，能从中获得成功的体验	3%	9%
B. 对作文非常感兴趣	17%	18%
C. 老师、家长的鼓励	67%	58%
D. 喜欢上课的老师	13%	15%

8. 通常作文课给你的感觉是（　　）	实验前	实验后
A. 轻松愉快，丰富多彩，使人充满信心	6%	17%
B. 严谨，但乐趣少	32%	32%
C. 平稳单调，不讨厌也没乐趣	51%	44%
D. 紧张单调，难于忍受	11%	7%

续表1

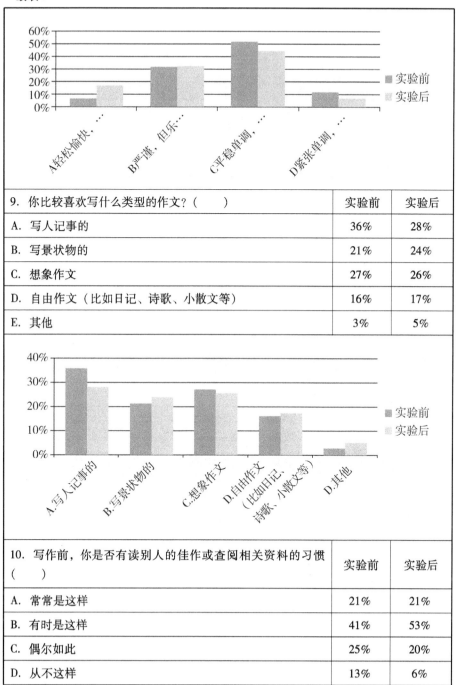

9. 你比较喜欢写什么类型的作文？（　　）	实验前	实验后
A. 写人记事的	36%	28%
B. 写景状物的	21%	24%
C. 想象作文	27%	26%
D. 自由作文（比如日记、诗歌、小散文等）	16%	17%
E. 其他	3%	5%

10. 写作前，你是否有读别人的佳作或查阅相关资料的习惯（　　）	实验前	实验后
A. 常常是这样	21%	21%
B. 有时是这样	41%	53%
C. 偶尔如此	25%	20%
D. 从不这样	13%	6%

续表1

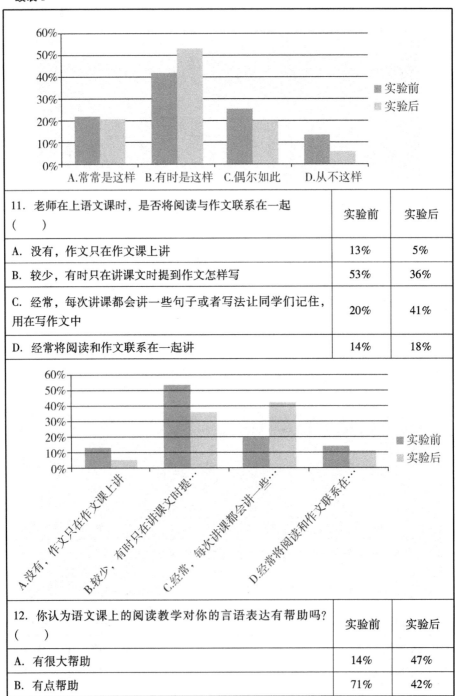

11. 老师在上语文课时，是否将阅读与作文联系在一起（　　）	实验前	实验后
A. 没有，作文只在作文课上讲	13%	5%
B. 较少，有时只在讲课文时提到作文怎样写	53%	36%
C. 经常，每次讲课都会讲一些句子或者写法让同学们记住，用在写作文中	20%	41%
D. 经常将阅读和作文联系在一起讲	14%	18%

12. 你认为语文课上的阅读教学对你的言语表达有帮助吗？（　　）	实验前	实验后
A. 有很大帮助	14%	47%
B. 有点帮助	71%	42%

续表1

		实验前	实验后
C. 没有帮		15%	11%

13. 老师在课堂上经常会教你写作的方法吗？（　　）	实验前	实验后
A. 不会	3%	0%
B. 偶尔会	18%	18%
C. 经常	51%	71%
D. 不清楚	28%	11%

14. 你觉得提高习作能力最有效的方式是什么？（可多选）（　　）	实验前	实验后
A. 老师习作前的指导	72%	81%
B. 平时的阅读教学	21%	35%
C. 自己多看课外书	38%	41%
D. 平时多练笔	26%	39%
E. 平时多积累好词句	31%	46%

续表1

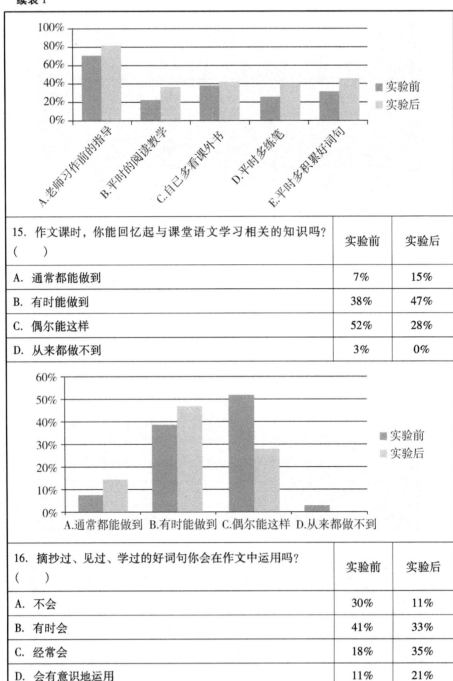

15. 作文课时，你能回忆起与课堂语文学习相关的知识吗？（ ）	实验前	实验后
A. 通常都能做到	7%	15%
B. 有时能做到	38%	47%
C. 偶尔能这样	52%	28%
D. 从来都做不到	3%	0%

16. 摘抄过、见过、学过的好词句你会在作文中运用吗？（ ）	实验前	实验后
A. 不会	30%	11%
B. 有时会	41%	33%
C. 经常会	18%	35%
D. 会有意识地运用	11%	21%

续表1

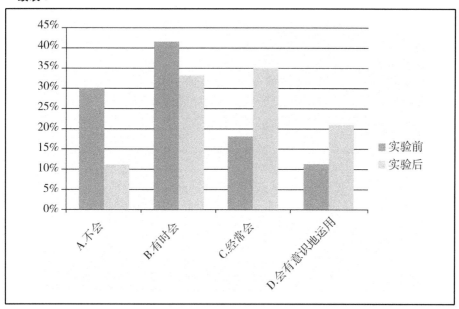

第四,提高了学生的语文成绩。以笔者所在学校的2018年中考语文成绩为例,笔者进行了横向与纵向的对比,把实验班与非实验班,实验班参加实验前后的语文阅读与写作板块的得分情况进行了比较分析,从考试的数据来看,"基于微课培养学生语文读写能力的课堂教学模式"采用微课的形式,对学生的学习指导更有针对性,使学生对阅读与写作的方法技巧有更好地掌握,学生的阅读与写作得分能力也随之得到提高。(见表2、表3)

表2 实验班[初三(8)班]实验前后测试数据比较

大题名称	满分值	实验前	实验后
古诗文阅读与鉴赏	15	8.4	9.6
现代文阅读与鉴赏	40	21.9	23.8
写作	60	44.8	46.7

续表2

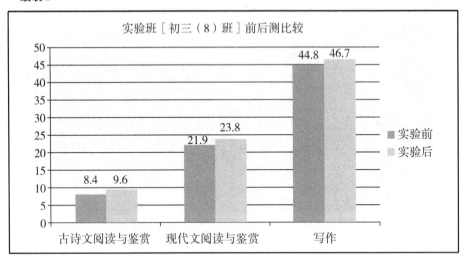

表3　实验班［初三（8）班］与非实验班［初三（3）班］测试数据比较

大题名称	满分值	初三（3）班	初三（8）班
古诗文阅读与鉴赏	15	8.6	9.6
现代文阅读与鉴赏	40	21.4	23.8
写作	60	43.8	46.7

第五，构建了校本语文微课资源库。通过构建"基于微课培养学生语

文读写能力的课堂教学模式"，课题组全体成员共同设计与制作的校本微课集锦，充实了语文读写教学课堂的教学资源。

综上所述，初中语文读写能力——读写能力教学与微课资源的有机结合，不仅符合我国基础教育课程改革的要求，而且也为传统教育研究开辟了全新的突破口，为往后进一步深入研究，以期构建出一套教学模式，为初中一线语文教师提供了可靠的课堂参考模式。

基于微课培养学生语文读写能力的案例研究对于初中语文教师的教学效率和初中学生的语文读写能力学习整体上具有良性的作用和影响，运用微课提高初中语文学科核心素养——"读写能力"教学实践体系的出现将会使初中语文读写能力的教学发生全面性的变化与革新，相信加之合理的利用，语文读写能力——读写能力培养与微课的有机融合对于初中语文教学而言更将是锦上添花。

参考文献：

[1] 李鸿彪. 微课在初中语文教学中的运用探析 [J]. 学周刊，2017 (31)：150-151.

[2] 宗娜. 借助微课优化初中语文教学 [J]. 中国教育技术装备，2017 (11)：102-103.

[3] 刘思国. 微课在初中语文教学中的应用现状及对策 [J]. 西部素质教育，2017，3 (1)：195.

[4] 张佳茗. 初中语文教学中微课的应用及策略研究 [D]. 沈阳：沈阳师范大学，2017.

[5] 刘尉濂. 微课在初中语文阅读教学中的应用研究 [D]. 扬州：扬州大学，2017.

[6] 肖金武. 微课融入初中语文教学的有效措施研究 [J]. 中国培训，2016 (6)：240.

[7] 陆红铃. 微课在初中语文阅读教学中的有效应用 [J]. 语文教学通讯·D刊（学术刊），2016 (11)：19-20.

[8] 李迎. 初中语文课堂教学中微课的运用实践探讨 [J]. 中国校外教育，2016 (11)：133.

[9] 戴清贵. 微课在初中语文教学中的应用探究 [J]. 西部素质教育，2016，2 (7)：173.

[10] 程晓玲. 初中语文微课教学的研究 [D]. 桂林：广西师范大学，2016.

[11] 谭宏菊. 基础教育信息化课程资源及共享平台建设初探——以荣县初中语文微课资源及共享平台为例 [J]. 中国教育技术装备, 2016 (5): 1+4.

[12] 于秀玉. 微课在语文阅读教学中的应用局限及对策分析 [J]. 中学语文, 2015 (30): 6-7.

[13] 韩佳伟. 初中语文微课程设计研究 [D]. 保定: 河北大学, 2014.

[14] 焦阳. 初中语文微课的设计与实现研究 [D]. 桂林: 南宁师范大学, 2015.

[15] 赵世波. 微课在初中语文课堂教学中的运用 [J]. 中国教育技术装备, 2014 (5): 47-48.

[16] 胡瑾. 微课背景下初中语文教学探究 [D]. 大连: 辽宁师范大学, 2015.

[17] 廖颖. 初中语文微课程设计与应用研究 [D]. 武汉: 华中师范大学, 2015.

[18] 王海燕. 浅析微课教学模式在语文阅读教学中的运用 [J]. 东方教育, 2015 (7).

[19] 叶春旭. 初中语文阅读教学中的"微课"构建研究 [J]. 成才之路, 2015 (32): 50.

[20] 何因因. 以微课促进初中语文的"深度阅读"的研究 [J]. 课程教育研究, 2016 (1): 90-91.

[21] 徐金鑫. 以微课助力语文课堂深度阅读 [J]. 语文天地, 2015 (11): 22-23.

[22] 周立钢. 微课在初中语文教学中的应用研究 [J]. 新课程: 中学, 2015 (3): 42-42.

[23] 李兆军, 孙立群. 初中语文读写能力提高策略 [J]. 语文教学通讯·D刊 (学术刊), 2015 (1): 19-20.

[24] 黄珊珊. 论提高初中生语文读写转换的能力 [D]. 苏州: 苏州大学, 2012.

[25] 宋小玲. 在阅读中提高学生写作能力 [J]. 陕西师范大学学报 (哲学社会科学版), 2006 (S1).

[26] 袁卫星. 基于阅读的写作, 基于写作的阅读 [J]. 语文教学通讯, 2006 (7): 100-101.

[27] 周梅. 高中生"以读促写"指导有效性的探究 [D]. 长春: 东北师范大学, 2008.

[28] 林嵘春,刘仁增. 基于学科核心素养的语文教学能力素养建构[J]. 福建基础教育研究,2015(12):1-4.

[28] 谭友利,申群友. 落实初中语文学科核心素养培养的前提条件[J]. 科学咨询,2016(17).

[29] 教育部. 教育信息化十年发展划(2011—2020年)[EB/OL]. [2010-03-01]http://www.china.com.cn/policy/txt/2010-03/01/content_19492625_2.htm[2018-10-9].

[30] 教育部. 教育部关于在中小学普及信息技术的通知[EB/OL].[2007-04-23]http://www.edu.cn/importantnews_1659/20070423/t20070423_229713.shtml[2018-10-9].

基于"核心素养"理念下的初中课堂教学改革的教师困惑与对策

广州市番禺区大石中学　冼雪玲

摘要：本文通过分析在推进基于"核心素养"理念下的初中课堂教学改革当中教师出现的困惑，将主要问题集中在难以转变原有的"人才观"以及依赖旧的育人路径两大方面，聚焦教师的观念转变、教学理念提升、教学方式改变等角度，探索出解决当前教师困惑的有效途径。

关键词：核心素养；教学改革；困惑；对策

随着时代的飞速发展，全世界的教育也面临着调整，如何确保培养出的学生个体获得适应未来社会以及促进社会发展的素养，是21世纪学校教育需要解决的核心问题。2016年9月颁布的《中国学生发展核心素养》回答了"21世纪的教育要培养什么样的人"这个问题，其中明确指出，中国学生发展的六大核心素养是：人文底蕴、科学精神、学会学习、健康生活、责任担当、实践创新。这六大核心素养具体又可以细化为18个基本要点，它是基于学生身心发展，培养适合未来社会的"全人教育"，通过课程设计、教学实践、教育评价等方面进行落实。因此，初中课堂教学如何培养学生学科核心素养，成为教师目前急切需要考虑和解决的问题。教师则要转变人才观，提升教学理念，改变教学方式，大胆进行实践，要思考如何将学科本位知识与学生的认知结合起来，如何用学科语言构建表达交流模型，如何用学科思维去解决实际问题，如何将所教的内容被习得且转化为核心素养。从而摸索出新时代人才培养的实施路径，实现"全面、全程、全人"的"三全"学科教育目标。

一、基于"核心素养"理念下的初中课堂教学改革提出背景

(一) 国际主要国家对"核心素养"的研究

联合国教科文组织提出核心素养的七个学习领域：身体健康、社会情绪、文化艺术、文字沟通、学习方式与认知、数字与数学、科学与技术，各领域下按年龄段再详细描述了子领域。美国21世纪核心素养指标主要包括：学习与创新素养、媒介与技术素养、生活与职业素养，这三方面主要描述的是学生在未来工作和生活中所必须掌握的机能、知识和专业智能；法国的核心素养体系包括法语素养、数学和科学文化素养、人文文化素养、外语素养、信息通信技术素养、社会交往与公民素质、社会交往与公民素养、独立自主和主动进取精神。英国也发布了《21世纪核心素养——实现潜力》，具体包括六个方面：交流、数字、运用信息技术、与他人合作、改善自学与自做、解决问题的能力。日本"教育课程编制基础研究"项目组提出了日本人必须具备的"能在21世纪生存下去"的能力：实践能力、思维能力、基础能力。经过对比可以发现，国际上的教育主流皆围绕学生终生学习与发展为主轴，而沟通能力、团队合作、信息技术素养、语言能力、自主发展、数学素养以及问题解决与实践探索能力等为大多数国家强调的素养。这为教育工作者明确指出了未来对21世纪人才的要求，学校、教师要顺应潮流的趋势树立正确的人才观，探索培养适应未来发展人才的有效途径，才能使我们培养出来的学生能够具备适应21世纪社会发展的能力。然而，学生的能力培养并非通过挂在嘴边就可以实现，能力都需要建构在课堂教学基础之上，通过教师对学生的激发、引领，创设平台让学生体验、实践而使核心指标得以内化成真正的素养。因此，课堂教学改革在新要求、新形势下势在必行。

(二) 区域课堂教学改革为落实"核心素养"创造有利条件

番禺区自2012年起推行"研学后教"课堂教学改革，其核心理念是"把时间还给学生，让问题成为中心，使过程走向成功"，经过多年的课堂教学改革实践，取得了一定的成效：教师的教学观念、教学方式与学生的学习方式都发生了变化，在课堂上以"研学案"为载体，勾勒出学生学习的线路图，以"核心问题"为中心，通过自主、合作的学习方式进行交流、探究，开展研究性学习。现"研学后教"课堂教学改革已进入升级版的打造阶段，升级后的课堂需要体现核心素养的学科培养以及学科价值功能体

现，从教学环境、教学设计、教学技术以及教学评价四个方面进行升级。相对于传统的教学方式，"研学后教"课改后的课堂更注重发挥学生的主观能动性，课堂上学生的思考空间、展示平台会更多，在一定程度上扭转了教师"一言堂"的局面，也在一定程度上扭转了教师以"教"为中心的教学行为，教学方式和学习方式都有一定的改变，这为推进基于"核心素养"理念下的课堂教学改革打下了良好的基础。

（三）基于"核心素养"理念下的课堂教学改革提出新的要求

基于"核心素养"理念下的课堂教学改革要求全面关注人的发展，时代呼唤高质量的学习状态，包含高水平的教师、主动学习的学生、亲密的师生关系、精选的教学内容、恰当的教学方法。教学不仅仅是学科知识与分数，它还包含着对社会发展的全面认识、对学生身心发展的深入研究、对课程课标的整体把握、对教材教学叫法的科学分析。经过"全面把握，全程规划，才能培养全人（全面发展的人）"。因此，课堂的新样态必然要求教师引领学生走向"深度学习"，"深度学习"在教育领域具备了"一种能够使学生从某一情境中所学应用到学习新情景中的学习过程"之意。深度学习的产物是可迁移的知识，包括某一领域中的内容知识，以及如何、为何、何时应用这些知识来回答问题和解决问题。它的最大挑战在于如何迁移所学的知识，并在不断应用中加深知识的理解，甚至重构知识本身。深度学习与传统的浅表性学习的不同之处在于，学生不再通过被动倾听的途径获得知识，在知识的运用上也不再是简单地回答闭合性的问题或者是完成教师布置的练习题；学生学习的途径和方式更加多样化，可以通过课内课外、线上线下去获取更多的知识，并且将知识用于实际问题的解决。

二、基于"核心素养"理念下的初中课堂教学改革中出现的教师困惑

课堂教学成功与否，关键看教师。教师已经内化了的"教育观"，包括思想、经验、学生观等都会决定其课堂教学理念和课堂教学行为，教师的格局以及对学生的评价会对学生的发展方向起着重要的引领作用。基于"核心素养"理念下的课堂教学改革必然对教师提出了更高的要求：教师要有全局观，关注社会、关注全人发展；教师要有课程观，对学科课程的整体把握要正确；教师要有育人观，教学不是教书，而是通过学科教育影响人的发展。新的课堂样态将会是更加开放的、更加融洽的、更加富有挑战性的。教

师面对诸多的挑战，主要归结为对人才的认识以及对人才培养途径的认识。教师们对此出现了不同的应对方法：有的教师凭经验感觉，穿新鞋走老路；有的教师一知半解，无从下手；有的教师持观望态度，"不越雷池半步"；有的老师跃跃欲试，有缺乏系统的计划以及底气。究其原因，教师主要存在以下的困惑，影响了课堂教学改革的大步向前。

（一）不理解"到底要培养什么样的人"

教师对 21 世纪人才的要求了解得不够透彻，对"核心素养"的概念和理念也是停留在文字上的认知，没有理解其"全人观"。对学生的评价依然主要围绕学习业绩以及其在学校的行为表现，不能做到基于学生的身心发展，对于人的多样潜能，对于人的发展规律展开的真正研究，因此在课堂教学过程中无法关注学生综合能力，如对思维能力、创新能力以及合作交流能力等进行有针对性的培养。

（二）对人才培养的实施途径不清晰

当前，教学目标、学习对象、学习方式都发生了转变，由个体、被动地学习转向更为主动、合作的学习，由封闭的课堂转向更为开放的舞台，但是教师依然沿用旧的、把控太多的教学方法去实现新的人才培养目标。在几年来课改的基础上，学生对合作学习并不陌生，但仍处于比较浅层的合作，多数合作是单纯的讨论、对答案，分工不明确，对于浅层次学习所需要的深入探讨，未能做到真正地合作以及最大限度地发挥合作学习的作用。

（三）对课程的全局把控意识不强

教师较多停留在学科教学的层面，停留在教知识、做题目的方式，而不是从课程的育人目标出发，从课程各个学段的整体设计进行研究，从跨学科融合的角度进行知识的整合以及构建。这样一来，在开放性、研究性学习的课堂当中涉及的知识、方法的广度与深度将会进一步扩大。为此，教师应在与学生一起研讨寻求解决问题的方法的过程中引导学生的发展，并重新建构自己的知识体系。"上课不仅是以知识来教育学生。同样的知识内容，在一个教师手里能起到教育作用，而在另一个教师手里却起不到教育作用。知识的教育作用很大程度上取决于它跟教师个人的精神世界（他的信念、他的道德生活和智力生活、他对自己教育对象即年轻一代的看法）融合的密切程度。"（《苏霍姆林斯基》第 4 卷，第 812－813 页）

（四）对教学手段的更新速度不够快

社会的发展，科技的进步日新月异，我们的学生所接触到的知识以及见识已呈爆炸性增长，而有部分教师没有跟上时代的步伐，没有在合适的时候运用适合的多媒体或者现代化教学设施设备来辅助教学，将难以引起学生的兴趣。单一的我讲你听、我问你答、我说你写的教学手段已无法吸引学生的注意力以及激起学生的学习欲望，更难以点燃学生思维发展的火花。

（五）对学生的研究不够透

大多数教师凭经验对学生的行为做出判断，缺乏系统、科学的研究，长期以来根据自我的感觉来进行教学反思，忽略了学习主体的感受，对学生的身心发展规律、兴趣爱好、个性特长、家庭环境等没有没有深入了解，因此无法制定个性化、差异化的教学方案，教学效果也大打折扣。

教师出现这样的思想或者行为也是可以理解的，但不能坐视不理，学校应该采取积极的态度，多想办法，为教师引路子、压担子、搭台子，帮助教师找到研究的突破口与路径。

三、基于"核心素养"理念下的初中课堂教学改革对教师提升对策

（一）要落实"核心素养"，先要了解和理解"核心素养"是什么

（1）学校层面。一是通过组织教师开展理论学习，请市、区权威学者开设专题讲座，让教师了解"核心素养"是"学生在接受相应学段的教育过程中，逐步形成的适应个人终身发展和社会发展的必备品格和关键能力。即是学生知识、能力和情感、态度、价值观等的综合表现"。二是为教师创设走出去观摩学习的条件，根据学科特点，了解每个学段、每个学科都有具体的要求。例如，《普通高中英语课程标准（2017版）》把思维品质作为英语学科核心素养的四大组成部分之一：语言能力、文化意识、思维品质、学习能力。在"核心素养"理念下，学科课程的教学就不仅仅是传授知识，而是要从学科教学走向学科育人，彰显学科的育人价值。

（2）教师要自身加强学习，了解时政新闻，阅读教育学、心理学以及儿童发展规律类的书籍，加强对"全人"的理解，扩大自己的知识面与见识，跟上时代发展的步伐与节奏；真正理解现在的教育要培养"什么样的

人",教师才能形成正确的"人才观",对培养人的方向以及对人才的评价做出准确的判断。

(二)"纸上得来终觉浅,绝知此事要躬行"

21世纪需要培养具有沟通交流、合作协作、批判性思维、创造创新能力的人才,才得以适应时代对人才的要求。学生是学习的主体以及主要因素,学生的学习兴趣、学习方法以及学习策略对学习有很大的影响。墨子提出三种认知途径:"亲知,闻知,说知。"亲知,是指人们通过亲身实践获得的知识;闻知,是指人们通过听闻、听见、识见、阅读获得的知识;说知,则是人们在既有经验与知识基础上经过思辨、演绎而得出的结论。我们的学生长期以来通过第二种认知途径来获取知识,在"研学后教"课堂教学改革当中,学生有了第一种方式的认知体验,而在课堂教学改革升级版的课堂中,要实现核心素养的思维能力培养,学生则需要努力向第三种方式转变,在课堂中通过辨析、交流、表达以达到高层次的深度学习。教师在这个过程中需要调整自己的教育教学方法,通过优化活动设计使学生向第三种认知途径中转变过来。学校应为教师搭建平台,让骨干教师先行先试,积极承办各级研讨活动,如片区、跨市的教研研讨,教师设计高质量的研学问题、有关联的问题体系以引发学生的思考以及培养学生的思维品质。通过教研促成长,既有理论又有案例,各级专家、教研员的指导更有针对性,把抽象的概念变成看得见、摸得着的课例,教师积极进行反思和对比,从而加快课改进程。

(三)"内外兼修,苦练内功"

学校为教师的成长搭桥铺路,通过系列活动推动教师提升其素养以及推动其对个人经验坚持持续性反思。

(1)开展无领导论坛:课堂教学是否需要"教学模式"等问题开展讨论。通过论坛,了解教师对模式的认识和疑惑,以便更好地推动模式的落地。

(2)规范备课过程:备好课是上好课的前提。全面规划、计划、反思备课过程:①学期初分工,收集材料;②研读课标、研读教材;③制定教学目标、编写研学案。

(3)备课组围绕"问题化学习"——设计高质量的研学问题,引导学生进行研学。将备课重点由学科教材内容转向课程、学段的追根溯源研究,将聚焦本学科的知识转向跨学科的知识融合研究,将围绕选题做题海遨游转向问题研发、精选内容、探究教法的研究，使备课真正为上课服务。

（4）备课组进行"研学案例""研学设计"的探究，推出本备课组的课例研讨。

（5）教师说课、赛课展风采，不同学科、不同年级、不同备课组间进行思维碰撞。在新样态的课堂里，教师进行梯度、有价值的问题链设计，在更为开放、自主的课堂里，学生通过讨论、交流、辩论表达自己，并用所学的知识技能解决教师设计的问题，将一个场景的所学迁移到另一个场景使用，达到能力的提升。

（6）行政推门听课了解教情、学情。行政深入一线听课、了解教情、学情，有利于全局把控学校的课堂教学改革发展方向。

（四）课题引领使教师走上课堂教学改革的快车道

苏霍姆林斯基说："如果你想让老师的劳动能够给教师带来乐趣，使天天上课不至于变成一种单调无味的义务，那你就应当引导每位教师从事研究这条幸福的道路上来。"学校借助各级课题申报的机会，为教师们开展"从问题到课题的研究路径""如何开展项目学习""如何撰写教学设计"等培训，可以以备课组为单位选一个小题目作为校本培训开展研究。课题申报前，学校应组织课题负责人指导课题选题、课题题目的拟定、课题申报书的填写等，规范课题申报行为，提升课题申报的成功率。在开展课题研究的各个环节，学校应给予最大限度的支持，邀请各级专家对课题进行指导，实现课题研究上的提升以及教育教学整体理念的提升。课题研究不仅仅是一个课题的开展，而是要服务于学校的育人理念，解决教学问题，联系区域的工作主题，在课题的开展过程中引导学生的发展与成长，这样的课题研究，才能促使师生有更大的发展与提升。

（五）主题学习、抱团成长促教师能力提升

学校可探索以"校级名师工作室"推动教师队伍建设、课堂教学改革、课题有效研究、课程初步建设的发展路径，进而进一步提升课堂教学质量。理论的学习让教师清晰了核心素养下的课堂教学改革要做什么，但是教师要将其运用到实际教学当中还是有难度，因此，组建"名师工作室"，可以更大程度地发挥骨干"二八效应"。还可以通过与校外理论导师、实践导师相结合的形式，指导工作室开展研修，从课堂、课题、课程三大方面制定相应的指导计划，通过诊断、挖掘课堂、专题讲座等方式指导教师开展教研活动。

在学科教学中落实"核心素养",使学科教学走向学科教育,把我们的学生培养成未来社会所需要的综合性人才,是学校与教师的使命。课堂是师生共同生长的场所,也是"立德树人"的主阵地,是学校工作的重中之重。因此,实现"21世纪全人培养"关键在于课堂教学改革。

"立德树人"在中学德育中的实践研究

番禺区石碁中学 赵启章

摘要：中学德育教育以其广泛、深刻、持久的影响，对青少年的成长具有至关重要的作用，关乎国家未来，学校德育必须承担起"立德树人"这一国家使命。石碁中学积极落实"立德树人"教育目标，但是在实践过程中，遇到来自教育评价、德育课程、德育生活、社会现实等方面的困扰。部分教师政治站位不高，对政策理解不深刻，在落实中接地气不够，重说教，少体验，存在"假、大、空"，"知、情、信、行"脱节等诸多问题。面对这些问题，我校从教师队伍建设、德育课程建设、德育合力、德育实践等方面进行了积极的实践探索和研究，取得了一定的成效，收到了较好的效果。

关键词："立德树人"；德育教育；实践研究

党的十八大报告指出："坚持教育为社会主义现代化建设服务、为人民服务，把立德树人作为教育的根本任务，培养德智体美全面发展的社会主义建设者和接班人。"中学德育教育以其广泛、深刻、持久的影响，对青少年的成长具有至关重要的作用，关乎国家未来，学校德育必须承担起"立德树人"这一国家使命。"立德树人"的"德"，主要是指以社会主义核心价值观为核心内容的社会主义道德，既体现社会主义的价值追求，也体现了中国特色社会主义实践的时代要求，既包含中华传统美德，社会公德，也包含共产主义远大理想和中国特色社会主义共同理想等理想信念。"立德树人"的"人"就是"社会主义建设者和接班人"。才为德之资，德为才之帅，"立德树人"要以德为先，这是学校德育的核心。石碁中学在落实"立德树人"教育目标的过程中，有少数教师政治站位不高，政策理解不深刻，重视不够。行动上接地气不够，重说教，少体验，存在"假、大、空"，"知、情、信、行"脱节等诸多问题。学校针对这些问题，查找问题根源，积极开展以"立德树人"为核心的中学德育实践研究，取得了一定的成效，收到了良好的效果。

一、在落实"立德树人"中遇到的主要困扰

(一) 教育评价的困扰

习近平总书记指出："国无德不兴，人无德不立。""立德树人"就是德才兼备，以德为先。然而受主客观条件的制约，培养什么人、怎样培养人的根本问题缺乏从课程到评价导向等的整体规划，协同推进。尤其是学校教育评价形式仍旧单一，唯分数的顽症痼疾仍在。教育部门虽然提出了以德育为核心的教育要求，对学生的综合素质评价也在逐步启动，但是由于教育评价指挥棒问题没有从根本上解决，重智轻德、重分数轻育人的现象还比较普遍。以我校为例，高中生源处于广州市生源6组，属于最低等次，但是通过高考向社会、家长和上级要交出的质量压力一点不比名校、大校小。因此，学校的德育教育更多也是从个人的理想前途出发，主要是解决学生的学习态度、学习动力等问题，从国家、社会层面虽然有所体现，但是最终的落脚点还是解决"增分"问题，落在个人利益上。这里并不是否定个人前途、个人利益，而是说学校德育没有在根本上摆正个人和国家、社会的关系，现在看似问题不大，三者之间似乎统一一致，没有冲突，但是"暗疾"终究存在，到关键的时候才考验取舍：是国家、民族至上，还是个人利益至上。此外，重智轻德最终将培育一批精致的利己主义者，与"立德树人"的根本目标背道而驰，但是实际存在的以分数为核心的教育评价在某种程度上缚住了学校教育包括德育工作的手脚。

(二) 德育无根的困扰

德育的"无根"主要表现为德育与生活脱离，德育无根，德育教育无趣。学生基本被圈在学校和家庭，学生对社会生活的了解和接触主要通过网络。本来就很少的校外社会实践活动被越来越严峻的安全追责后果弄得几乎全无，学校老师领导"伤不起"，学生只有被圈养才安全。石碁中学属于城乡接合部的一所镇级完全中学，虽说是乡，但是已经没有了农田，正处于快速城镇化的进程中，学生的生活依然是家庭和学校，两点一线。因为种种原因，学校也不敢让学生走出去。学生对外部世界的认识主要来源网络和灌输，较少体验获取，学校德育在一定程度上脱离了生活的源头活水，师生在德育过程中缺乏内在深层的精神互动，不能对学生的心灵产生震撼，存在口号化、概念化现象，德育变成了一种表面化、无根的教育。

(三) 现实冲突的困扰

学生在学校接受的一般是正能量的德育影响，这种教育好像在他们心灵上抹上一层"玫瑰色"。但是学生身处这个开放而又复杂多变的时代，多元思想多元文化，色彩斑斓，吸引他们的眼球；多元价值选择、价值判断和形形色色的社会现象，与他们的认知必然产生矛盾与冲突，造成思想上的困惑。阳光下的阴影一定程度上侵蚀着学校给予学生的正面影响力。社会不良现象的影响主要表现在：①强大的市场法则向社会价值领域浸入。在对社会现象的判断，教育价值的判断，人的价值判断等方面，渗入了过度的经济价值取向，"拜金主义"泛滥，金钱价值判断成为社会生活价值衡量的主要标准。②社会不良风气和家庭的不良影响。我校地处城乡接合部，黄、赌、毒等治理难度大，社会环境相对复杂。外来务工人员的子女占我校学生的一半以上，各种不同职业类型、不同生活方式、不同价值观念、不同需求以及不同心理文化素质的人群共处共存，学生思想显得更加复杂多样，不少学生的家庭教育是缺失的或在低期望值下进行的。如果叠加一些类似如"扶不起""小悦悦事件"等社会事件的冲击，将会造成部分学生价值观的扭曲。③中学生自控力较低，存在于书刊音像、舞厅、电游手游网吧等社会文化娱乐中的"病菌"，在诱惑他们的同时，给其心灵以极大的"杀伤力"。学校德育工作面对家庭和社会复杂的环境往往显得软弱无力。

(四) 教师信仰坚守面临挑战的困扰

社会中存在的分配不公、贫富分化、环境恶化、贪污腐化等现象，使部分德育工作者心理发生了变化，对德育教育的认识出现偏差，在一定程度上动摇了德育工作的信仰坚守。相当一部分教师不愿意担任班主任，班主任聘任难的现象在很多学校，尤其是在年龄结构偏大的学校中比较普遍。原因主要有三：一是部分教师已经达到了职业的天花板，班主任津贴对比较高的工资收入显得很"寒碜"，缺乏吸引力。二是班主任承担的事务多。现在动都不动就是"小手牵大手"，不管与教育直接有关，还是间接有关的事情总是习惯于"绑架"学校，学校也只能一层一层往下压，因此班主任，包括学校承担了很多看起来是"不务正业"的事情，教育部呼吁为学校、老师减负，大概是基于此。三是害怕承担学生问题带来的责任，尤其是安全方面的问题，这是重要原因。在众多与学生或者家长相关的"事件"出现后，社会或者上级有关部门往往更多的会将"板子"打在学校和老师的身上，以便尽快平息舆论带来的影响，种种"前车之鉴"使得不少教师索性不做班主任，德育工作能推则推。还有少数教师在对待问题学生上"睁只眼闭只眼"不愿管，甚至不敢管。诸多方面的原因，使得不少教师对学生的德育管理工作热情不高。

（五）课程育人不到位的困扰

在各科教学中，通常把政治课作为直接的德育途径，把其他学科作为间接的德育途径。当前中学的政治课大多沦为纯粹的知识教育课直至应试教育课。部分教师课堂上并不太注重思想道德方面的阐述与升华，更少道德行为能力的训练，多是灌输一些枯燥的理论，令学生记忆背诵，应对考试，把政治课上成了纯知识课。

其他学科尽管也有德育渗透的要求，但在实际教学中大多以传授知识为主，德育教育缺乏自觉性、连续性，更谈不上深入挖掘、系统规划、有机结合、巧妙渗透。为了应对检查，有的教师将德育与知识生硬结合，拖上一条"光明的尾巴"，给人一种画蛇添足之感，不但收不到德育的实效，反而引起负效果，让学生反感。

综上所述，中学德育课程缺乏一套有机衔接、学科贯通、循序渐进的课程体系和教材体系，德育课程的设置和教学内容不能很好地回答学生所关心的实际问题，德育课程实施的方法、手段和实际效果并不理想。

二、探索问题解决途径，落实立德树人根本任务

为了让"立德树人"的根本目标在学校德育工作中落地生根、开花结果出成时效，我校结合实际，统筹各方育人资源，构建立体化育人体系，全面落实"立德树人"工作，不仅学校的教育教学质量不断提高，而且学生的品行修养和行为习惯也发生了可喜的变化。

（一）提高认识，按"四有"标准建设高质量教师队伍

"立德树人"落实的关键在老师。让学生立德，教师需要首先自己立德，做到明大德守公德严私德。习近平总书记对教师队伍建设发表的很多重要讲话都深刻地阐明了这个道理。他说，"一个人遇到好老师是人生的幸运，一个学校拥有好老师是学校的光荣，一个民族源源不断涌现出一批又一批好老师则是民族的希望""一个优秀的老师，应该是'经师'和'人师'的统一，既要精于'授业'、'解惑'，更要以'传道'为责任和使命""广

大教师要做有理想信念、有道德情操、有扎实知识、有仁爱之心的好老师"。

石碁中学将"四有"好教师队伍建设同创先争优活动相结合，以师德师风教育为重点，积极"开展师德师风教育，建立健全师德师风规范，宣传师德师风先进典范"活动。

一是将师德师风学习教育同教师政治学习有机结合起来，不断提高教师的政治素养，保持政治定力，保证教育方向，自觉抵制不良思想的诱惑与侵蚀。二是在广泛调查研究的基础上，制定出切合本校实际的规章制度和工作机制，使教师的思想、道德、作风建设目标明确、有章可循，使学校的师德师风建设工作走上经常化、制度化的轨道。三是大力倡导教书育人、为人师表的好风尚，努力营造树师德、铸师魂、正师风的优良氛围，引导和激励全体教师自觉加强思想建设、道德建设和作风建设，真正成为学生的楷模和表率。学校要求全体党员"亮身份、树形象"，开展"党员示范岗""党员责任区"等主题实践活动。同时还开展月度"教师之星"评选活动，在全校师生大会上宣读颁奖词，获奖教师走红地毯，先进事迹在"石碁中学月度优秀教师"墙报上宣传。四是积极促进教师的专业发展。组织教师培训学习和参观；鼓励教师把课堂教学中存在问题转化为研究课题，把教科研工作转变成提升教学质量的第一生产力；推广"教师卓越工程——专家进课堂"项目成果，发挥我校高级教师、青年骨干教师以及市区学科中心组成员的辐射作用，开展观课反思、二次重构等教学活动，搭建科组教师整体提升的平台。五是坚持岗位评聘、评优评先中"师德"一票否决制度。在绩效奖励、班主任待遇、学校评先评优方面向德育工作适当倾斜。

（二）开发特色课程，强化德育渗透，把住"立德树人"主阵地

推进立德树人工作，关键是要找准切入点。课程是教育思想、教育目标和教育内容的主要载体，集中体现国家意志和社会主义核心价值观，是学校教育教学活动的基本依据，在人才培养中发挥着核心作用。以课程改革为切入点和突破口，把党的教育方针具体化、细化为学生发展核心素养，明确"立什么德，树什么人"，将立德树人这条主线贯穿课程、教材、教学、考试、评价全过程，建立完善的课程体系和评价体系，就是抓住了育人工作的"牛鼻子"，只有这样，才能真正有效落实立德树人的根本任务。

石碁中学将初高中的政治课德育教育内容进行整合，打通两个学段，贯通六个年级，立足于石碁镇地域文化特点，以棋为根基，结合棋道智慧和

"中国学生发展核心素养"的要求,打造"碁道教育"特色,开设"碁润"特色课程。"碁润"课程分为"碁基""碁情""碁趣""碁谋""碁行"五大课程模块。在课程开设中,将传统文化和社会主义核心价值观结合起来,将"规矩意识""规则意识"和"规律意识"烙在学生心灵深处,培育有社会责任感、懂规则、有智慧的现代公民,促使学生在个人修养、社会关爱、国家情怀、自主发展、合作参与、创新实践等方面有新的提升,为未来幸福人生奠基。

加强教学中的德育管理。寓德育于教学之中,是中学德育的主渠道,也是提高德育实效的根本措施。学校采取主要措施有:①强化教师的育人意识,变德育的自然渗透为自觉实施。苏霍姆林斯基说:"请你记住,你不仅是自己学科的教师,而且是学生的教育者,生活的导师和道德的引路人!"教师要成为名副其实的"人类灵魂的工程师",就要管教管导,教书育人。②提高教师的德育教育力。在教学中渗透德育,教师必须具备三方面条件:一是丰富知识,学科专业能力强。如果教师知识贫乏,专业技能差,既谈不上教好书,也谈不上育好人。二是具有一定的政治理论修养和思想道德修养,保证政治正确,行为具有示范性。三是掌握寓德育于教学中的规律,具有有机渗透德育的能力。③强化德育过程管理。校长和德育管理干部深入教学第一线,参加备课、听课、评课,深入调查研究,了解每门学科每位教师在教学中德育教育的现状和存在的问题,指导教师改进方法,提高德育实效。制定教师德育教育评价细则和学生德育考核细则,指导教师开展学生的德育素质评价工作,用好德育考核这个指挥棒,促进育人目标的落实。

（三）共建"四维"育人生态,形成"立德"教育合力

与学生学习和生活最相关联的四个维度是学校、家庭、社会和网络。"立德树人"目标的实现需要四位一体,四个维度要相向而行,内容、要求、目标具有一致,共同发力,形成合力。

石碁中学开办家长学校,成立家委会。家长学校由德育主任担任班主任,学校有计划地安排校内教师和聘请校外专家给家长上课,让家长理解并认同家庭是人生的第一所学校,家长是孩子的第一任老师,家长有责任给孩子讲好"人生第一课",帮助孩子扣好人生第一粒扣子。

和谐友爱的社会环境对青少年的成长至关重要。所谓蓬生麻中,不扶而直;白沙在涅,与之俱黑。为此学校同村（居）委员会建立联系机制,共同尽可能地为学生净化社会环境。如对初中学生的家访,不仅要走访家长,还要深入到学生居住的村和社区,同村委会、居委会领导和工作人员交流,

了解学生居住的周边环境，如发现不良现象和不良隐患，要向村（居）相关人员反映，协同消除隐患。引进社区公共资源参与对特殊学生的帮扶。

加强对学生手机的管理。网络是一把双刃剑，一半是鲜花，一半是陷阱，对身心尚未成熟的青少年来说，需要正确的指导和积极的引导。一方面，学校通过主题班会、辩论赛、国旗下讲话等方式加强对学生的教育。另一方面，管理好学生的手机，给学生营造一个干净、安静、不被打扰的学生环境，让学生心无旁骛、专心致志地学习。

根据高中年级工作特点，加强家校共育，合作管理，尝试年级家委会成员参与年级管理，如邀请热心家长参加学校测试的监考、自修课的管理、晚自修看管和巡查等。引入校级家委会和膳食管理委员会的成员，参与校园各项工作的监督管理。如学校为每一个家委代表发一张进出校园的智能校卡，家委会代表和膳食管理委员会的家长成员随时可以打卡进入校园，听课、参加师生活动、检查校园卫生、监督食堂工作。

学校、家庭、社会教育的有机结合，一定程度上实现了学校德育时空的紧密衔接，各方主体在导向一致的前提下，优势互补，形成了多层次、多渠道的网络化教育格局。

（四）传承优秀传统文化，厚实"立德树人"根基

社会主义核心价值是立德树人的灵魂，中华优秀传统文化是立德树人的根基。传承优秀传统文化，以中国文化中厚重的德行养成、美德教化为历史根基，注重个人的道德修养，正确处理个人与家庭、个人与国家的关系，这是延续"文化自信"的一种"教育自信"，是落实"立德树人"根本任务，打造具有世界视野、"中国心"接班人的必选项。

一是石碁中学挖掘地域文化特色，开设"棋润"特色课程。课程内容包括石碁掌故，读本有《岐山拾趣》（共两册，文字版和视频版）、《岐山古韵》（石碁乡土文化系列）、《番禺古祠堂》（石碁分册）、《情系岐山》（石碁教育资源开发与利用研究成果）；石碁人物，读本有《碁石》（阿海林、吴家壮著）及《黄啸侠及其拳法》《麦华三及其书法》；赤子情感，读本有《石碁港澳台同胞慈善爱心新闻集锦》；等等。让学生在特色课程的学习中"懂规矩、守规则、寻规律"。

二是开展"麦华三书法"文化传承活动。麦华三，石碁镇官涌村人，著名的书法家和书法教育家，其小楷有"麦体"之称，编写了《中国书法艺术》，并著有《古今书法汇通》《兰亭揽胜》等，校名"石碁中学"四个字系麦华三所题写。我校十分珍惜这份得天独厚的艺术遗产，重视书法艺术

的教育传承，开设书法课程，将书法课排进课表。聘请石碁中学1985届校友中国书法协会会员黎兴华、广东省书法协会会员校友彭国祥为书法类课程指导专家，并担任书法课教学工作，书法课成为学生最喜欢的课程之一。学校定期举办书画家进校园、麦华三书法作品欣赏讲座；每学期开展学生书法竞赛、学生书法展示等活动。在学校乐舞广场建设"书香墨舞"长廊，供学生欣赏书法和习练书法，营造浓郁的校园书香味。

三是开展"黄啸侠武术操"文化传承活动。黄啸侠，石碁镇莲塘村人，他独创了"冲、弹、斫、劈、扫、撇、勾、圈"八种进攻拳法和"推、拍、拿、捋"四种防守掌法，独成一家。他创立的《抗日大刀法》，帮助十九路军在淞沪会战近身搏击中重创日军。他被国家体委授予"体育开拓者奖""中国武术高级教练""中国武术十大教练""中国武术九段教练"等称号。他从事拳法教学30多年，桃李满天下。今天，黄啸侠纪念馆落户石碁镇莲塘村同安社学（该处曾为石碁中学校舍），为石碁镇的文化建设添上了浓重的一笔。为传承黄啸侠的爱国主义精神、坚韧拼搏精神，我校结合黄啸侠拳谱，自编了武术操。学生每天大课间活动时间演练该武术操已成为学校的一道风景。

四是开展"智慧体操"棋类活动。受石碁地域棋文化的熏陶，我校持续开展以"三棋"活动为中心的"智慧教育"系列活动，并逐步把学校打造成为全国象棋特色学校。为了鼓励学生参与棋类活动，学校建设了两个专用棋室，在校园内建设了"见智苑""雅馨苑"等棋类活动场所，并在非毕业班设置棋类教学常规课程，聘请专业教练授课。邀请象棋特级大师许银川、吕钦，象棋大师李鸿嘉、汤卓光等到学校担任课程指导专家，开设"棋文化"专题讲座或开展棋艺实践指导活动。棋类社团成为学校的明星社团，社团活动成果显著，在2017年广东省全国象棋特色学校三棋赛中，我校获象棋团体亚军。学校还承办了"2017全国象棋男子甲级联赛"第三阶段赛会制暨闭幕式，并在此期间组织了"12位象棋特级大师进校园""象棋大师励志讲座"等活动，拓宽学生眼界。

除此之外，学校积极开展中华文化经典诵读、诗词大会、"写方块字、做中国人"等传承中华优秀文化的主题活动，用好节日庆典和各种仪式，让流传千年的中华文化浸润滋养年轻学子的心田，把社会主义核心价值观转化为学生的情感认同和行为习惯。

（五）注重德育实践，在生活体验中感悟"立德"之重

道德教育贵在知行统一、重在实践养成。陶行知说过，"教育要通过生

活才能发出力量而成为真正的教育"。在生活实践中感悟,在感悟中成长,是学生发展的必由之路。

我校将初中思品和高中政治课本中的部分知识转化为社会实践内容,让学生在节假日以主题活动的形式观察社会,积极参与社会生活。如高中《政治生活》中关于基层民主自治制度的内容,政治备课组要求学生到居委会和村委会,通过访谈村(居)干部,观看相关资料,参与村(居)工作流程,观摩基层民主选举,亲身体验基层民主的真实与充分,加深对"人民当家主"的认识等。

强化劳动教育。劳动是增强学生的道德体验和道德实践能力的重要载体。古人讲"四体不勤,五谷不分,孰为夫子!"不劳动,既不知生产知识,也难以体验劳动的艰辛,对"珍惜和感恩"只能停留在"为赋新词强说愁"的层面,难以引发深刻共鸣。现在让学生劳动的可选项太少了,我校的策略是:能让学生做的事情尽量让学生去做。比如,校园清洁,以前都是由物管员工清理;现在,校园公共区域全部分块到年级和班级,进行网格化责任承包,学生早中晚进行清理,扫树叶、拔杂草、倒垃圾并保洁。校园内乱扔垃圾的现象没有了,因为学生懂得珍惜自己的劳动成果。另外,家务劳动和社区服务也是我校劳动教育的重要内容,活动情况记入学生的综合档案。总之,学校尽可能创造一些机会,设置一些主题,教育引导学生"崇尚劳动、尊重劳动,懂得劳动最光荣、劳动最崇高、劳动最伟大、劳动最美丽的道理。"

学校在学生德育行为训练和德育实践上,重视"善小"而为之的积累,将大道理与小行动结合起来。大德育,从小事情开始,从学生的社会生活、学习生活中去挖掘德育素材,在学生的身边寻找教育的榜样。如初一有一名同学,每天早上上学去的时候,都会将他这一梯各户门口的垃圾带到楼下的垃圾桶去,他的单车则放在距离自己楼层几十米远的地方,用他自己的话就是"自己走远一点拿车没问题",把该楼停车的地方让给老人。事后了解,他居住的这一栋楼老人多,他经常帮助老人。学校要宣传他的事迹,他不太愿意,说自己没有做什么。做通工作后,他希望不要公布自己的名字,学校尊重了他的要求。身边事确实影响了身边人,学生参加学校"綦润志愿者服务队"的人数增多,他们积极参加社区服务,帮助孤寡老人,参与社会公益活动,宣传环保,倡导垃圾分类等,用自己绵薄之力,为人情温暖、社会和谐助力,这就是"小善"的力量。让德育在细节中渗透,管理干部和教师必须转变教育观念,改进教育方式,从身边发生的事中去寻找"德育"资源,让学生在实践性体验性德育活动中,唤醒形成高尚道德素质的动机,并外化为自觉、自愿的道德行为,在有烟火味的生活场景中感悟"立德"之重。

教育的首要问题是培养什么人。立德树人,将道德植于人,人才有立根之基。中学德育为人的一生奠基,让学生在中学阶段扣好人生的扣子,这是教育的神圣使命。虽然目前中学德育还面临种种困难,但是从国家层面,顶层设计逐渐清晰完善,"立德树人"教育目的和根本任务形成共识,随着新课程、高考改革和教育评价等各方面的改革逐渐推进,中学德育一定会迎来自己的教育春天,实现自己的育人使命。

参考文献:

[1] 高德胜. 生活德育论 [M]. 北京:人民出版社,2005.
[2] 苏霍姆林斯基. 给教师的建议 [M]. 北京:教育科学出版社,1984.
[3] 陶行知. 生活即教育 [M]. 北京:东方出版社,1996.

外来工子弟学校教师职业发展的心理压力及管理对策

广州市番禺区天星学校 朱碧容

摘要：近年来，民办学校教师已成为心理疾病的高发人群，而外来工子弟学校的教师心理问题尤为严重。教师们来自天南海北、差异显著而又迥异于公办学校的运行机制、人际关系以及教育对象，必然会承受着更为沉重的心理压力。持续过度的压力，会给教师的身心健康带来危害，使教师对教学工作缺乏积极性，严重影响组建一支结构合理的教师队伍，从而影响学校教育教学质量。

关键词：民办学校；教师；心理压力

我国民办教育在教育改革的浪潮中崛起，它调动了社会各方面办学的积极性，增加了社会各方面办教育的投入，扩大了教育的规模，培养了大批国家急需的各类人才，满足了人民群众受教育的需要，推动了教育事业的改革和发展。在各种各类的民办办学体系中，有一种比较特殊的，被称为"弱势群体"的、收外来工子弟的民办学校。随着《中华人民共和国民办教育法促进法》的实施，社会主义市场经济体制下的用人机制不断完善，民办学校的教师越来越壮大，政府在教师资格认定、业务进修、职称评定、评优表彰等方面逐步与公立学校教师享有同等待遇。根据十几年在民办学校做行政工作的经历，我对民办学校教师的职业发展的心理压力及管理对策有着自己的看法。

我校是一所拥有23年的办学历史，广州市最早批次的招收外来工随迁子女的学校。学校坐落在广州市番禺区大龙街中心地段，现在校学生有1487人，36个教学班，91名教职工，占地面积12320平方米。学校的发展离不开高素质的教师队伍，这也是民办学校生存和发展的关键因素。提高学校的教育教学质量，使学校办学有特色，关键是教师，关键是有一支优秀的教师队伍。但是，近年来，民办教师已成为心理疾病的高发人群。不久前，我看了一组关于民办教师的健康心理测试，国家心理教育课题组采用国际公认的 SCL-90 心理健康量表工具，由心理学专业人士对教师实行检测。检测表明，69%的被检测教师自卑心态严重。另外，忌妒情绪明显，焦虑水平偏高等问题也是较突出的。我对我校教师也做了相关测试，详见附表1。

SCL-90 测验结果显示，总分超过 160，阳性项目数超过 43 项，而且躯体化、抑郁、焦虑。可见，民办教师承受着沉重的心理压力，这是一个不容忽视的问题。外来工民办学校教师面临迥异于公办学校的运行机制、人际关系以及教育对象，在不断的碰撞磨合中，必然会承受着更为沉重的心理压力。我们知道，持续过度的压力会给教师的身心健康带来危害，使教师对教学工作缺乏积极性，严重影响民办学校组建一支结构合理的教师队伍，进而难以提高学校教育教学质量。因此，我一直特别关注我校教师心理压力问题。

一、外来工子弟学校教师的心理压力源分析

就当前我校管理工作情况来看，作为校长，我发现我们存在着重管事轻管人、重管结果而轻管过程的倾向，甚至把教师等同工人进行管理，忽视了教师职业的工作特点和心理特征。

（一）我校生源情况分析（社会层面）

外来工子弟学校教师面对难教的学生，首先难在学生的家庭背景所带来的困难。我校学生生源都是外来工家庭，上学前他们一直生活在偏远落后的农村地区，父母常年不在身边，处于隔代教育或无人教育的状态，缺少父母管教和足够的关爱。因此，这些学生的性格大多比较敏感、自卑、任性，没有安全感，对人不信任，防御心很重。这些特质在学校学习生活中呈现了出来，对老师的心理承受力提出了巨大的挑战。为全面了解本校学生心理健康状况，学校对学生进行心理测试。文后附上心理测试题（附表2和附表3），附表4和附表5为测试结果。

经过测试，我校中学生的心理健康状况令人担忧："初中有4.5%的学生有不同情度的心理健康问题，20.5%的学生有较明显的心理健康问题。"初中生的主要心理健康问题表现在强迫症状、忧郁、焦虑、敌对、人际关系五个方面。

3~3.99：中度症状，格子粉红色，需要加以关注（占20.5%）。

4~4.99：较重症状，格子紫红色，需要密切关注（占4.5%）。

这给我校教师管理带来较大的压力。

其次，有的老师常处于一种管与不敢管、也管不了的两难处境。一方面，外来工家长普遍有一种"托付心态"，即我花了钱把孩子交给你，他的一切你都要负责！对老师和学校有不切实际的期待和过高的要求。另一方面，由于学生群体的特殊现状，还没有完全做好接受学校管教的准备，容易出现很多老师无法预料的情况。比如，不听老师的话，不遵守课堂纪律，不尊重老师，甚至辱骂威胁老师的人身安全。而且民办学校的老师工作不稳定，稍有差池就会有可能丢了饭碗。在这样的高压力环境下工作，久而久之，老师的情绪、精力、工作热情都会枯竭，常常会为一点小事而感到崩溃，甚至做出极端行为来。

最后，民办教师长期处在"高压"的状态下，工作时间过长、工作量负担过重。83.8%的民办教师表示工作较多，收入较低，工作量与收入不成正比。据此，我对民办教师压力来源进行统计分析，结果显示，工作量以75.9%的比例成为民办教师的第一压力来源，而经济状况以67.9%比例成为民办教师的第二压力来源。

（二）学校工作层面

（1）教师间人际关系复杂：学校管理的运作方式更具有市场经济特点，深受社会环境功利因素的影响，不再是纯净的"象牙塔"。在这特殊环境里，不正当的生存本领常有人在施展：揣摩领导的心理，投其所好，"早请示、晚汇报"的人比比皆是。很多老师感叹"同事难处"，需要"睁大眼睛看人"。学校人际关系复杂，给工作在学校环境下的教师沉重的心理压力，也使得学校难以形成团结、融洽的教师团队。

（2）工作无成就感：对我校教师成就动机（AMS）水平和心理应激（SRQ）进行了测试。（附表6、附表7）

成就动机是驱动人在社会活动的特定领域获得成功的内部力量。

结果分析：我校教师成就动机不高，31岁以上的教师明显高于22～30岁的老师，我校22～30岁教师占76%，越是有家庭压力的教师，成就感越高；男性成就动机高于女性，我校女教师人数占83%；不同学历教师的成就动机差异不显著。

应激是出乎意料的紧张与危险所引起的紧张情绪和适应性反应。

结果分析：无论是应激总分，还是心理应激，我校得分水平较高的教师占有62.3%。对在分析项上选择"是"的人数进行K2检验，结果表明：心理应激中4个差异显著，老师们担心身体有病，易生气或心烦，经常觉得头昏和头痛，80%的老师现表示早上起床后感到疲劳或很想再睡。而性别对应激水平的影响并不显著，但学历对应激水平有一定影响，我还发现本科学历的教师应激水平显著高于大专学历的教师。不同年龄的教师其应激水平不同，与担负的家庭和社会责任有关，即担负责任越多，压力越大，应激水平就越高。

（3）评价不公平，容易挫伤教师的积极性。学校非常重视教师教育教学工作的过程管理，在考核上存在过细过死的问题。对教师的考核管理包括从早晚打卡考勤，到每周的听课次数、学生作业量的记录、家访笔记、每周、每月的分数考核。以前人们经常说，分数是学生的命根，而现在分数也成了教师的命根，因为考核关系着工资和奖金的多少。过细的量化考核不仅无法调动教师工作的积极性，反而使教师工作的态度越来越消极，一切工作都围绕着考核的分数在运转。不完善的考核制度不仅是产生教师心理压力的一个主要原因，还严重地干扰了教师工作的大方向，使本来富有创造性的工作成为简单的机械性劳动。

（4）学校管理观念不科学，单纯地将学校管理等同于企业管理。我校是私人公司投资兴办的，因此在学校制定的章程中企业化管理痕迹较重。如：对教职工的评价用量化标准，注重所谓的"按劳分配"，主张按工作业绩来分配工资和奖金；比较注重服从和执行，凡是董事会做的决定就是最高决定，教师们放弃了形式上的争辩，可在心里却对学校的认同感降低，使学校的凝聚力下降。

（三）个人层面

个人的人格特征及社交能力影响个体对压力的知觉与反应。不同的个体、群体对压力的感受是不同的。民办学校教师普遍存在着压力过大、紧张、焦虑、抑郁、神经衰弱等不同程度的心理亚健康问题。这种心理现状，直接影响到教学质量和与学生的关系，对学生的成长起着负面的影响作用。无论孩子的心理状况多么特殊，他都是在学习和成长中。但教师是成年人，担负着教育和引导学生的重任，需要有一个健康的人格和稳定的心理状态。全校教师焦虑量表（HAMA）测试见附表8。

测试后结果分析：无明显症状有15%；超过20分的教师占60%，有明显的焦虑症状；14分以上有22%，肯定有焦虑；有3%的教师总分超过29分，可能会产生严重焦虑，建议去做心理辅导。得了焦虑症的教师会影响教育教学工作，不适合在教师岗位，如出现精神性焦虑，需到医院进行心理治疗。

二、缓解我校教师心理压力的管理策略

（一）健全制度，规范管理

健全制度，规范管理，对民办学校尤为重要。我校是董事会领导下校长负责制，脱离了举办者采用家庭式的管理模式：一是与教师签订劳动合同；二是制度的制定偏重于教师的利益；三是在平时的管理中按章执行，用"弹性"的制度管理人。几年来，我校健全制度，规范管理，教师队伍相对稳定，年稳定率为90%左右。新来的教师中，大部分曾在其他民办学校工作过。在做的调查中统计发现，教师之所以这样频繁地择校换工作，大致有两种原因：一种是他们以前所在的学校采用的是家庭式的管理，学校的大小事务董事长甚至董事长夫人都要干预，弄得校长很不好管理。有时，学校明文规定的福利、奖金也得不到保证。他们觉得在这样一所学校里工作，体现不了自身的价值。另一种是学校没有与他们签订合同，缺少安全感，不知道哪一天得罪了董事长或校长就会被"炒鱿鱼"。与其这样提心吊胆地过日子，不如趁早找一个更好的学校。从上述情况可以看出：家庭式的管理不利于民办学校的发展；学校制度不健全或有"法"不依，会让教师对学校产生不信任感。我校应从制度上变革，让教师产生信任感和安全感。

（二）关心体贴，感情留人

有一位新来的教师，由于不按时签到，被学校按制度扣了款，于是这位教师错误地认为："学校制度这样严格，扣老师的款无非是帮老板省钱。"因此，他工作消极，缺乏主动性。作为校长，我与他摆事实、讲道理，可他表面上接受，内心还是不乐意。这件事我一直放在心里，后来，学校组织教师到广西学习培训，我与教导主任商量，把这机会安排给他，并鼓励他好好干，回校时与教师分享学习心得。在市级组织的数学竞赛时，我派他辅导学生参加比赛，给予他奖励，肯定他付出的贡献，为此他工作卖力，不负众望，所辅导的学生有1人获得市级二等奖，学校按制度及时兑现了奖金。这件事对他的触动很大，他主动找到我说："奖勤罚懒，奖优罚劣，是学校管理的需要，以前我的想法是错误的，请您原谅。"后来这位教师安心工作，为学校的教育教学工作做出了较大的成绩，两年后还被提拔为学校中层干部。

我校是外来工子弟学校，实行的是低收费，因此教师的工资不算高。但由于采用"制度+情感"的管理模式，教师们心情舒畅，安心工作，极少

有中途"跳槽"的情况出现。不仅如此，有些离校的教师还返校工作。2015 年，有一个新来的教师因身体原因住院，我听说后，第一时间赶到医院探望，安慰他不要担心工作的事，静养好身体，等身体养好了再回校上课，他非常动情地说："我要把学校当作自己的第二个家。"还有一位教师，他平时工作很不错，但由于家里经济比较紧张，在合同即将期满的时候，她在深圳聘上了一家工资较高的学校。按理说，她应该高兴才是，但她内心十分矛盾：去吧，她对学校领导、同事毕竟有了感情；不去吧，家里确实经济困难。我听说后主动找她谈心，她动情地对我说："校长，这几天我反复考虑，决定不走了。因为我深爱着这所学校。目前工资是低些，但我过得很充实、很开心，况且我相信我们的学校将来也会发展的。"就这样，她留了下来。由于工作突出，被聘为学校中层干部。

由此可见，学校领导平时多做"有心人"，多研究教师的心理，多关心教师的生活，走近他们，与他们交朋友，对稳定教师队伍能起到很好的作用。

为摸清教师的思想动态，做好相关的工作，我们对教师进行问卷调查。评价依据是绝大多数老师如对这 20 个方面的满意或较满意率比较高，则说明老师们能安心工作，并能充分地发挥自己的积极性和创造性，能发挥自己的聪明才智，努力认真地做好工作。反之，满意率低的，教师就不会安心工作，随时都有流失的可能。同时，考虑到教师的离职倾向与工作满意度密切相关问题，问卷还对教师离职意愿设计了 3 个小题，即"不想离职""打算离职"和"未曾考虑"。（附表 9）

（三）目标共识，事业留人

现代管理中，最注重的是建立一个优秀的团队，而一个优秀团队的建立，目标共识是前提。为了适应"办人民满意的教育"这一新形式的需要，我校从去年秋季开始，对学校的办学重新定位，提出了"用三至五年时间提升办学档次，实行特色办学、质量立校"的发展目标，并将学校的发展与教师的个人发展紧密地联系起来。为了使这一目标让全体教师达成共识，学校将《方案》交给教师们讨论，并吸取了他们很多好的意见。教师们都觉得：学校董事会给了我们发展的平台，今后学校办得好不好不仅是董事长个人的事，也是我们自己的事。由于认识统一了，目标认同了，全体教师的工作积极性日益高涨。一个多学期来，教师们在建立学生成长档案、辅导学生、课件制作、家访、教学开放等方面做了大量有益的探索，得到了家长的高度评价。教师们从中体现了自身的价值，增强了自信心。

"用事业留人，用感情留人，用适当的待遇留人"，同样是民办学校稳定教师队伍的三大原则，但要把事业放在首位，因为事业是根本、是核心，感情是纽带，适当的待遇是条件。

稳定教师队伍是每所民办学校面临的一大问题，作为民办学校的校长更要注重研究教师的心理，知其所想；走进教师生活，知其所需；营造宽松的工作环境，让其"安教""乐教"。这样，民办学校才会走出教师不稳定的怪圈，教育教学工作才能顺利开展。

（四）政府支持，用好政策，不断改善民办教师待遇

广州市政府为加强民办学校规范管理，制定了民办学校分类扶持政策，对招收外来工子弟学校的扶持从2012年开始，逐年加大力度，投入资金改善学校的办学条件，落实教师的从教津贴，制定了一系列扶持政策，大大提高了民办学校办学水平。具体来说，广州市2012年生均预算内教育事业费支出小学为12358元、初中为14315元，以此为线，广州市教育局江东副局长在会上强调："年收费标准低于此线的，为重点资助对象，超过该线的，这类学校一般不予资助，生均预算经费逐年增加。"

（1）从2016年始，确定民办教师的最低工资标准为3790元/月，2018年提高到4200元/月，不单确定了教师的最低工资的标准，2017年还建立了民办教师从教津贴制度，由政府直接补贴学校，教师从教时间越长，补贴越多，最高补贴1200元/月。

（2）一方面给予工资补贴，另一方面出台了指导意见，支持民办学校为教师购买年金，以提高民办学校教师社会保障。

（3）为了维护民办教师的稳定，研制了民办学校教师优先入户的实施办法，每年广州市人社局拿出500个名额，给符合条件的民办教师入户广州。

（4）教师职称评定与公办教师同等权利，教师培训学习有专项培训经费，民办教师子女积分入学在同等条件下，优先照顾。

这些政策对稳定教师队伍起了关键的作用，待遇虽然还比不上公办学校，但差距已在缩小。因此，作为学校的管理者应清晰认识到，要想真正缓解教师的心理压力，留住高素质的教师队伍，还需要多方配合支持。经常给老师精神上的鼓励、肯定、赞赏，营造出良好的工作氛围，尽量做到公平公正，发挥工会作用，做好民主决策。

（五）尊重教师的心理需求，"心理契约"影响着工作满意度

所谓"心理契约"是一种隐含的非正式的，未公开说明的约定。它是联系教师与学校之间的心理纽带。它影响到教师的工作满意度，对学校的情感投入、工作绩效以及教师的流动率，并最终影响到学校目标的达成。正由于"心理契约"的存在，促使教师产生对于双方责任的认知与信任程度。虽然民办学校教师与校方签有书面合同，但由于契约的不完备性，契约也不可能反映出相互责任中的所有内容，所以对正式合同中的未尽内容，必须依赖教师内心中的隐含契约规则来发挥作用。对此，我们对全校教师进行心理契约调查问卷。（附表10）

通过对教师心理契约进行的调查问卷，印证了交易型、关系型、平衡型和变动型4种契约类型的存在。超过75%的教师的报告说明关系是"关系型"和"平衡型"。其中，从组织责任与教师责任中包括：规范型责任、人际型责任和发展型责任。研究结果发现，教师心理契约中的组织责任有：①提升；②高额报酬；③绩效奖励；④培训；⑤长期工作保障；⑥职业发展；⑦人事支持。通过对全校教师进行心理契约调查了解，不断调整学校的管理对策，对增强教师的凝聚力和向心力，取得了良好的效果。

（六）教师要学会自我心理调节，提供自我支持

来自社会与学校管理者的支持是非常重要的，但最重要的还是教师自身心理调节。

1. 有效地驾驭压力

首先，形成"压力免疫"，正确认知压力。在应付压力之前，首先要对压力有明确的认识和接受的态度，认识到压力及其反应不是个性的弱点和能力不足，而是人人都会体验到的正常心理现象。教师还应了解压力反应的机理，从而可以更好地察觉压力所引起的身心变化。其次，个体要学会对自己所处的情境作积极的控制和评价，形成对情境的理智反应，从而避免单纯依靠个体本能的心理防卫机制对压力情境作混乱而无效的解释和应付。再次，采取积极的压力应付模式。具体来说，就是要主动适应环境，自觉调整自我，把回避模式转向主动模式，把情绪定向应付转向问题定向应付。最后，主动寻求社会支持。在心理学上，社会支持是一种特定的人际关系，当一个人在遇到心理压力时，他能够从这种社会支持关系中获得有效的帮助。如夫妻、父母、朋友等都是社会支持力量。研究表明，社会支持水平会直接影响个体的心理健康水平。社会支持水平越高，心理健康水平越高，主观幸福度

越高，心理症状就会越少。

2. 学会调节情绪，减轻压力感

我们通过一系列工会活动，让教师在紧张的学习工作之余，开展丰富多彩的业余活动，这样不仅可以调节教师紧张的生活节奏，使情绪得到松弛，减轻心理上的压力感，同时又能陶冶性情，使人心胸开阔，增强心理承受能力。

学校研究管理对策，缓解民办教师压力，是为了提升学校的教育教学质量，更好地服务好学生。教师的师德修养，健康的身心、良好的情绪，影响着孩子的未来。高压下的教师，容易产生焦虑情绪，情绪控制不好，容易转移到学生身上，"亲其师，信其道"，学校的发展，关键在于老师。随着国家不断的发展和强大，越来越多的福利会惠及民办学校教师。通过提高质量，改善待遇，加强管理，可以进一步调动广大民办教师教书育人的积极性，促进民办教育事业的发展，缓解民办教师压力，让民办教师与公办教师有同等地位待遇，从而真正做到在全社会弘扬尊师重教的良好风尚，让教师成为全社会最受尊重、最值得羡慕的职业。

参考文献：

[1] 薛文平. 教师职业倦怠心理探因及其自我调适 [J]. 中小学教师培训，2004（9）.

[2] 张佩云. 试论教师的心理健康 [J]. 广西教育，2002（1）.

[3] 王浩，罗军. 心理契约研究综述与展望 [J]. 科技进步与对策，2009，26（9）.

附表1 教师的 SCL-90 测试综合报告（取平均值）

项目名称	躯体化	强迫状态	人际关系	抑郁	焦虑	敌对	恐怖	偏执	精神病性	其他
项目均分	2.2	1.8	1.6	2.2	3.1	1.6	1.6	2.0	1.5	1.9

附表2 每道题目后边都有五个等级供你选择，1～5表示程度由低到高

1. 从无 2. 轻度 3. 中度 4. 偏重 5. 严重

每道题目只能选择一个数字，选出最符合你最近一个月的实际情况的数字。（共60题）

项目	从无	轻度	中度	偏重	严重
1. 我不喜欢参加学校的课外活动	1	2	3	4	5
2. 我心情时好时坏	1	2	3	4	5
3. 做作业必须反复检查	1	2	3	4	5
4. 感到人们对我不友好，不喜欢我	1	2	3	4	5
5. 我感到苦闷	1	2	3	4	5
6. 我感到紧张或容易紧张	1	2	3	4	5
7. 我学习劲头时高时低	1	2	3	4	5
8. 我对现在的学校生活感到不适应	1	2	3	4	5
9. 我看不惯现在的社会风气	1	2	3	4	5
10. 为保证正确，做事必须做得很慢	1	2	3	4	5

过去12个月内，你和你的家庭是否发生过下列事件？请仔细阅读下列每一个条目，根据实际情况做出回答。

如果某件事情没有发生过，请选择0"未发生"；如果某件事情发生过，请判断该事件给你造成的苦恼程度，有五个等级供选择，1表示"没有带来苦恼"，5表示"带来极重的苦恼"，从2到5，苦恼程度由低到高。

请你尽可能诚实地回答，每道题不要花费太多时间。

附表3　每道题目只能选择一个数字，选出最符合你12个月内实际情况的数字
（共60题）

项目	未发生	发生后对你的影响				
		没有	轻度	中度	重度	极重
1. 被人误会或错怪	0	1	2	3	4	5
2. 受人歧视或冷遇	0	1	2	3	4	5
3. 考试失败或不理想	0	1	2	3	4	5
4. 与同学或好友发生纠纷	0	1	2	3	4	5
5. 生活习惯（饮食、休息等）明显变化	0	1	2	3	4	5
6. 不喜欢上学	0	1	2	3	4	5
7. 恋爱不顺利或失恋	0	1	2	3	4	5
8. 长期远离家人不能团聚	0	1	2	3	4	5
9. 学习负担重	0	1	2	3	4	5
10. 与老师关系紧张	0	1	2	3	4	5

在测试120题后，做了详细的数据分析，分析的结果如下：

附表4　全校总表

人际压力	学习压力	受惩罚	丧失因子	适应	总分
6	5	10	9	8	38
18	19	31	27	22	117
15	14	24	20	17	90

附表5　八年级各班级项目汇总

强迫	偏执	敌对	人际	抑郁	焦虑	学习	适应	情绪
1.67	1.5	1.5	1.33	1.5	1.67	1.5	1.17	1.33
2	2	2	2	2	2	2	2	2
1.67	1.5	1.5	1.33	1.5	1.67	1.5	1.17	1.33
1.67	1.5	1.5	1.33	1.5	1.67	1.5	1.17	1.33
3.33	3.67	3.5	3.5	3.5	3.67	3.5	3.67	3.5

续表 5

强迫	偏执	敌对	人际	抑郁	焦虑	学习	适应	情绪
1.67	1.5	1.5	1.33	1.5	1.67	1.5	1.17	1.33
1.67	1.5	1.5	1.33	1.5	1.67	1.5	1.17	1.33
4.5	4.83	4.83	4.33	4.5	5	4.83	4.67	4.5

2 分以下：无症状，格子白色。

2～2.99：轻度症状，格子浅黄色。

3～3.99：中度症状，格子粉红色，需要加以关注。

4～4.99：较重症状，格子紫红色，需要密切关注。

5：严重症状，格子红色，需要密切关注。

附表 6：测试题。请认真阅读下面的每个句子，判断句中的描述符合你的情况的程度。请选择 1～5 来表示你认为的符合程度，数字越大表示越符合。

①非常不符合；②有些不符合；③不能确定；④有些符合；⑤非常符合。

1. 我喜欢新奇的、有困难的任务，甚至不惜冒风险。　1　2　3　4　5
2. 我讨厌在完全不能确定会不会失败的情境中工作。　1　2　3　4　5
3. 我在完成有困难的任务时，感到快乐。　1　2　3　4　5
4. 在结果不明的情况下，我担心失败。　1　2　3　4　5
5. 我会被那些能了解自己有多大才智的工作所吸引。　1　2　3　4　5
6. 在完成我认为是困难的任务时，我担心失败。　1　2　3　4　5

民办教师成就动机测量表：应量表 30 个项目，15 个反映追求成功的动机，15 个反映避免失败的动机。

计分方法：前 15 题，完全符合计 4，基本符合计 3 分，有点符合计 2 分，完全不符合计 1 分；后 15 题反向计分。量表得分范围是 30～120 分，得分越高，成就动机就越强，反之就越弱。

附表 7　应激（压力）反应（SRQ）测试

从现在开始向过去推算，近一个月你的心情如何？（请在相应框内打"√"）。

项　目	是	基本是	中等是	有点是	不是
1. 容易紧张和着急					
2. 吃得比过去少					
3. 希望痛哭一场					
4. 头脑没有平常那样清楚					
5. 感到孤独					

续表7

项　目	是	基本是	中等是	有点是	不是
6. 觉得做人越来越没有意思					
7. 对将来不抱有希望					
8. 比过去注意力（记忆力）有下降					
9. 觉得闷闷不乐，情绪低沉					
10. 感到担忧					

计分方法：主成分筛选获三个因子，大致与三方面应激反应的构想一致，命名为：情绪反应因子分（FER）＝3＋5＋6＋9＋10＋14＋18＋21＋24＋25＋27＋28，12个条目；躯体反应因子分（FPR）＝1＋4＋13＋15＋19＋20＋22＋23，8个条目；行为反应因子分（FBR）＝7＋8＋11＋12＋17＋26，6个条目；应激（压力）反应总分 SR＝FER＋FPR＋FBR＋2＋16，28个条目。调查方法用应激量表测量教师的应激水平，该量表由 J. BCawte 编制，得分越高，表明应激水平越高。

附表8　焦虑量表（HAMA）测试

评定项目	评定内容	得分				
		无	轻	中	重	较重
1. 焦虑心境	担心、担忧，感到有最坏的事情将要发生，容易激惹	0	1	2	3	4
2. 紧张	紧张感、易疲劳、不能放松，情绪反应，易哭、颤抖、感到不安	0	1	2	3	4
3. 害怕	害怕黑暗、陌生人、一人独处、动物、乘车或旅行及人多的场合	0	1	2	3	4
4. 失眠	难以入睡、易醒、睡得不深、多梦、梦魇、夜惊、醒后感到疲倦	0	1	2	3	4
5. 认知功能	或称记忆、注意障碍。注意力不能集中，记忆力差	0	1	2	3	4
6. 抑郁心境	丧失兴趣、对以往爱好缺乏快感、抑郁、早醒、昼重夜轻	0	1	2	3	4
7. 躯体性焦虑（肌肉系统症状）	肌肉酸痛、活动不灵活、肌肉抽动、肢体抽动、牙齿打战、声音发抖	0	1	2	3	4

续上表 8

评定项目	评定内容	得分			
		无	轻	中	重	较重
8. 感觉系统症状	视物模糊、发冷发热、软弱无力感、浑身刺痛	0	1	2	3	4

计分说明：总分超过 29 分，可能为严重焦虑；

超过 21 分，肯定有明显焦虑；

超过 14 分，肯定有焦虑；

超过 7 分，可能有焦虑；

如小于 7 分，没有焦虑症状。

其中，躯体性焦虑：第 7～13 项；精神性焦虑：第 1～6 项和第 14 项。

附表 9　评价依据

类型	问卷题目	满意	较满意	不满意
工作本身性质	你对目前获得的工作成就感到			
	你对目前工作具有的挑战性（如压力大、平淡乏味等状态）感到			
	你对目前这份工作的稳定性感到			
	你对目前工作的忙碌程度感到			
工作环境条件	你对自己的工作条件（办公室、实验室、图书室）感到			
	你对目前自己的工作心情（如压抑、不舒畅）感到			
报酬待遇	你对目前的工资水平感到			
	你对目前的福利待遇感到			
	你对学校的职称评聘工作感到			
进修提升	你对自己业务进修机会感到			
	你对自己的晋升机会感到			

续表9

类型	问卷题目	满意	较满意	不满意
领导与管理	你对学校的教学安排感到			
	你对自己参与学校管理的机会感到			
	你对学校的领导与管理方式和作风感到			
	你对工作绩效的认可（如教学质量考核评价、年终评比等）感到			
人际关系	你对自己与领导之间的关系感到			
	你对自己与同事之间的关系感到			
	你对自己与学生之间的关系感到			

类型	选择理由
不想离职	
打算离职	
未曾考虑	

注：在相应空格内打"√"。

附表10

尊敬的老师们：

您好！欢迎您参与本问卷调查。本调查旨在了解员您在学校的心理感受与行为，我们将以此为学校提出建议和对策。本调查完全采用匿名方式进行，答案将得到严格保密，调查数据仅用于学术研究。您的回答对我们的研究非常重要！本问卷占用您5～10分钟时间，请按照题目顺序如实作答。

第一部分：思考一下您与学校目前的关系。在以下描述的各项学校的义务和责任中，按照你在学校的实际情况如实作答，并在相应的标度上画○。

题目	非常不符合	比较不符合	不确定	比较符合	非常符合
为我提供的工作富于挑战性	1	2	3	4	5
上下级关系和谐、友好	1	2	3	4	5
同事之间相互信任并相互帮助	1	2	3	4	5
根据工作业绩发放工资和奖金	1	2	3	4	5

续表 10

题目	非常不符合	比较不符合	不确定	比较符合	非常符合
为我提供了事业发展的机会	1	2	3	4	5
为我提供了友善融洽的工作环境	1	2	3	4	5
为我提供学习和培训机会	1	2	3	4	5
为我提供稳定的工作保障	1	2	3	4	5
待遇公平合理	1	2	3	4	5
为我提供不错的福利（保险、休假等）	1	2	3	4	5
学校十分尊重自己的员工	1	2	3	4	5
学校提供了合作的工作氛围	1	2	3	4	5
为我提供了晋升空间	1	2	3	4	5
真诚对待自己的老师	1	2	3	4	5
关怀我的个人成长和个人生活	1	2	3	4	5
这个学校给我提供了工作自主权	1	2	3	4	5
学校在做出重大决策前，充分考虑教工的意见	1	2	3	4	5
能让我发挥专长，学有所用	1	2	3	4	5
为我提供了资源充分的工作环境	1	2	3	4	5
我能得到良好的工作指导	1	2	3	4	5
学校肯定我的贡献和成绩	1	2	3	4	5

"优质轻负"教育理念推行措施研究

——以广州市育才实验系列学校为例

育才实验系列学校 邹连文

摘要：随着素质教育的不断推进，"优质轻负"的教育理念越来越被社会认同和追求。如何在"优质轻负"的教学理念指导下提升教育品质、实施有效教学，最终促进学生的终身教育和学校可持续发展，已经成为我们每一位教育工作者面临的重要课题。本文将针对"优质轻负"理念的重要性，就育才实验系列学校在学校制度、教师队伍培养、课堂教学、作业布置四个方面对实现"优质轻负"所采取的一些措施和方法进行了阐述，为"优质轻负"教育理念的实施提出可行的措施，并对实施效果进行了反馈。

关键词："优质轻负"制度；教师队伍培养；课堂教学；作业层面

当前，"中小学生课业负担过重"已成为全社会普遍关注的重大问题。"重负"成为我国教育进步的一个阻碍。不论是课业的量，还是学习的时长，我国都位居世界前列；长时间的课堂学习和过重的学业负担已经影响了学生的身心健康和学生德智体美劳的全面发展。

近年来教育部及各地方教育行政主管部门不断加大减负的力度，一些地方还采取了强有力的行政措施。早在2013年8月，教育部已推出《小学生减负十条规定（征求意见稿）》，对作业量做了严格要求，明确"小学阶段不能留书面作业"。2018年教育部办公厅印发的《关于面向中小学生的全国性竞赛活动管理办法（试行）》，明确原则上不举办面向义务教育阶段的竞赛活动，文件主要针对减轻中小学生的学业负担。

虽改革不断，但我国学生学业负担却有不降反升的趋势。社会的竞争加大、应试教育的力量始终强于素质教育、家长对学校减负的不放心等等都是其原因。而学校教育作为教育的主阵地，课堂教学作为学校教育的中心环节，笔者认为学校教育理念的更新才是真正实现学生减负的有效途径。

在现实社会中，由于应试教育思想的影响，部分教育者将教育变成了单纯地为应试教育服务，学生的课业负担不断加重，往往由于被动接受知识而缺乏实践与创新能力，导致教学效率低下。

而"优质轻负"教育理念的提出为我们教育者解决上述问题指明了方向。肖川教授指出，优质教育是能够使学生形成阳光般的心态和健康人格的教育，是能够提高学生的自尊和自信的教育，是能够使学生内心变得越来越充实和富有力量的教育。其从目标上来说，是为学生未来人生奠基的教育；从过程来说，是具备生活温度、师生和谐幸福的教育；从效果来看，是能促进学生自主和谐可持续发展的教育。笔者综合专家对"优质轻负"的阐述，结合教学实际经验，将本文的"优质轻负"理念做以下定义："优质"指的是面向全体，高质高效、高水平高境界的教学；"轻负"指的是在实施有效教学、提高教学效率的同时，减轻学生过重的负担。"优质轻负"教育理念否定了长期以来人们为片面追求升学率、单一看重考试成绩而牺牲学生的学习乐趣、牺牲教师教学智慧的不科学做法，努力改变当前"低效高耗"的现状，让学生乐学会学，教师能教善教，从而提高课堂效率，实现师生的共同发展。

广州市育才实验学校自建校以来，即秉承素质教育理念，是实施素质教育的先进典型。广州市越秀区作为"广东省教育综合改革实验区"，近年来努力推动全区基础教育"优质轻负特色发展"的教育理念。在此大背景下，从素质教育到核心素养，育才实验学校深刻地认识到人才培养模式转变和"减负"的重要性。选择"优质轻负"作为学校教学追求的目标，为优质轻负教学实施了多样项目研究，从多方面打造"高分优质轻负可持续发展"品牌。本文将从学校制度、教师队伍培养、课堂教学、作业布置四个方面，探索"优质轻负"教育理念如何在校园中推行，并以育才实验系列学校的实践为例进行思考。

一、从学校制度层面为实现"优质轻负"定方向

优质教育的形成，取决于校园生活的性质。教师要为学生提供优质高效的课堂，离不开相应的学校制度与研学氛围。正确的学校规章制度能够为学校"优质轻负"教学定下方向，严谨有序的机制是优质教学实施的保障，研学与教学相长的校园氛围是转变教学理念的催化剂。

在"优质轻负"教学总目标的指引下，育才实验系列学校出台了《育才实验学校有效教学实施指导意见》《育才实验学校课堂教学"四点"要求》《育才实验学校优质轻负课后作业布置指导意见》等规章制度，从制度

层面为实现"优质轻负"定下了方向。

同时，育才实验系列学校在制定制度定方向的基础上，建立了"以研促教""互动评价"和"质量监控"机制。以学科组为研究主体，通过"有效教学"主题的校本研训，"组组有课题、人人都参与"的校本课题研究途径，营造出一种浓厚的教研氛围，努力探索"课堂环境和谐、目标定位合理、教学内容适切、教学过程严实、学习方式多元、学生为主体、教师为引导"的"优质轻负"课堂教学，探索轻负担高质量的有效教学模式，从而提高了课堂教学效益。

二、从打造教师队伍层面实现"优质轻负"

走"优质轻负"之路，提升教师素养是关键。学校要实现"优质轻负"，关键在于打造一支高素质的教师队伍，这需要学校重视全体新老教师的成长，转变教师的教学理念。

育才实验系列学校不断创造各种促进教师实现专业发展的机会，搭建各种平台，从教育理论和理念、专业知识、教师发展的自我设计等角度来引领教师实现专业发展，并将这种专业化发展与日常教学行为进行完美结合，以促进教师专业化素养的不断提升，从而为在整个学校推进"优质轻负"打下了坚实的基础。

（一）开展"优质轻负"相关理论培训

学校印发了北京师范大学肖川教授的研究报告《优质轻负有效教学策略》，组织全体教师观看了相关的专题讲座或录像报告，还组织全体教师观看了华东师范大学余文森教授的专题视频讲座《有效教学十讲》，并为教师们购买余文森教授视频资料的相关配套书籍，让全校教师对"优质轻负""有效教学"有了理论上的认识。

（二）组织集体备课，提高教师能力，实现"优质轻负"课堂

集体备课是教师钻研教材、切磋教法的好方法。育才实验系列学校坚持以改革创新为动力，以学生的全面发展为目的，以教育科研为先导，优化集体备课过程，让教师就特定教学内容进行深入研究，广泛讨论，进行智慧的碰撞，共同实现"优质轻负"的课堂。

育才实验系列学校通过集体备课，着重提高教师的四种能力，并将其作为每一位教师实现"优质轻负"的必备素质。

(1) 把握学生的能力——教师要能够了解学生的"需要"以及不同学生之间的"差异",不仅需要考虑"我应该讲什么知识",还要考虑"我应该如何让他对这些有热情"。

(2) 把握课程的能力——教师要"用教材"而不是"教教材",要根据学生的实际水平和情绪状态对这些教材进行"再度开发",即必须对课程内容做出"校本化""生本化"的处理。

(3) 把握课堂的能力——教师要灵活选择、优化教学组织形式和方法,让学生乐起来、动起来、活起来,增强教学目的实现的效果。

(4) 把握反馈的能力——着眼于学生全面、多元、有差异的发展,教师编制个性作业和试题,采取多样化训练方式和分层训练设计,提升训练和评价的效度。

(三) 实施"同课异构",激发教师能力,打造"优质高效,思维课堂"

同课异构是指不同教师选用同一课时内容,根据不同班级学生的实际情况,结合自身特点,进行具有自己风格的教学设计。通过同中求异与异中求同的比较,提升教师的教学水平,进一步探索高效的课堂教学,以促进教育发展,最终实现"优质高效,思维课堂"。

同课异构是育才实验系列学校开展教研活动的常用的教研方式,育才实验系列学校通过举办同课异构活动,邀请专家和区教研员进行点评,指出同课异构老师的优点和可以改进的地方,极大地激发了授课教师授课的热情,让授课老师的能力通过智慧的碰撞和专家的点评得到了迅速的提高,为教师们提供了面对面交流互动的平台,促进了系列校、集团校之间的智慧交流及资源共享,为最终实现"优质高效,思维课堂"奠定了基础。

2018年11月22日,为了进一步打造优质课堂,落实核心素养,推进育才实验系列学校教师的专业发展,育才实验学校分两个专场在二沙校区开展育才实验系列学校一校三区的"优质轻负·思维课堂"同课异构教学研讨活动。

上午是化学科同课异构专场,三位年轻教师同时执教人教版九年级上册第七单元课题一"燃烧与灭火",他们分别是番禺校区的谢老师、二沙校区的陈老师、增城校区的李老师。三位教师年轻有活力,经过自己的精心备课和科组教师的通力协作,带来了三节充分体现化学学科核心素养的优质展示课。

谢老师敢于对教材进行重构,采用任务驱动引导学生通过设计对比实验来突破重难点，从而发展学生化学学科素养，把绿色化学思想扎根于学生心中。

陈老师的课堂深刻体现"化学来源于生活，并服务于生活"这一化学使命，重视培养学生设计观察表达及规范记录的科学能力，重视实验评价，以培养学生的辩证思维。

李老师大胆创新地进行实验改进，充分激发学生的探究热情。教学过程注重培养学生学会合作交流、用证据说话等能力，体现"证据推理"核心素养。

课后，广州市越秀区教育发展中心副主任曾海刚主任对三节课进行了精彩点评。他肯定了三位老师的精心备课和精彩授课，赞扬课堂体现了三位老师深厚的学科功力及课堂的驾驭能力，也体现了老师对学生满满的关爱。曾主任结合三节课实例和教学理论向听课的老师们阐述了如何在化学课堂中实施核心素养，令老师们对"优质轻负，思维课堂"的实施有了更明确的认识。

下午是政治科同课异构专场，三位政治老师围绕《道德与法治》部编教材八年级上册第四单元第九课第一框"认识总体国家安全观"的内容开展同课异构。他们分别是增城校区的吴老师、二沙校区的叶老师和番禺校区的曾老师，大家一起探讨如何构建新时期《道德与法治》的思维课堂，增强学生居安思危的意识，树立总体国家安全观。

吴老师践行"以生为本"的教学理念，实行"先学后教"的形式，让学生依据前置探究先行自主学习，以达成教学目标。

叶老师以危害国家安全的真实案例为素材，引导学生从法律角度评析人物行为，并通过跨越时空的对比，引导学生从不同角度、不同方面分析素材，很好地培养了学生的政治认同感和科学精神。

曾老师通过创设生活情境，播放视频，通过点评、分析、完善学生的思维导图，帮助学生更好地建构了本课知识。

课后，越秀区教育发展中心政治教研员杨亮老师做了具有指导性的点评。杨老师对这三节研讨课给予了肯定，提出三点指导意见。通过杨老师的点评，老师们更好地理解了"优质轻负、思维课堂"的内涵，懂得了要在学科思维建构的基础上设计教学活动，要重视活动创设的意义和价值。

最后邹连文校长对本次同课异构活动进行了总结。邹校对六位教师的授课给予了充分的肯定，认为同课异构教学研讨活动对于提升育实系列学校课堂教学水平具有重要意义。同时，邹校长指出育才实验系列学校的"优质轻负，思维课堂"需要老师以创新、缜密的教学思维来引领课堂，培养学生的核心素养。

同课异构的教学研讨活动，让育才实验系列学校实现了三校区优势互补，相互促进，共同发展，使老师们对育才实验系列学校的"优质轻负，思维课堂"有了更深的理解，增强了教师构建优质课堂的能力。

三、从课堂教学层面实现"优质轻负"

不同的教师有不同的教学风格，提倡多元教学能使课堂百花齐放。但"优质轻负"的课堂，应有其独特的特点。如民主型的师生关系、多元的教学方法、自主学习、探究学习等，只有具备这些特点，才能真正在课堂上实现"优质减负"。

（一）课堂教学中，打造优质课堂

1. 强调优化师生关系，营造和谐快乐的学习氛围

教师通过丰富多样的教学方式，使学生上课之前的思维、心理就处在一种积极兴奋状态，再加上课前创设各种巧妙自然的情境导入，在课堂上完成教育教学目标任务，就会事半功倍。

2. 强调优化教学方法，一法为主，多法配合，激发学生热情

巧妙启发，可以有效地激发学生思考，活跃课堂气氛，发展学生智能。思路教学法，有助于学生构建知识框架，学会布局谋篇的方法；情境教学法，可以引导学生适时感受文章的"人情物理"，领悟作者"登山则情满于山，观海则意溢于海"的情怀。使学生思想感情产生共鸣，获得美的享受，提高思维水平。总之，教无定法，贵在得法。

3. 强调因材施教，同授异练，分层指导，尽可能使每类学生都能获得最大的收获

教学时，根据学生的实际情况，采取分层指导、设疑解难、引导提问、讨论小结的方法，使优等生学得充实，潜力生经过努力能够消化。而普通生也有锻炼的机会，通过采取"低起点、小台阶、快步走"的教育原则，使他们在教师的指导下和优等生、潜力生的带动下，克服困难，拾级而上。对优等生，教师可放开走，设计的问题可灵活一些，难度大一点，让他们跳起来摘"桃子"，同时鼓励学生自己提出问题，通过讨论解决，培养学生的创新能力和创新意识。

（二）构造优质课堂，推行导学案教学模式

传统的课堂把提升课堂效率放在"大容量、题海战、满堂灌和拼时间"

上，尽管这种教学方式在特定时期对教学质量的提升起到了一些作用，但这种课堂终究是不能实现可持续发展，甚至会制约学校提升办学水平和提高学生能力目标的实现。

优质教育内容的选择和编排一定要切实考虑学生已有的经验、知识背景和知识发展水平。建构主义和人本主义教学理论都把学生的自主学习放在重要位置，重视学生的自我经验的构建和自我实现。随着教育改革的发展和时代社会的需要，学生的自主学习意识不可忽视，由此笔者在此提出优质课堂教学的三个必要元素：教学的主体必须是主动学习的学生；教学必须有明确的目标引领；教学不能忽视个体的差异。

对此，育才实验系列学校结合学校实际，从2018年第二学期开始，在全校推行"学案导学"课堂教学模式。

"学案"就是教师根据课标要求、学生认知水平、知识经验编写的供学生课外预习和课内自学用的书面的学习方案。"学案导学"是以学案为载体，以导学为方法，以学生的自主学习为主体，以教师的启迪引领为主导，师生共同合作完成教学任务的一种教学模式。它倡导学生自主学习、自主探索、自我发现、自我解决，是学生学会学习、学会合作、学会发展的有效途径。最终目的是进一步转变教师的教学观念和教学方式，转变学生学习方式，优化课堂模式。其操作要领主要表现为：先学后教、问题探究、导学导练、当堂达标。

概括起来说，这一模式主要包含五个构成要素，即"学案、导学、探究、点拨、练习"。

1. **"学案"由学习目标、知识结构、认知方法和技能训练四个要素组成**

教师设计学案时，首先根据课程标准，制定教学目标和学生活动内容，着力点放在"学习活动设计"上，它包括学习内容和学法指导，如观察、联想、对比、归纳、思考、讨论等；还要拟定培养学生何种思维方法、训练何种能力、指导何种解题方法等，要准确、具体，使静态的学习内容动态化。同时充分考虑学生的个性不同，认知水平的高低层次，通过启发性、趣味性等问题设计和学案的情景设计，使学生进入角色，激起兴趣，达到全体学生自主学习的目的。

2. **"导学"包含两个方面的内容**

一是"导"，教师要立足于"主导"地位，即创设情境、明确任务；组织学习、适时点拨；合理评价，情感推动。二是"学"，其中包括扫除显性障碍和找出疑难问题，也包括对教学内容要点的梳理和对重点目标的明确。

应当注意的是，这里的教师的"导"是为学生的自学服务的，学生的"学"是在教师的指导下进行的，二者相互配合，相辅相成。

3."探究"是学习的灵魂

通过实验探究，学生可以弄清事物规律的来龙去脉，对疑难问题有所分辨，在知识上有所收获，在思维上有所启迪，在合作交流上有所提高。探究的方式多种多样，有分小组探究、个人探究、小组之间交流与合作等，不管哪种方式都应充分体现学生的主体地位。

4."点拨"贯穿整个教学过程的始终

教师依据小组反馈和自己收集的学习信息，解答学生学习过程中的疑点、难点。当然，点拨并非代替，教师应从教材特点和学生实际出发，突出重点，抓住难点，当点则点，当拨则拨，因势利导，致力于引导学生自求顿悟。

5."练习"可以是个人自练，小组互练，限时训练或考试检测

无论哪种训练方式，都要根据课堂教学的实际需要和学生实际，要有梯度和针对性，以实现巩固"已学知识"，并有所创新的目的。

导学案教学模式旨在通过学生的自主学习，培养学生的自学能力，提高教学效益。这种教学模式最大的目的在于改变过去老师单纯地讲，学生被动地听的"满堂灌"的教学模式，充分体现了教师的主导作用和学生的主体作用，使主导作用和主体作用和谐统一，从而发挥最大效益，构造优质课堂。

四、有效作业实现"优质轻负"

作业的布置是课堂教学的巩固和提升。有效作业，是指以适量适度的作业来促进教师教学行为和学生学习行为的转变，以点带面，逐步推进，最终实现"优质轻负"工作的良性运行。

（一）有效作业包含五个特征

（1）方法的指导。注意教导学习方法，关注学生作业过程中的情感与态度，使学生享受到作业带来的乐趣。

（2）结构的合理性。关注作业类型与数量的合理性，控制作业的难易程度。

（3）价值的发展性。不仅顾及学生知识的巩固性，更关注学生生命的健康发展，关注学生的"最近发展区"，关注学生深层次发展需要。

（4）安排的灵活性。作业注意类型上、学科间、家校间的统筹与兼顾。在设计上注意弹性，学生可以分层选做，教师可以动态设计与评价。

（5）使用的实用性。作业由名师集中设计，试点学校统一使用，实验教师选择使用。

（二）在编写上把好"三度两注重三兼顾"

1. "三度"

（1）数量限度。设计作业适量。量过多，易使学生丧失对作业应有的良好情绪，产生消极应付甚至厌学心理；量过少，蜻蜓点水，则达不到巩固的目的。

（2）时间跨度。一是作业有兼容性，既有刚学到的"新知"，也有已学的需进一步巩固的"旧知"；二是作业有时限，充分考虑各学科作业总量，既不要急于求成，导致学生马虎应付，又不把时间拉长，导致学生出现问题因得不到及时点拨而时过境迁。

（3）难易程度。根据学生知识水平设计相应作业。作业太难，学生无从下手，易导致积极性下降，自信心丧失；太易又会降低教学要求，影响知识的掌握和能力的发展。

2. "两注重"

（1）设计注重针对性。选题时认真对照课程标准、教材，紧紧围绕每一单元、每一课时的学习目标，做到有的放矢，避免无效、低效的简单重复。

（2）构成注重层次性。关注基础知识及能力拓展内容的比例，同时在关注整体提高的基础上照顾个别差异。

3. "三兼顾"

（1）知识巩固和能力培养兼顾。每课作业按学科特点，从方法指导、知识巩固和能力培养三个层面进行递进式设计，按基础巩固和拓展提高进行编排，满足不同学生的发展需要。基础巩固部分主要以巩固当天所学的基本知识点为目的，拓展提高部分侧重综合能力的训练和素养的提高。

（2）必做题目与选做题目兼顾。基础巩固部分面向全体学生设计，是必做题；拓展提高部分则是选做题，一般要求基础较好的学生（约三成）全做，基础一般的学生（约一半）选做，基础较差的学生（约二成）可不做。

（3）人文性与地方性和谐统一。坚持"以人为本"理念，在整体构思、作业难度与类型设计上面向全体学生。内容选取应具有地方特色，并联系学生生活实际。语言阐述适合学生年龄特点，贴近其实际水平，考虑其思维方式。在发挥作业教育功能和人文价值同时，留给学生足够的思考空间，使他们的潜能得到最大的开发，获得良好的情感体验。

五、效果反馈

实践是检验真理的标准，教学效果的及时反馈是教师反思和改进教学的重要依据。为了更好地了解我校"优质轻负"教学理念的施行情况，并做出更好的改进，我校对全体师生及学生家长进行了问卷调查（问卷见附录），收集数据并进行了整理分析。

收集数据显示，"优质轻负"理念在我校得到了很好的实施，效果显著。在学生问卷方面，本次参加问卷调查的学生共有1500名。其中，大部分学生表示我校的作业量和作业难度适中，达到减负的效果；导学案模式被大部分学生所接受，课堂活跃程度高，达到优质教学的目标。（见表1）

表1 学生问卷

学习压力	无 7%	有但能接受 70%	很大 23%
作业难度	简单 5%	难度适中 77%	很难 8%
作业完成情况	量多，无法完成 15%	能按时完成 70%	量太少 15%
导学案接受程度	没有帮助 10%	帮助不大 11%	帮助理解知识 79%
课堂活跃程度	不活跃 14%	一般 16%	积极思考，气氛活跃 70%

在家长问卷方面，本次参加问卷调查的家长共有500名。其中，大部分家长认为孩子学习压力适中；作业方面，大部分孩子周末在家，学校作业加上课外补习时间占用不超过9小时；大部分家长对我校"优质轻负"教育理念是持认同态度的。而家长的认同与支持是我校继续前进的巨大动力。（见表2）

表2 家长问卷

学习压力	无 5%	有但能接受 70%	很大 25%
周末作业时间	6小时以内 50%	6～8小时 38%	8小时以上 12%
周末补习时长	不补习 11%	3小时以内 70%	3小时以上 19%

续表2

学习压力	无 5%	有但能接受 70%	很大 25%
对"优质轻负"理念认同度	不认同 12%	中立 11%	认同 77%

在本校教师调查方面，本次参与问卷调查的教师共90名。其中大部分教师认同并行动上自觉实践"优质减负"理念；大部分教师表示学校在推行"优质减负"理念中所制定的制度和举办的教研活动都能有效地帮助他们成长。（见表3）

表3 教师问卷

对"优质轻负"理念认同度	不认同 12%	中立 11%	认同 77%
是否自觉实行"优质减负"理念	没有 3%	有意识，但少行动 15%	十分自觉 82%
学校制度能否保障你实行"优质减负"	不能 6%	中立 9%	是强有力的保障 85%
学校举办的教研活动能否助你成长	没帮助 3%	帮助不大 8%	很有帮助 89%

从以上数据可见，无论是学校制度、教师队伍培养还是课堂教学、作业布置，我校在"优质减负"上所做的努力都取得了良好的效果，得到了学校家长和社会各界的肯定。教师在其中快速成长，学生在此中高效学习，有效减轻了学习负担。为此，我校将在"优质减负"方面继续探索与实践，为新时代新教育研究出更切实可行的方案。

六、结语

"优质轻负"教育理念是时代的要求与发展潮流，是实现素质教育的有效途径。"轻负担"是对过程的描述，"高质量"是所追求的结果，是一种符合素质教育的价值观、育人观、质量观的体现。推行"优质轻负"教育理念，使该理念深入到教育实践中，需要从学校制度、高素质教师队伍培养、课堂教学、有效作业布置四方面来切实落实。

育才实验系列学校以"优质轻负"教育理念为教学追求的总目标，并择其为学校的办学倾向、价值取向和文化取向，从制度到课堂、作业等大大小小各处抓紧落实，不仅在"优质"的教育成果即广州市中考成绩上交出让学生、家长、社会满意的答卷，还通过实践"轻负"这个教学过程，关注学生核心素养的培养和综合素质的提高，促进了学校文化的整体构建，为"优质轻负"教育理念的推行做出了优秀的范例。

参考文献：

[1] 肖川. 优质教育源于善好生活 [J]. 人民教育，2006（9）：8.

[2] 肖川，陈黎明. 优质教育的内涵及创设条件 [J]. 中国人民大学教育学刊，2014（2）：116-136.

[3] 项红专. 优质教育呼唤办学思想的凝练 [J]. 中国教育学刊，2016（8）：36-39+45.

[4] 张烨. 减负增效，从课程的精细化管理中来 [J]. 人民教育，2018（18）：56-59.

[5] 陈军. 区域基础教育优质发展课程改革机制探析——以广东省广州市越秀区为例 [J]. 基础教育参考，2017（21）：16-18.

[6] 杨旭. 优质轻负 追求卓越 [N]. 中国教育报，2017-04-27（8）.

附　　录

一、调查问卷

1. 学生调查问卷

（1）你的班级？

（2）你认为你的学习压力大吗？

①没有压力　②有压力但能接受　③压力很大

（3）你的作业完成情况如何？

①很多作业，常常无法完成　②作业适当，能够按时完成　③作业很少

（4）你认为你的作业难吗？

①很简单　②难度适中，能独立完成　③作业太难

（5）你认为导学案模式能帮助你学习吗？

①没有帮助　②帮助不大　③能够帮助我理解知识

（6）你们班的课堂中，学生活跃吗？

①不活跃，以老师讲为主　②活跃度一般　③同学们积极思考，踊跃参与课堂

2. 家长调查问卷

（1）您的小孩在哪个班级？

（2）您认为您小孩的学习压力大吗？

①没有压力　②有压力但能接受　③压力很大

（3）您的小孩周末花在作业上的时间？

①6小时以内　②6~8小时　③8小时以上

（4）您的小孩在周末还需要补习考试科目吗？补习多长时间？

①不用补习　②3小时以内　③3~5小时　④5小时以上

（5）您认同我们学校"优质轻负"的教育理念吗？

①不认同，学习越拼命越有回报

②中立态度

③认同,快乐学习、高效学习有利于孩子成长

3. **教师调查问卷**

(1) 您任教的年级?

(2) 你认同"优质轻负"的教育理念吗?

①不认同,拼命学习才是好方法

②中立态度

③认同,快乐学习、高效学习有利于孩子成长

(3) 您在教学中有自觉地优化教学、减轻学生负担吗?

①没有　②有意识,但实行起来要付出更多的精力　③十分自觉地实行

(4) 学校的制度能否保障你实行"优化轻负"教育?

①不能　②是强有力的保障

(5) 学校举办的教研比赛、活动,能够帮助你成长,更好地优化教学吗?

①没帮助,加大工作负担

②帮助不大

③经常的锻炼,有利于教师成长